B面人生

[英]戴维·威尔逊 著

张鹿崖 译

民主与建设出版社
·北京·

© 民主与建设出版社，2021

图书在版编目（CIP）数据

B面人生 /（英）戴维·威尔逊著；张鹿崖译. ——北京：民主与建设出版社，2021.3

书名原文：MY LIFE WITH MURDERERS：Behind Bars with the World's Most Violent Men

ISBN 978-7-5139-3335-3

Ⅰ.①B… Ⅱ.①戴… ②张… Ⅲ.①犯罪心理学—研究 Ⅳ.①D917.2

中国版本图书馆CIP数据核字（2021）第016967号

MY LIFE WITH MURDERERS
Copyright © David Wilson 2019
First published in the English language in the United Kingdom in 2019 by Sphere, an imprint of Little, Brown Book Group, London.
Simplified Chinese translation copyright © 2020 by Beijing Fonghong Books Co., Ltd
The moral right of the author has been asserted.
All rights reserved.

本书简体中文版版权属于北京凤凰联动图书发行有限公司。

版权登记号：01-2020-6791号

B面人生

B MIAN RENSHENG

著　　者　［英］戴维·威尔逊	**译　　者**　张鹿崖
责任编辑　李保华	**特约编辑**　张　丽　张雪雅

封面设计　金牍文化·车球
出版发行　民主与建设出版社有限责任公司
电　　话　（010）59417747　59419778
地　　址　北京市海淀区西三环中路10号望海楼E座7层
邮　　编　100142
印　　刷　河北鹏润印刷有限公司

版　　次　2021年3月第1版		**印　　次**　2021年3月第1次印刷	
开　　本　700毫米×1000毫米　1/16		**印　　张**　18.5	
字　　数　222千字		**书　　号**　ISBN 978-7-5139-3335-3	
定　　价　49.80元			

注：如有印、装质量问题，请与出版社联系

献给安妮,
她的善良与幽默陪伴我度过了漫长的职业生涯。

写给读者

关于我与书中部分人物的对话发生的时间、日期和地点,我不得不进行了一些修改。我已经尽量将这些修改的数量控制到最少,但如果我提供太多的细节,就有可能暴露这些人的真实身份,也就违背了他们答应接受我采访的前提条件。在我身处的犯罪学世界里,这些"非正式"采访的存在是不可避免的,在接下来的章节里大家会详细读到。比如说在第二章里,你们会认识"吉米"(化名),我不得不修改了一些关于他的细节。

我直接引用的那些话,要么来自采访的录音带,要么来自我每天调研结束后所写的总结日志。

我还给部分囚犯和当时与我共事的同事使用了化名,因为我现在无法知晓他们的下落,所以不能确定他们是否愿意出现在本书中。另外,对于书中提到的几起凶杀案,出于各种各样的原因,我不得不删去一些细节,有些是因为我当年参与了案件的调查,因此受到《官方保密法》[1](The Official Secrets Acts)的约束,不能使用当时收集到的信息;有些则是因为披露太多细节会威胁到证人的人身安全,或给受害者家属带来不必要的煎熬。更令人难过的是,我的职业生涯经历告诉

---

[1]《官方保密法》:英国1911—1989年间出台的四项法案,用以防范外国间谍活动,并制止内部泄露国家机密。——译者注,全书同。

我，给出过多的凶杀案具体细节，只会让那些意图杀戮的人技巧更加娴熟。

> 诚然，正如哲学家们所说，只有往回看才能理解人生，但他们忘记了另一个命题，那就是只有向前看才能体验人生。如果你仔细思考这个命题，就会慢慢意识到我们永远无法及时理解人生，因为在人生的每时每刻，我都找不到一个置身事外的角度去理解它。
>
> ——索伦·克尔凯郭尔，《笔记》第四卷，A 篇（Søren Kierkegaard, *Notebook IV A*）

我早上总是起得很早。

这一生理原因导致在我职业生涯中的每一天，我几乎都是最早到的那一个。我也很乐意早到。这样我每天都能精神抖擞地开始新的一天，尤其是这一行的工作压力大，问题多，十分辛苦，于是给每天开个好头就显得尤为重要。于是，出于个人原因和工作原因，我是个不折不扣的"晨起鸟"。

那一天也是如此。

早上七点，我停好车，从副驾驶座上抓起我老旧但牢靠的双肩包，走进了伯明翰城市大学的犯罪学系，走向我已待了四年的宽敞办公室。通往我办公桌的路上有一段台阶，走过这段台阶之后，我能在忙碌的一天开始之前享受一段平静悠闲的时光。就在我走到台阶顶端，正准备走进我的办公室时，我看见里克正在读告示板上的一条信息。我跟里克很熟，尽管在这里看到他再正常不过，但我在监狱的工作经历让我不禁怀疑这里有什么我不知道的秘密。

里克似乎是在走廊里鬼鬼祟祟地徘徊着，我很想知道他一大早来这里干吗。但我仍装作一切正常的样子。

我从他身边走过，跟他打了声招呼："里克，早上好啊！"

他没回答。

我继续走着，试图打消自己的疑虑——也许里克只是不喜欢早起。我决定等会儿再来操心这件事，便把思绪拉回到今天的日程上，办公桌上还有堆积如山的报告等着我呢。

突然，有人击打我的头部，并娴熟地把我摁到了地上，而我却毫无防备。

"你说什么？"袭击我的人问道，愤怒地踢打着我，而我只能躺在地上，无法还手。时间似乎静止了，我记不得当时具体发生了什么，只记得自己惊恐万状。

谢天谢地的是，这场突如其来的袭击同样突如其来地结束了，空荡荡的走廊里只剩下我一个人。我慢慢爬起来，查看自己的伤势，发现自己奇迹般地并无大碍，便踉跄地走进了办公室。

我放下自己的双肩包，刚才被打得最狠的几下好像都是它替我承受了。我脱下外套，跌坐进椅子里。几分钟后，我终于稍稍镇定下来，拿起电话，打给了保安部。

尽管我职业生涯的大部分时光都是在监狱里度过的，但这是我迄今唯一一次（也希望是最后一次）遭受直接的肢体暴力，而且说是危及生命的一次也不为过。

换句话说，这是我唯一一次遭遇到可能升级为谋杀的暴力行为。

谋杀！

"谋杀"这个词看起来既令人激动又内涵丰富。它充斥着鬼鬼祟祟的快感和某种难以言说的确定性，似乎黑白分明，一目了然，但一旦要给它下一个简单的定义，这种确定性便模糊了起来："一个人非法且有预谋地杀害了另一个人。"我们并不会真正注意到这两个狡猾的词语——"非法"和"有预谋"。这两个能让人"无罪释放"的限定条件，不仅允许了合法的杀戮——比如士兵和警察杀人，而且完全揭示了一点：谋杀并不像表面上看到的那样简单明确。

当我们谈起"杀人犯"时，这个道理也同样适用。

我认为谋杀是个很模糊的概念，杀人犯也如林中之木，千差万别。每一起谋杀及其伴随的心理现象都不尽相同。

这是我的经验之谈。

整个职业生涯里，我都在和施暴者打交道，准确地说，是和犯下谋杀罪的人，甚至那些长期令公众着迷的连环杀人犯打交道。我曾和各种各样的杀人犯喝过茶，甚至还喝过酒；我曾在他们的牢房里跟他们说说笑笑，也曾和他们四目相对，指出他们是骗子或是精神病态者；他们中有少部分人是我帮忙捉拿归案的，大部分则是在入狱后才与我产生交集。

他们有的成了我的朋友，有的则想杀了我，时至今日都是如此。

普通杀人犯、杀婴者、弑父母者、杀子女者、杀害多名家庭成员的杀人犯，以及职业杀手、大规模杀人犯[1]、纵欲杀人犯[2]、连环杀人犯[3]，还有那些使用或准备使用暴力来进行犯罪的人，比如绑架犯、入室抢劫犯和银行抢劫犯，这些人我都打过交道。在他们的帮助下，我对于谋杀这一犯罪现象和犯下这些可怕罪行的人，有了惊人的新发现。

---

[1] 大规模杀人犯：短时间内在同一地点杀害四个人或以上的凶犯。
[2] 纵欲杀人犯：短时间内在不同地点杀害两个人或以上的凶犯。
[3] 连环杀人犯：杀害至少三个人，且案件之间有冷却期的凶犯。

和谋杀一样,暴力也是一个模糊的概念。暴力不仅是指动用武力,也包括恐吓、语言攻击和心理伤害。

通过和那些犯下暴力甚至致命罪行的人进行沟通,我得以走进杀人犯的头脑里一窥究竟。我和某些人的探讨交流已经进行了几十年之久,有的甚至还在进行当中。

当然了,在长年累月的交流中会出现一些涉及道德边界的问题。比如说,我跟所有接受采访的人都会说明,如果他们向我透露了一桩未被惩处的犯罪事件,我将不得不告知警察。我知道这可能会让他们面对我时有所保留,但整体来说,事先说明清楚至少能让他们放心开口。和这些危险暴力的人的交谈成果构成了这本书的基石。

在继续深入之前,我还需要谈谈性别的问题。这本书只涉及杀过人或对他人使用过暴力的男性。我只关注男性的原因有很多。首先,也是最重要的一点,谋杀大多是由年轻男性犯下的。相对来说,女性群体中这类罪犯较少,并且当女性杀人时,使用的手段也比较不同——以连环杀人犯为例,女性连环杀人犯一般会使用毒药毒死受害者,而男性则大多使用重击、捅刺、勒扼或枪杀。

另外,在描绘这些暴力的男性时,我想强调一下:我不认为男子气概只存在单一的标准。男子气概有很多种,"男子汉大丈夫"也有很多不同的表现方法。男性的基因"程序"里没有"暴力"这一项。爱孩子、爱伴侣、爱众人,不代表一个人没有"男子气概"。我希望我自己正是一个这样的男人。

另一个更直接的原因是,我从没跟女性罪犯合作过。既然这本书是讲述我与杀人犯和暴力犯罪者共处的经历,那么我只关注男性的原因就不言而喻了。

以我的经验来看,公众常把这些极端暴力危险的人看作怪物或异类,甚至认为他们都应该头上长着犄角,身后长着一条细细的长尾巴。然而事情哪儿有那么简单。我在这个领域内已经工作了四十年,我明白暴力的种子已经深深根植于我们的文化中,因此有时看起来"平平无奇"的人,却能在最不起眼的地方,由于一些荒诞不经的原因,犯下令人发指的罪行。

为了证明我的结论,我来问大家一个关于谋杀的问题。

每年发生的这些谋杀案里,被警察查清的占多大比例?这个问题并不难回答,即使"查清"和"抓住真凶"是两码事,比如有时候警察会抓错人,有时候犯人会上诉成功,等等。我这里仅指的是警察"抓到了他们要抓的人"的情况占多大比例?你们觉得呢?10%?也许高达百分之四五十?

我曾多次在公共场合问我的观众这个问题,很少有人会说出百分之七八十这样高的比例。

然而80%都说低了。

这么多年来,谋杀案的破案率都在90%左右。没错,十件谋杀案里,有九件都被查清了,凶手也被缉拿归案了。你也许会认为这归功于DNA分析技术的进步,或全国范围内日渐完善的DNA信息库(世界上最早最大的),或司法鉴定技术的进步,或警察杰出的破案水准与坚持不懈的精神,或杀人犯们的愚蠢,或媒体制造的高曝光度,或犯罪心理侧写师。但是,你错了。

事实是,在受害者是女性的案件中,70%的情况下,受害者和凶手互相认识;如果受害者是男性,这个比例则是刚刚过半。丈夫杀害妻子,男朋友杀害女朋友,父母杀害孩子,朋友杀害朋友。在这个国家里,每周都有两位女性被杀——被她们的伴侣或者前伴侣,还有数不胜数的人每天都要面对家庭暴力带来的折磨。

这也就意味着大部分的谋杀案都会自己水落石出，就算你不是摩斯探长[1]或者马普尔小姐[2]，你也能查清楚是谁干的。往往那个报警的人就是杀人犯——虽然有些人能强撑到不得不开新闻发布会，要求证人出来作证。

再说回到我自己的故事。你们还记得里克对我的那次袭击吧？

里克和我在同一所大学工作，他教社会学。后来大家才得知他有非常严重的抑郁症，这给他的生活造成了严重的困扰，以至于他不得不终止教学生涯，以免再次发生攻击伤人事件。

也许这只是一个非同寻常的个例？也许吧。但许多暴力事件看起来不都十分异常且偶然吗？我们都读过这样的报道吧——暴力事件发生后，亲朋好友或左邻右舍都大为震惊，他们说施暴者看起来是个"好人"，是个"做不出来这种事情"的人。里克看起来就是个这样的人。

接下来你们将在书中认识许多杀人犯，通过他们，你会明白暴力与谋杀是多么稀松平常，又是多么骇人听闻。但不论典型案例还是特殊情况，我认为有一件事是肯定的：暴力和谋杀向来不是处于纯粹的黑暗地带，而是处在灰色地带——没有任何一种简单明了的理论可以用来解释谋杀行为。

我们必须对暴力和谋杀行为进行更全面深入的理解，而不是满足于那些主要用于娱乐的浅显武断的结论。

暴力造成的复杂后果是灾难性的，甚至会改变人的一生，但仅仅承认它的复杂性对我而言是不够的。这些问题并不简单，也无法一目了然地看到答案，因为它们涉及一个又一个真实的人。我们不该仅仅

---

[1] 摩斯探长：英国侦探小说作家柯林·德克斯特塑造的人物。
[2] 马普尔小姐：英国侦探小说作家阿加莎·克里斯蒂塑造的人物。

关注那些危险的、人格不健全的、心理失常的罪犯们，还应意识到人能对自己的同类造成多大的伤害，而遭受这些伤害的大多数人是女人和小孩。

在整个职业生涯中，我一直牢记着，所有和我打交道的人当中，最重要的就是那些幸存下来的受害者和离世受害者的家属们。我曾和失去孩子的父母们一起放声哭泣，也曾竭尽全力为那些有子女、父母或友人被谋害的家庭寻求正义。但大多数时候我都失败了。这点也令我十分难过。

有些人也许会认为我以上的这些话是虚情假意，认为我对暴力和凶杀案件的关注是一种麻木不仁的表现。但我相信，通过试图去了解这些杀人犯，去探讨他们是在怎样的情况下做出杀人的举动，我们能够发现谋杀行为的发生规律，从而在日后更好地预防这类事件的发生。随着研究的深入，我发现，把谋杀看作偶然发生的暴力事件是毫无帮助的，如果想要了解人为什么会杀人，想要今后防患于未然，我们必须对谋杀发生的背景和条件进行调查研究。事实是，对于这些背景和条件，我们的理解往往和杀人犯们的大相径庭。只有用他们的视角去看问题——不论这个视角有多变态——我们才能理解那些乍看起来匪夷所思的想法和行为。

我所说的这一切也许已经有些令人不适甚至难以接受了，但这并不是我的本意。正好相反，我相信这本职业回忆录会让大家对人性、对那些暴力罪犯感到乐观。

所以，请尽情享受你们接下来的阅读吧，不然我会失望的。但也请小心谨慎地翻开每一页，时刻准备好抛弃你深信不疑的成见。最重要的是，给自己一个全面了解这些人和案件的机会，毕竟他们对我们的影响可能是致命的。

目录

1 难以捉摸的人性　001

监狱里的 VIP 囚犯 / 003

他有多爱掌握控制权 / 011

越狱以及罪犯分级制 / 014

地铁色狼的摩擦癖是如何养成的 / 022

2 年轻的杀人犯　029

少年监护中心 / 031

成绩优异的他选择自暴自弃 / 035

"优秀"对一个人的绑架 / 040

用极端的方式寻找人生归宿 / 047

只想因默默无闻而幸福 / 050

3 艰难的改造之路　053

初衷是好的 / 055

痴迷于变性手术的强奸犯 / 059

为了陪伴而杀人 / 062

他们为什么选择使用暴力 / 071

4　集体暴力的宣泄　　079

高墙内的反抗 / 081

循规蹈矩下的不可捉摸 / 089

占据头条的儿童杀人案 / 099

带来职业转变的异域经历 / 103

5　无法停止的谋杀　　109

犯罪心理画像 / 111

谋杀是一种无法抗拒的欲望 / 114

精神健全的杀妓者 / 123

社会对犯罪研究的各种迷恋 / 132

6　我们与精神病态者的距离　　137

什么是精神病态 / 139

他们，迷人又可怕 / 141

与精神病态者对谈 / 147

共情的疗愈力量 / 159

7 大规模谋杀与纵欲谋杀　　165

邓布兰惨案——持枪杀害16人，伤17人 / 167

汉密尔顿——经营男孩俱乐部的恋童癖 / 171

"我才是世界的救世主！" / 176

和蔼谦虚的人的"反击"和"报复" / 178

8 接单受雇杀人，起底职业杀手　　189

与"杀手中的杀手"对谈 / 191

电影里的杀手与真实的杀手 / 197

杀手里的"青铜"与"王者" / 201

都是生意，视目标为金钱 / 208

9 诱供——追问警察讯问方法　　213

审讯专家的独家秘籍——莱德审讯技术 / 215

被错判的案件 / 220

不专业的FBI读心术 / 228

PEACE——讯问的正确发展方向 / 229

10　逍遥法外的嫌疑犯　235

背上谋杀的黑锅 / 237

他看起来纯良无害 / 240

一句谎话暴露了一切 / 246

狡黠、蛮横、操控与辩解 / 249

最后一次采访 / 254

最后的话   **261**

深入阅读指南   268

参考书目   277

致谢   278

1

难以捉摸的人性

"在那最后的几分钟里,他好似在总结这堂关于人类弱点的漫长一课带给我们的教训——那令人毛骨悚然的、漠视语言与思考的平庸的恶。"

——汉娜·阿伦特《艾希曼在耶路撒冷:一份关于平庸的恶的报道》[1] (Hannah Arendt, *Eichmann in Jerusalem: A Report on the Banality of Evil*)

---

[1]《艾希曼在耶路撒冷:一份关于平庸的恶的报道》:政治理论家汉娜·阿伦特1963年的著作。阿伦特作为一名犹太人,在阿道夫·希特勒上台后逃离了德国,本书集合了她发表在《纽约客》上的对艾希曼审判的报道。

监狱里的 VIP 囚犯

我头痛欲裂,很难集中注意力。昨晚我和三个大学同学西蒙、罗迪和安东尼去了富勒姆一家时髦的酒吧。此时我身处虫木林监狱[1](HMP Wormwood Scrubs),挥之不去的醉意跟周遭的所见所闻格格不入,尤其是这里的气味。

今天一大清早我才回到自己位于汉默史密斯的出租屋,这可以说是自作自受。

我闭上了眼睛。

"不加糖!没错吧?"一个声音大声说道,并把一杯茶放在了我跟前的木桌上。不,在女王陛下的监狱里,我们管它叫"柴油"。

这个把我从昏沉中震醒的人叫埃里克,是 C 区的一位高级狱警,和我一样,也是格拉斯哥人。出于地理原因及一种莫名的民族情感,他很快认定我需要他的"拯救",尽管我才是这个监狱新上任的助理主管。简而言之,埃里克决定罩着我。由于这杯茶,更由于他的支持,我对他十分感激。就算你不是犯人,监狱也依然是个十分孤独的地方。

---

[1] 虫木林监狱:B 类男子监狱,英国最著名的监狱之一,关押过许多著名囚犯。

我点点头，微弱地说了声"谢谢"。

虽说是队友，但我知道埃里克跟我搭话不是为了让我好过点，我难受，他正好幸灾乐祸，还毫不掩饰地试图火上浇油。

办公室外，监狱正在渐渐苏醒。一排排的犯人慢慢走到中央的水门"放水"，再慢慢走去一楼领取早饭。"放水"其实是指清空头天夜里塑料便盆里的排泄物。在 1983 年，这种野蛮又恶心的仪式每天都在各大监狱上演，而我的办公室恰好在水门边上，于是我有幸得以在前排目睹全过程。

我最近刚从剑桥大学毕业，拿了一个关于美国内战哲学起源的博士学位，通过人才直招进入了监狱服务系统。此时的我还在适应牢里的生活。

"第二天要工作的话，头一天就不该喝酒。我跟你说过的吧，是不是？"埃里克斥责道。我啜了口茶。他确实跟我说过好几次，每次都是在他两大杯酒下肚之后，距上班时间几个小时之前，所以这些名言警句实在没什么说服力。

埃里克就是英国文学里所谓的不可靠的叙事者[1]。

"总之你赶紧振作起来，有几个新犯人到了，还有一个是'贵宾客户'。"

我放下茶杯，理了理我大学时戴的旧领带，抬头望向埃里克，希望得到他对我形象的首肯。

"你觉得怎么样？"我问道。

"雅痞得很。"埃里克答道。

---

[1] 不可靠的叙事者：是指在文学、电影、戏剧等作品中，可信度受到质疑的叙事者。这个名词由韦恩·C. 布思在 1961 年的著作《小说修辞学》中提出。

我不确定这是在损我还是在夸我。监狱的职员们试图理解我的方法之一，就是认定我是个"年轻的、专业的城里人"——一个雅痞。对我剑桥的同学们来说，这看法也许没错，他们大多去城里工作了，很快就过起了撒切尔式的中产富足生活。但我知道自己志不在此。我想改变这个社会，而不是一味挣钱。我想帮助别人。但我的新同事们需要为我的选择找个自己能理解的理由，所以我也没有反驳他们的错误理论。我多次试图跟他们解释自己的职业选择，我谈起政治、理想、希望、改过自新、救赎，等等，得到的回应却是怜悯、震惊和摇头叹气。所以呢，雅痞就雅痞吧。

其实，是虫木林监狱的前主管约翰·麦卡锡帮助我确定了自己的职业道路。1981 年，他写了封信给《泰晤士报》(*The Times*)，表示他对监狱系统人满为患的问题极为失望，并且指出这是内政大臣的不作为导致的结果。然后，他因此而辞职了。在信中，他说自己不想做"刑罚制度的垃圾桶管理员"。

事后，为了进一步解释他辞职的原因，他说自己"无法接受监狱服务的现状及其未来的走向"。约翰真正想说的是，监狱已经沦为储存囚犯的大仓库，而没有真正帮助他们改过自新。我对这个问题十分担忧，因为如果麦卡锡说的是真的，那我真的是入错了行。

约翰写信跟《泰晤士报》抱怨监狱人满为患时，监狱里大约有 43000 人。如今这个数字几乎翻了一番。虽然政府也新建了一些监狱，但人员过密仍然是一个长期存在的问题。

我找到约翰的地址并给他写了一封信，说自己对是否要投身监狱服务建设犹豫不决，于是他答应和我见一面。约翰十分友善好客，我们边吃午饭边聊，他给我的建议是，人生的道路应该自己去走，按照自己的价值观和理想得出结论。在回剑桥的火车上，不知天高地厚的我真的相信自己也许能比他在任时做得更多。但约翰的建议我一直都牢记于心，甚至为许多面对自己职业道路犹豫不决的年轻人给出了同样的建议。虽然当时我心中还存有一些疑虑，但我想要给这些处在社会最边缘的人的生活带来改变，这种热情甚至和我的傲慢与幼稚一样强烈。所以思来想去之后，我决定试一试。几个月之后，我就从学习抽象的学术知识转为学习处理实际问题的公共政策，每天面对着一群真真切切的人，而我和其他人的判断和选择将直接影响他们的生活。

说实话，我在学校里学到的那些知识在这里几乎派不上什么用场，我到现在都很惊讶，我一个学习历史与哲学的博士，却走上了和全国最残暴的人打交道的职业道路。

我相信人能改过自新，相信每个人都能变得更好，然而这一信念将在接下来几年里从根本上被动摇。

我试图理解的这些宏大的哲学问题，埃里克和监狱其他工作人员毫不关心，囚犯们也是如此。对他们而言，我只是又一个"穿制服的官僚"——其实主管们都穿自己的便服，并不穿制服。他们认为一切官僚都是来碍事的，都得先明白明白这监狱到底是谁管事。

那么到底是谁管事呢？

是监狱工作者协会（监协），一旦失去他们的支持，你就完蛋了。监协成立于"一战"以前，是由不同等级、不同岗位的监狱工作人员组成的，它从好几个不同方面管控着监狱。最直接的方法是，它可以并且经常威胁要撤走工作人员，让他们"卷铺盖走人"，只给主管手下留几个人，有时候甚至一个都不留，这样主管就连监狱最基本的运作都难以实现。

他们还掌控着"工作细节"，也就是每天具体什么时间需要多少工作人员。事实就是，监狱里的人手永远不够，所以每间监狱都需要工作人员加班，也就要支付更多的加班费，而主管为图清闲，一般就对这事睁只眼闭只眼。很快，监狱工作人员就靠着加班费旅游、买车、买房，而新上任的主管必须尽快学会不去管这些细节，也不要质疑到底付了多少加班费。

主管们是领固定薪水的，因此从不加班。

20世纪60年代，监协更加明确地表达了他们对刑罚的看法，表示监狱的管理应该更加严苛。但许多主管都不赞成这一观点，他们大多认为监狱应该更自由、更人性化。一般来说，主管与大多数监狱工作人员有着完全不同的社会教育背景。而且主管们一般都换监狱换得很勤，好为升职做准备，如果监协给某个主管投了不信任票，那他的职业发展就将大大受阻。因此，监狱管理层和监协长期处于暗战中。

赢的一般是监协。

我的穿着就是他们权力的一个小小体现。我上任几个月以后，才被允许穿自己的衣服。最开始的八个星期，为了"体验真实的基层工作"，我每天都穿着一套不合身的监狱工作人员制服，这是引入人才直招系统时监协和监狱服务系统达成的协议。其实，要不是监狱里缺人手，这工作人员的制服我恐怕还要再穿一阵儿。

然而此时此刻，我上任已经十个星期了，终于穿上了自己的衣服，要去见我的第一个"贵宾客户"——谁知道"贵宾客户"在这里指的是什么呢。

"'贵宾客户'？"我问道。

埃里克扔了一份《太阳报》（The Sun）在我桌上，冲着封面上的照片点了点头。

"他！"

我盯着那张照片，又喝了一口茶。每个被收进C区的犯人都需要经过我的讯问，我试图在此之前回想起自己了解的这件案子的情况。现在我负责管理的就是这帮人，我仍然不知道自己对此应该做何感想。

心生厌恶还是对此着迷？也许两者都有？

丹尼斯·尼尔森的确是个"重要囚犯"。1978—1983年，他在伦敦至少杀害了12个年轻人。媒体给他起了绰号，给他贴上恶魔的标签，说他无法理解自己犯下的罪行到底有多深重，关于他有食人癖和恋尸癖的骇人故事也一直在坊间流传。直到一天之前，尼尔森才在北伦敦因六起谋杀案和两起杀人未遂案被判刑，但时至今日，他到底犯下了多少罪行，我们仍无法确定。一开始，他告诉逮捕他的警察，说自己杀了15个人——12个在梅尔罗斯路，因为那里有个后花园他可以进去，还有三个在克兰利花园，因为他就住在那里的一间顶楼公寓里。

他的受害者绝大多数是年轻的流浪汉，其中有一大部分是同性恋。尼尔森会在当地酒吧和他们搭讪，酒吧快关门时，他会请他们到自己家里来，给他们灌更多的酒，当他们终于昏昏沉沉之时，他就把他们勒死。有时，在他们要失去意识之前，他会把他们救醒，然后才再次下手掐死他们。

尽管他自己矢口否认，但法医取证显示，他有时会在受害者死后和他们尚疲软的尸体发生性行为，然后才将之大卸八块并处理掉。在梅尔罗斯路，处理尸体并不是什么难事，他会在后花园里燃起篝火，用烧车胎的方法来掩盖焚烧人体的焦味。但在克兰利花园，处理尸体就困难多了，他不得不把尸体的碎块冲进下水道里，而正是这一行为导致他最终被捉拿归案。尼尔森并不会处理掉所有的尸体，他有时会留下"战利品"——部分男性受害者的头颅。

除了他令人发指的罪行，对警方和他们查案方式的批评也是媒体关注的重点。

这些批评确实很有道理，因为有好几名年轻人都在尼尔森的袭击中幸存了下来，并且报了警。

道格拉斯·斯图尔特是一名 25 岁的苏格兰实习厨师，由于尼尔森也是苏格兰人，也有在餐饮业工作的经历，两人在金狮酒吧里聊了起来。接着，尼尔森邀请他回梅尔罗斯路继续喝两杯。到了那儿以后，道格拉斯在扶手椅上睡着了，醒来时已是凌晨时分。房间里非常暗，他想站起来舒展一下手脚，才发现自己的脚踝被绑在了椅子上。他的领带被人解开，绕着喉咙系上并打了个结——尼尔森在勒他的脖子。道格拉斯设法冲着尼尔森的脸上揍了一拳，从椅子上挣脱了。

接着两个人吵了起来。道格拉斯说尼尔森想杀他，尼尔森说如果道格拉斯去报警的话，"警察绝不会相信你。他们会相信我的话。我在酒吧里跟你说过，我是个受人尊敬的公务员"。

道格拉斯离开了尼尔森的公寓，找了一间电话亭。他拨通了 999 并等着警察到来。他向两名警察展示了自己脖子上红色的勒痕，叙述了事情的经过。其中一名警察去讯问尼尔森，另一名则留下来陪道格拉斯。

道格拉斯后来回忆说："我对警察说的所有事，尼尔森都否认了。他让警察认为我们两个在约会，这一切只不过是同性恋人之间的小打小闹。"道格拉斯说，当提到"同性恋"这个词时，警察立刻对整件事失去了兴趣，直到尼尔森被逮捕之后，他们才再次跟他联系。

尽管"同性恋恐惧症"（恐同）这个词在 20 世纪 60 年代就诞生了，但直到 20 世纪 80 年代，我们才开始真正使用这个词。虽然这个词被用得不多，但"恐同"的现象却不少，因而造就了一种社会大环境，使尼尔森能逍遥法外这么久。但媒体对恐同并不怎么关心，他们对食人癖和恋尸癖更感兴趣。很显然，媒体界的每个人都认为，在杀人犯当中，尼尔森可谓是一棵摇钱树。

然而，在耸人听闻的背后还有这样一个描述："连环杀人犯"——这个词是由美国 FBI 和它们的行为科学部门在 1974 年创造的，极有可能是由行为分析师罗伯特·雷斯勒[1]提出。到了 20 世纪 80 年代早期，这个词在美国已经很常用了，并且很快就在美国流行起来。当第一次听到这个词时，我立刻进行了一番研究，尽管如今这听起来很难以置信，但当时的我从没听说过"连环杀人犯"这个词。在研究过程中，我发现一些报纸引用了一个 FBI 特工的话，说连环杀人是个"新现象"。我知道这种说法是错的，我不知道他们有没有听说过"开膛手杰克"。

我的初步研究带来了更多的问题，却没给我什么答案。我找到的关于连环杀人的那一丁点儿资料完全不够有说服力。两名美国学术研究人员提出了一种新型的分类法。根据他们在美国监狱里对连环杀人犯进行的采访，他们把这些人分成了四类：幻想型（认为自己接到了某种命令而去杀人）、理想主导型（认为自己在铲除邪恶的人）、享乐型（为得到性方面的愉悦）、权力/控制主导型（通过杀戮来控制并主宰受害者）。

我已经意识到这个分类法存在一些问题，但仍很好奇我们这名新犯人属于什么"类型"。幻想型、理想主导型、享乐型、还是权力/控制主导型呢？报纸上登的他的照片并没有提供什么线索——尼尔森外形上平平无奇。他很高很瘦，戴眼镜，30 来岁。大约十个月前，逮捕他的警官说他是"普通先生"，我现在看了登在报纸上的他的照片，的确没说错。普通先生：平凡、正常、乏味。

---

[1] 罗伯特·雷斯勒：Robert K. Ressler，FBI 行为科学调查创始人。

他有多爱掌握控制权

是他刚刚被宣判的罪名使他不再平凡。如果提前知道那天尼尔森要来，我头天大概会早早回家睡觉。要说我当时不紧张，那是骗人的。

"准备好了吗？"埃里克问我。我深吸一口气，点了点头，接着他热情得有些夸张地大喊道："尼尔森！"

尼尔森是个 A 级罪犯——监狱里安保等级最高的一级，因此他是在两个监狱工作人员的陪同下走进我的办公室的。我们五个人挤在一间小小的办公室里，而即将进行的对话，是我和囚犯的见面中最为无聊的一种。这次见面主要是要确保囚犯知道自己身处何处，知道法院对他们的宣判，看看他们有没有什么急迫的个人需求。我还会根据监狱里的岗位缺口，给他分配一个工作。

虽说这次见面的目的十分无聊，但我得承认，我一点也没觉得无聊。我也没有害怕。尼尔森由两个监狱工作人员陪着，而且埃里克作为这个仪式的主持者，全程都会在场，有他们保护我，足够了。不，我只觉得兴奋。我想见见这个杀了那么多人，切碎他们的尸体，再把它们烧掉或冲进下水道的人。我想知道他脑袋中那道将他与人性连在一起的光是何时熄灭的，而他又是怎样被留在了那病态的、充满杀戮的阴霾之中。我想问他为什么，我想试着从他完全不合理的行径里找出理由。我想理解这一切。

我悄悄地把那份《太阳报》放进抽屉里，看着尼尔森被带进我的办公室。他先开口说的话，现在想来，这一举动本应让我意识到他有多喜欢掌握控制权。他是个提问者，而不是个回答问题的人。

"你是个精神科医生吗？"他用逼问的口气问道，双眼在眼镜背后眨巴着。一定是某个工作人员跟他说了我是"Dr. 威尔逊[1]"——囚犯们经常在第一次见我时理解错我的头衔,我发现这对我小有帮助。

我摇摇头。我知道,在对他审判的后期,有不少关于归责、人格障碍、脑部异常、自由意志之类的问题。

尼尔森被认为完全"精神正常",因此法律对他判处刑罚时是毫不留情的。但他谋杀了 12 个人,还有许多次谋杀未遂,在当时的我看来,这不像是个精神正常的人会做的事。但这么多年来,我已经习惯了连环杀人犯会做出表面上看来对自己没有任何好处的事情。

"我是个哲学博士。"我回答道。

"哦!很好。不管怎么说,你看起来也太年轻了。那么,我们可以聊聊。"

我笑了笑,开始问些走过场的问题,然后才能开始问我真正感兴趣的事情。

"你明白法院对你的判决和刑罚吗?"

尼尔森点点头。

"需要我们把你在监狱里的消息通知什么人吗?"

"已经通知了一个朋友。"尼尔森答道。事后,我开始猜测这个朋友是否指的是布莱恩·马斯特斯。他是尼尔森的传记作者,在尼尔森还拘押候审期间曾联系过他。

"我们目前没有什么空缺的岗位,但你可以看一下这张表,上面写了一些你可以做的工作。你可以告诉你所在区的工作人员,他们会把你放在候补名单上。"

现在是时候了。

---

[1] 英文中,Dr.=doctor,既指"博士",也指"医生"。

我正准备问起那些谋杀，谈谈理智与疯狂、正义与邪恶，以及虐待癖、食人癖和恋尸癖，但这时，和尼尔森一起来的那个监狱工作人员咳嗽了一声。

"我得带尼尔森去医生那里了。"

然后他就走了，看上去就像个连自己学生都管不住的中学地理老师。

这不是我和尼尔森的最后一次对话，也显然不是最有收获的一次。虽然短暂，但这却是我在监狱里的第一个重要会面。它坚定了我对谋杀与连环谋杀现象的浓厚兴趣，促使我日后对尼尔森和监狱里的其他谋杀犯及连环杀人犯进行了许多次采访，并在此基础上确定并发展了我的学术专长。十分具有讽刺意义的是，后来我才发现，那些之后发生的采访使我明白，连环杀人犯嘴里说出的话，一个字也不能相信。

尤其是尼尔森，他和真相有种奇特的关系，通过他我才明白连环杀人犯和一些普通杀人犯所特有的自恋、虚伪和操纵性的行为。事实上，他们和电影电视剧里人受欢迎的那种有文化又有魅力的形象大不相同。

那天过后，一个笑话开始在监狱里流传。

这个笑话是说，新司法部部长，也就是我，刚刚让尼尔森当了"红带子下水道工人"。"红带子"是指那些不需要监狱工作人员陪同，可以在监狱里自由走动的犯人。他们会在手臂上系一个红带子，上面有他们的照片。每个监狱里都有几个"红带子"，他们的工作时间几乎和工作人员一样长。尽管最后我并没有把下水道的工作分配给尼尔森，但这个笑话准确地描述出了尼尔森处理尸体的可怕方式，还有他最终是如何被抓住的——一名戴诺－罗德[1]的管道工程师发现了他。

---

[1] 戴诺－罗德：英国一家紧急排水和管道公司。

于是尼尔森去见医生了，接着埃里克表示这一天发生的事已经过于刺激了，我们应该喝杯茶冷静冷静。我对此十分赞同。

越狱以及罪犯分级制

当时我并没意识到，日后我的工作将会让我接触到上百个杀人犯，其中不少还是连环杀人犯。他们有些会让我惊讶，有些会让我抑郁，而极少的一些人会成为我的朋友。

我一边喝着茶一边想着，我最好还是赶紧学学做主管的基本核心知识，而且——就像刚刚我和尼尔森的见面一样——我很肯定，我在虫木林监狱的经历和收获的知识将对我的职业生涯产生深远的影响。

连我第一次任职的监狱的名字都和我日后工作的监狱名字相似。

我工作过的监狱的名字都给人一种乡村的感觉。它们听起来都很宜人，很田园，很与世隔绝。也许在历史上某个时间段里，它们是名副其实的，但现在它们跟这些地名代表的含义毫无关联。

虫木林监狱建在西伦敦一处 20 英亩[1]的灌木丛上，在 1875—1891 年由囚犯劳工建成。尽管地如其名，其地理位置十分偏远，但监狱的建造还是遭到了当地人的反对。

当我在 1983 年来到虫木林时，这里不久前发生的一件事对监狱的影响还未完全消除，同时，一个历史性事件的发生为英国刑罚制度最重要的发展铺平了道路，也因此对我的职业生涯产生了重大影响。

---

[1] 20 英亩约合 121 亩。

这个历史性事件就是间谍乔治·布莱克的越狱。

1961年,布莱克对五项违反《官方保密法》的指控表示认罪,因此被判处了42年监禁,在当时是除了终身监禁外被判监禁时间最长的犯人。

布莱克在"二战"期间为特别行动执行处[1]和军情六处[2]工作,并在战争结束后被派去朝鲜半岛,负责在那里建立一个特工关系网。后来他在北朝鲜被捕,被关了三年。在监禁期间,他被策反,成了一名共产党员,而负责管理他的英国官员对此毫不知情。在他回到英国之后,他开始向克格勃[3]泄露英国和美国的行动机密。后来,一名来自波兰的投诚者揭发了他,然而据估计,布莱克已经出卖了至少40名特工——其中不少人都死了。

布莱克一开始在布利克斯顿监狱取保候审,然后就被关进了虫木林。但他没在这里待多久。1966年10月,布莱克从虫木林越狱了。他用一根生锈的铁棍撬开了牢房二楼尽头的窗户,爬到了牢房入口处门廊的顶上,然后跳到了地上。那里距离监狱围墙只有20码[4]。

按照之前的计划,布莱克把自己做的绳梯扔过墙去。当他在另一侧落地时,左手手腕被摔断了,不得不由他的同伙们搀扶着上了车。这些同伙都曾是布莱克在虫木林里的狱友。布莱克在伦敦及周边的安全屋藏了一阵子,最后,在1966年圣诞节前夕被偷运出英格兰,去往苏联。直到2017年,他还生活在莫斯科,拿着克格勃的退休金。

---

1 特别行动执行处:英国"二战"时的组织,主要设在欧洲和东南亚被占领的地区,针对轴心国进行间谍、破坏和侦察行动,并协助当地的抵抗运动。
2 军情六处:英国的对外情报机构。
3 克格勃:苏联的对外情报机构。
4 20码约合18米。

布莱克的越狱立即带来了政治影响，内政部几乎因此陷入恐慌，尤其是过去这几年间，邮政列车大劫案[1]的其中两名劫匪——查理·威尔逊和罗纳德·比格斯也先后越狱。当时的内政大臣罗伊·詹金斯为了平息这场山雨欲来的政治风暴，任命蒙巴顿伯爵对监狱的安保问题进行调查。

调查报告提出，应该对每个犯人进行评估，划定要关押他们所需的最低安保等级。该报告还把犯人越狱后对社会造成的安全威胁分为了四个等级，并提出每个犯人（女性犯人和少年犯除外）都应该被归入这四个等级之一。

尽管自1966年以来，监狱里里外外的安保措施已经得到了大大加强，但这个安全等级的分类却一直被保留了下来，并且成为管理犯人的基本措施之一。时至今日，以下的等级划分仍然适用：

A级罪犯是安保等级最高的罪犯，比如尼尔森。他们"在任何情况下都不得出狱，要么是因为他们会危及国家安全，比如涉及间谍活动，要么是因为他们的暴力行为会把公众或者警察置于危险之中"。

B级罪犯是那些"没有必要斥巨资对其使用最现代的防越狱设备，但仍应被牢牢看管"的罪犯。

C级罪犯是那些"没有越狱的条件或意愿，但状态又没有稳定到可以完全取消防越狱设备"的罪犯。

D级罪犯是安保等级最低的罪犯。他们"可以在一定程度上被信任，可以在开放的条件下服刑"。

---

1 邮政列车大劫案：1963年8月8日，一辆皇家邮政的列车沿着西岸主线从格拉斯哥开往伦敦，途中被15名劫匪抢走了260万英镑。

这四种分类存在个人主观判断的空间，也就是说有些决定可能会受到与安保问题无关因素的影响。比如说，工作人员可能会通过更改犯人的安保等级，来获得对他更多的控制权；又比如可以通过更改安保等级来缓解监狱人数过多的问题。

不过，监狱服务系统内部对此最旷日持久的讨论是，安保等级最高的罪犯是应该被关在一起还是分散开来。是把这些A级罪犯都关在一起（像一座超级监狱那样）更加有效呢，还是把犯人分散到全国各地的监狱去更好呢？目前我们采取的是分散的方法，但是我们需要考虑一下分散关押是否真的带来了更好的秩序和安保，是否真的确保了囚犯们不会越狱。

自1966年起，分散关押的系统渐渐被引入，但在70年代，这些分散关押的监狱里发生了四起暴乱。最近的一次是1979年8月，发生在虫木林监狱的D区，四年之后，我走马上任时，这件事还余波未尽。关于这场暴乱的报告直到1982年才发布，其中解释了暴乱是如何开始的，工作人员又是如何重新控制住了局面。当我来到监狱时，大家还在热议这份报告得出的结论。

他们花了好几天时间才重新控制了D区，并最终在最少武力战术干预小队（简称"干预小队"）的帮助下才恢复其秩序。这支小队受过特殊训练，是之前为了应对暴乱而组建的。初始报告中说，在干预小队重获监狱控制权的过程中，没有囚犯受伤，一个月后，主管才终于向内政部提交了一份书面报告，53名囚犯受伤的事实这才大白于天下。对这次暴乱的官方调查报告里说：

> 有证据显示，监协过多地参与了行动的决策，而部分管理层人员，如副主管、副医务官、负责D区的代理主管等人，

要么完全没有参与到决策之中，要么没有被及时告知以给出相关意见。

到我上任之时，这次暴乱的影响仍未完全消失：许多和我共事的工作人员都清楚地记得事情的经过。尤其是埃里克，他经常对此事发表看法，他认为D区那些分散关押着的囚犯被给予了太多特权。监狱的管理太"疲沓"，所以，就像他说的，就算干预小队的人"锤破了几个人的脑袋"又怎样呢，"正好让他们明白这里到底谁说了算"。实话实说，我刚来到这里时，这样的监狱文化还占据着主流。虽说我会对埃里克的支持永远心存感激，但我明白，如果我想继续在虫木林监狱工作，如果我想对这里做一些改变，就像我一开始选择这份工作时设想的那样，那我必须寻找别的盟友。

当时思考这个问题时，常识告诉我，我应该好好巴结这所监狱办事精明又平易近人的主管，伊恩·邓巴。然而，常识有时会让人忘记日常管理这个"刑罚制度的垃圾桶"有多辛苦。

邓巴要处理监狱的行政管理和官僚政治，忙得不可开交。几年前约翰辞职，他接任后不仅要试着重新恢复监狱的秩序，还要应对一项潜在且持久的挑战——一群明显怀有敌意的工作人员。

我能看出来，他有时已经精疲力竭了。

在与尼尔森见面之后，我也开始仔细思考自己在监狱里的处境。我意识到，面对这些由我负责的人，仅仅做他们的监狱看守是不够的。我真心相信这些囚犯是可以被改造的，我至今都相信这一点。而做到这一点的唯一方法，就是试着去了解那些我试图改造的人。在几周的深思熟虑之后，我去找了邓巴，问他在这件事上谁能做我的导师。他建议我去跟监狱的精神科主治医生罗宾·斯沃尔谈谈，并说，基于我的学术背景，我还应该去"了解了解医院配楼和老麦克斯·格拉特的事"。

格拉特是监狱的客座心理治疗师，也是治疗酗酒和吸毒的业界先锋。1952年，他在英国国家医疗服务体系内建立了第一个帮助酗酒者的机构。他不把这些瘾君子当成讨厌鬼，反而意识到他们需要帮助，并付诸行动。他的机构是一个"治疗性的社区"，这个词指的是医院的一种管理制度，它代替了原本的等级制度，让参与者们能在一个充满支持的环境下为自己的行为负责。在日后的工作中，我对这个概念越来越熟悉。制度化的体制自上而下充斥着无力感，这个概念就是要对这种无力感进行抗争。还有什么体制比监狱的更加制度化呢？

监狱的心理部门位于监狱主体之外的一个可移动小屋里。心理医生们在监狱里没有办公室，这一方面反映出监狱里有多人满为患，空间能节省一点是一点，另一方面则又体现了监协的权力有多大，只有他们能决定监狱里发生的事，也只有他们能决定谁能到心理医生这里来。心理医生和土管一样，都被监协的许多成员看成问题的一部分，而不是能解决问题的人。

和邓巴聊过以后，我直接去了心理部门，满心激动地准备开始深入了解虫木林里的囚犯们。我推开破旧的门，问道："罗宾在吗？"

一个女人回答道："你好！"

我不得不努力抑制住自己的惊讶之情——鉴于监狱的这种氛围，我还以为罗宾是个男人。我们很快成了朋友，不久后，心理部门就成了我最喜欢的地方，我常来这里聊些关于监狱的闲话，讲讲当天发生的事情。埃里克就这样被明日张胆地取代了。

以罗宾的年纪，她差不多可以做我的母亲了。她能像母亲一样教诲我如何规划职业生涯，我觉得她自己也乐在其中。也许她也曾指点过邓巴，但不论如何，她对当我导师这件事充满了热情。她还很喜欢说我是她的"宝贝小螺丝"，对此我决定不去深究，只当是她不合时宜的玩笑话。关于为什么监狱里工作的人会被叫作"螺丝"，有好几种说法。最可信的一种是说"钥匙"过去俗称"螺丝"，而在监狱工作的人最重要的职责就是"拧上螺丝"——把囚犯们关起来。

但罗宾和医院的心理医生查尔斯·克拉克所做的事，却不是要把人关起来，而是寻找一种革命性的新方式来处理监狱里这些暴力的罪犯。

医院的配楼就是一个治疗社区，就像之前格拉特建立的机构一样。最开始，我有一些非常明显的疑问：对囚犯们来说，这个配楼是不是一种变相逃离拥挤监狱的选择？他们的行为方式真的得到了改变吗？这个社区有效果吗？

查尔斯解答了我的所有问题，但他说如果我想真正理解配楼的运作方式，我应该亲自去看看，亲自参与一些小组活动。

这个建议对我的职业道路产生了深远的影响，并且极大地改变了我对暴力罪犯的理解，包括如何管理在押囚犯，也包括如何帮助他们改过自新。配楼里的一切都和监狱里大不一样：首先，这里阳光充足，通风良好，而不是阴沉沉的；其次，这里的工作人员和囚犯会彼此交流，而不是一方大喊着下达命令，另一方爱听不听；最重要的是，在这里能感觉到希望和乐观，而不是永远充斥着负面情绪，而这种负面情绪随时都有可能转化为暴力行为。

很快，每个工作日里，我都能找到一些时间去参与配楼的工作，有时候在休息日我也会到监狱里来，专为参加配楼的小组活动。

配楼里的这些活动，本质上就是小组谈话治疗。以我的理解，谈话疗法一直以来都是精神分析学的一部分，而精神分析学又直接和西格蒙德·弗洛伊德联系在一起。弗洛伊德认为，我们的心智几乎长期处于矛盾状态，一边是我们的良知，也就是"超我"；另一边是遵循享乐原则、满足本能冲动的"本我"；剩下可怜的"自我"夹在中间，试图调停双方。

要批评弗洛伊德并不是难事。他的分析方法建立在对一小群有钱客户的研究之上，他的推论则是通过自身经验和这群有钱人的经验得出的，并不具有广泛的代表性。他还搞砸了很多案例，尤其是女性客户的案例，而且他的结论往往更像是推测，而非严谨的科学。尽管这些批评都没错，但不可否认的是，弗洛伊德的确正确地强调了一个事实，那就是我们的意识只是头脑的冰山一角。也就是说，我们大部分的感情和思想，尤其是做出某种行为的动机，很大程度上我们是不自知的，而这些动机一般来说都不是单纯或善良的。

和心理治疗师聊一聊这些问题，不仅可以减轻一个人精神上的痛苦，而且，如果这个人是罪犯的话，还可以预防日后他们为别人带来痛苦和折磨。

配楼社区将所有参与的犯人分了组，8~10人一组。每个组每天都有一个小时的开会时间，用来讨论他们犯下的罪行、过去的生活，以及在社区里可能发生的变化。具体探讨些什么内容由小组内部决定，有时候也会讨论一些当天发生的看起来琐碎的小事。为什么有人吃饭或者开会时迟到了？为什么小组里有些人经常发言，有些人却一直沉默？为什么一名小组成员要去轻视侮辱另一名成员？为什么谁谁谁总是看起来很愤怒？

所有这些会议都会有一名工作人员参与，这让我意识到，在监狱里还有其他人像我一样，希望自己的工作不仅仅是把人囚禁起来。每周我们还会举行一次大型的配楼社区会议，所有小组都要在会议上进行反馈，把各个小组讨论的内容大纲分享给其他组和当班的工作人员。因此，正如查尔斯所说，"配楼社区里没有秘密"。

我不确定这个说法是不是绝对准确，但我们的目标是每个人都对彼此开诚布公，对自己的事和犯罪的原因都不加隐瞒。这样的话，通过这个治疗社区，我们可以看到这些人的价值观、潜藏的道德观；看到他们是否有良知；最重要的是，看到他们有没有改过自新的能力。

我参加的第一个小组有八名囚犯，他们自我介绍时不仅要说出自己的姓名，还要坦白自己被定了什么罪。很快我就发现，这组人主要都是性犯罪者。我头一次意识到自己投身于监狱改造的决心将受到挑战。

地铁色狼的摩擦癖是如何养成的

"性犯罪者"是个很笼统的说法，它包括许多不同的行为。我所在的那个组里，有人是对婴儿进行了性侵犯，有的则是对青少年。组里还包括其他类型的性犯罪者。我知道人兽交是什么意思，但从这些小会中，我认识到了人类无穷无尽、多种多样的癖好："恋发癖""恋罪犯癖""恋臀癖"，还有"污染癖"，这些听起来显得很高级的词语，却是在描述我们最卑鄙的欲望。你要是想查一查这些词的具体意思，我不会拦着你，但我建议你最好不要在工作的时候去查。

我第一次参与的那次讨论，中心词语是"摩擦癖"（frotteurism）——我会一点基础的法语，所以这个词我大概知道是什么意思[1]。

为了那些不熟悉这个词的人，我还是解释一下。"摩擦癖"指的

---

1 "摩擦癖"的英文单词来源于法语。

是在对方不知情的情况下，通过用性器官——一般来说是勃起的性器官——在对方身体上摩擦来获得性快感的癖好。有"摩擦癖"的人一般会在不起眼的情况下，迅速触碰受害者的胸部、胯下或臀部，然后再迅速消失。受害者一般不会起疑心，根本意识不到刚刚发生的性行为。一般来说，有摩擦癖的人都是男性，而受害者往往是女性。

在小组讨论中，组里一个叫迪恩的男人说，他一般在伦敦地铁的北线上实施犯罪。高峰时间段当然是最好的，因为大家都挤在车厢里，几乎脸贴着脸地站到自己的目的地。他会站在一名自己觉得好看的女性身边，随着车的摇摆来计划自己的行动，一开始只是轻轻碰上，仿佛是不小心碰到的。

等他慢慢把这种偶尔的意外肢体接触变得正常化之后，他的"碰撞"就变得更加强烈，更加频繁。迪恩会事先在内裤里塞满纸巾，这样他裤子上就不会留下任何痕迹，他也就可以安全离开地铁站而不被人察觉。他最终被抓住，是因为一连很多天，有很多女性报警称她们被疑似同一个人骚扰过，而且发生的时间也都差不多。一名便衣女警察最终逮捕了他，伦敦北线终于又恢复了正常。

有一些小报半开玩笑地在头条报道了迪恩被定罪的消息——他被判两年监禁。这对受害者们来说不公平，也对渴望改过自新的迪恩不公平。他也因自己的行为深受困扰——他十分清楚，自己的行为是错误的。迪恩希望能有一段"健康的关系"，所以他也明白自己必须停下来，或者有人让他停下来。现在他想利用在监狱里的时间来改变自己。监狱让他停了下来——至少在他服刑期间，可他刑满释放之后呢？他如何才能彻底改变自己的行为呢？

和迪恩的交谈暴露出了一些问题，这对他和他的小组成员们理解迪恩的行为很有帮助。后来，经过一段时间的小组交谈，我们陆续了解到迪恩和他姐姐的关系。在迪恩还是孩子时，他姐姐就对他进行猥亵；等迪恩渐渐长大后，她仍经常趁四下无人时，对迪恩上下其手。对她来说，这就是个游戏，但是对迪恩来说可不是这样。对他而言，他姐姐的行为关乎对他的控制权——一种暗地里与他发生性行为的权力。自然而然地，他的小组成员们提出了一个显而易见的问题：如果迪恩不喜欢他姐姐的行为，为什么他没有告诉过任何人，而他又为什么对无辜的女性实施侵犯行为？

第一个问题的答案比第二个要直接得多。迪恩告诉了他的妈妈，但他妈妈不相信他说的话。这似乎还让他姐姐胆子更大了，更加频繁地对迪恩进行侵犯。这么多年来我也确实发现，女性家庭成员——母亲、阿姨、姐妹、表姐妹——往往是引发男性家庭成员性行为的"引路人"。

第二个问题的答案就复杂得多，主要是因为迪恩在回答第一个问题时，略带踌躇地承认，他其实很享受他姐姐所做的事。他喜欢"手淫"带来的生理快感，尽管这个人是他的姐姐，而不是他的女朋友——难道不是所有男孩都有过被年长的女性手淫的幻想吗？对迪恩来说，哪些事是合适的，哪些事是不可接受的，二者的边界已经无可挽回地被模糊了。

对迪恩而言，性摩擦是一种能重现他第一次性行为的变态方式，而这一次，主动权由他掌握——因为"男人就该掌握主动权"——向这些毫无防备的女性受害者展示自己在性方面的能力，迪恩对小组成员们说。当他面对女性并产生性欲时，性摩擦帮助他重新夺得了控制权。

在我的笔下，迪恩的故事看起来好像很直白易懂，很符合逻辑。但其实不是这样的。他叙述时带着极大的羞耻和悔恨之心，通过耐心的询问，我们才一点点知道了故事的细节。要让迪恩明白如何与女性建立健康的、两相情愿的性关系，还有很长的路要走。

从这些小组讨论中我发现了一件事，这些性犯罪者实际上对恋爱关系和性生活几乎毫无了解。对组里的恋童癖们而言尤其如此。

组里的两个恋童癖，麦克斯和埃迪，虽然都被工作人员和其他囚犯们叫作"孬死"[1]，但其实两人的情况大不相同。跟"螺丝"一样，"孬死"这个词的来源也有很多种说法，但最常见的说法是，它是"莫名其妙"[2]一词的简称，是说强奸儿童完全是一种"莫名其妙的犯罪行为"。的确，这是一项完全不能被理解的犯罪。

麦克斯已经70多岁了，而他对婴幼儿的性侵犯自他记事起就开始了。没多久我们就发现，他孩童时期曾被他的父亲和叔叔性侵。我在工作中认识的恋童癖中，几乎所有人小时候都被性侵过。长年累月，麦克斯的犯罪行为不断升级，而如今，尽管他仍然对婴幼儿感兴趣，但只有性施虐和受虐才会真正勾起他的性趣。

大家想想看，婴幼儿，性虐待，简直难以想象。我意识到，我们需要考虑每个犯人过去犯下的罪行，以及他日后可能再次实施的犯罪，再在此基础之上，对其进行改造。这项考量并不是严谨的科学，没有什么精心设计的公式可以用在所有案例上。

麦克斯之前进过不少次监狱，所以在入狱时和主管的例行会面中，他要求实施"第四十三条自我保护法"[3]，因为他害怕其他囚犯得知他的罪名后，自己的人身安全会受到威胁。埃里克口中那些"正常又正直"

---

[1] 英文原文是 nonce。
[2] 英文原文是 nonsense。nonce 是由 nonsense 一词简写变化而来。
[3] 即英国《监狱法》第四十三条，该条规定，囚犯出于保护自己人身安全的考虑，可以要求被单独监禁。

的罪犯，就跟那些给报纸写信的人一样，他们知道应该怎么处置恋童癖们："阉了他们！剁下他们的睾丸！"问题是麦克斯最近这一次犯罪，是在他被化学阉割之后犯下的。

埃迪才20岁出头，跟当时的我差不多大。他是个焊工，把女朋友弄怀孕了。当她去医院生产时，护士发现她其实只有14岁，事情这才暴露。麦克斯和埃迪犯下的罪行，虽然都被称作恋童，但其实有很大的差别，仅仅贴上"恋童癖"的标签，并不能帮助我们理解他们的行为，更别谈改变他们的行为了。

其实，我后来发现，只有麦克斯真正想改过自新，至少只有他一直表达出强烈的改过的欲望。至于埃迪，他坚信自己没有做错任何事。埃迪不断地谈论英格兰历史上的性行为法定年龄，以及如今加拿大、韩国等地规定的发生性行为的法定年龄。对穿制服的女学生的性幻想在社会上被大肆利用，比如那时的一些带有情色意味的假日明信片，还有当年风靡一时的主流喜剧节目《不文山鬼马表演》[1]。埃迪正是在这些现象中寻找自我安慰。

"我到底做错了什么？"埃迪经常这样问。社会现象使他相信自己对未成年人的性趣是无可厚非的。

尽管埃迪不太愿意反省自己的行为，但参与这个小组的讨论使我意识到，待在配楼社区并不比在监狱里更好过。这些人每一天都必须做好准备，去重新经历自己人生中最痛苦的时刻，去描述自己内心的愧疚和羞耻。那么他们为什么不选择坐在自己的牢房里，看看报纸，听听收音机呢？当然了，有些人参与治疗小组是因为他们认为这样更容易获得假释，但据我观察，大部分人都是真心想要改过自新。

---

[1]《不文山鬼马表演》：*The Benny Hill Show*，1969—1989年由泰晤士电视制作的综艺节目。

但最重要的问题是，配楼社区的工作是否有效果，是否改变了囚犯们的行为。答案是肯定的，至少当他们还在配楼里时是这样的。在对这些人的管理上，我们没有遇到任何问题。他们没有攻击工作人员或其他囚犯，没有试着自残或自杀，没有试着越狱或发动暴乱。至于他们的行为有没有得到长期的改变，结论则复杂多了。不过，这些问题困扰了他们一生，我们又怎能指望用一年的治疗就能将其根治呢？当他们离开这些小组后，我们没有任何的善后治疗，他们只能尽自己所能，自我拯救。

虽然我无法确凿地回答"有作用吗"这个问题，无法确定这些犯人在刑满释放后是否停止了犯罪行为，但这些小组使我相信，至少我们可以开始运用这些策略，来应对那些根深蒂固的、有问题的行为，因为正是这些行为导致了犯罪的发生。事实上，我在配楼参与小组工作的经历，在很多事情上都给了我信心，这些信心在我的整个职业生涯里都没有动摇过。

第一点是，我相信人在孩童时期遇到的问题对其一生都有巨大影响，并且人的第一段人际关系——不论是好是坏——都会影响到其日后每一段人际关系，以及与其组建关系的对象。孩子们的生活中需要稳定、充满爱与鼓励的人际关系，这样他们才能有安全感，才能对世界有积极乐观的认识。第二点是，我相信成年人有种奇怪的、难以抗拒的欲望，去重复自己儿时经历过的困境。我们一遍又一遍地让其重演，让其他人来扮演自己儿时生活中的重要人物，尽管这些人物甚至有可能是所受困境的始作俑者。第三点是，我相信人的潜意识里，有一大部分都在自我保护，让我们远离内疚、羞愧，让我们觉察不到自己的不足。这样的心理防卫机制大部分时候都是在帮倒忙，既对我们自己不利，也对我们身边的人不利。

这还让我意识到，我们不能否认自己作为人的生物性：我们由基因和荷尔蒙组成；我们是由心脏和大脑支配的血肉之躯。

那些犯下暴力罪行的人不是自动化机械，也不是设置好程序的机器人，而是一个个有血有肉的个体。当他们面对耻辱感、羞愧感时，当他们的身份认同感和自我意识受到威胁时，他们做出了不道德的、应受谴责的行为。

弗洛伊德应该会为我感到骄傲吧，但有一个人可完全不赞同我的行为。埃里克希望我能安心做个雅痞，而不要去掺和什么"配楼社区，鬼话连篇"。这是他的原话，他还说"他们都是群瘌痢头的流氓"。我慢慢发现，尽管有些人——监狱工作人员和广大群众，也希望罪犯们能被改造，但只是希望他们被改造到能弥补自己的过错，仅此而已。他们不希望罪犯们日后能有成功的人生，尤其不能比自己的人生更成功。

在下一个工作岗位上，我才开始坚定我的想法：一个人孩童时期的经历对其成年生活有巨大的影响。也是在那里，我和一个杀人犯成了终身的好友。

2

年轻的杀人犯

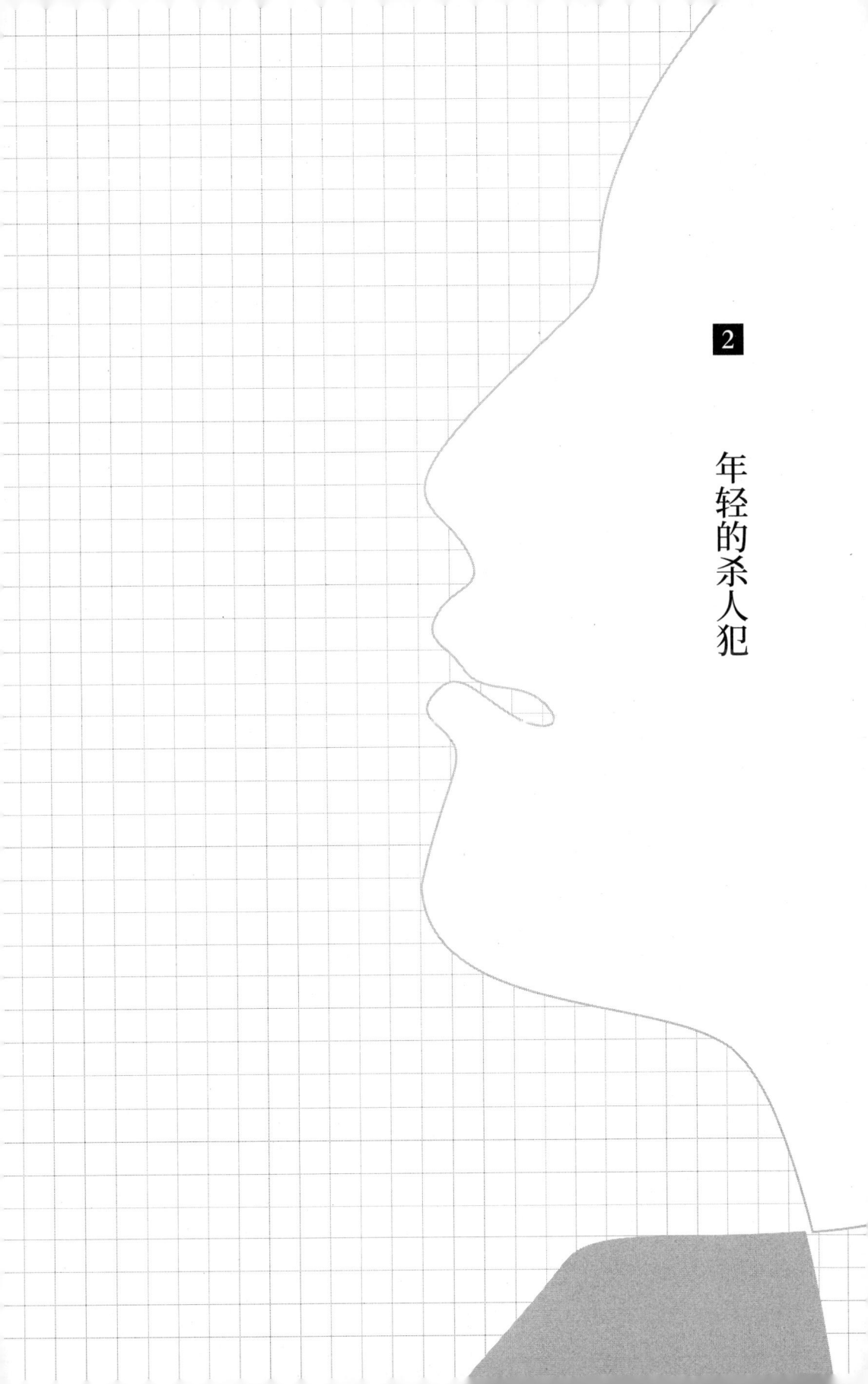

"我是个人,我内心有想法、有秘密、有我的血腥人生,但他不知道它们的存在,他永远也不会知道,因为他太蠢了。你大概会笑我吧,我居然说院长是个蠢货,我连字都不会写,而他跟个大学教授一样能写会算。但我说的是真的。他太笨了,而我不笨,因为我能看穿像他这样的人,他却看不懂像我这样的人。"

——"史密斯",亚伦·西利托《长跑者的寂寞》[1]('Smith', Alan Sillitoe's *The Loneliness of the Long Distance Runner*)

---

[1]《长跑者的寂寞》:亚伦·西利托所著短篇小说,讲述了在英国的一所少年教养院里,一名少年犯在长跑训练时回忆起他以前遭遇的种种不幸,于是对社会产生不满,并对社会持抵抗态度的故事。

少年监护中心

在虫木林监狱做助理主管只是为了完成我的职业进阶,我第一个正式的工作岗位是在一所名为亨特坎姆的少年监护中心里,位于牛津郡。这份工作给了我亨特坎姆高尔夫俱乐部的免费会员资格,还给了我一所有四间卧室的房子,位于一个叫约姆的中世纪小村子里。这些待遇实在太好了,跟虫木林监狱里的日子有天壤之别,而且这里的环境让人仿佛回到了"二战"结束前的日子。这里随处可见"二战"留下的痕迹,最有趣的是村里酒吧天花板上的涂鸦,那是不列颠战役中年轻的战斗机飞行员们留下的。

亨特坎姆在"二战"时期是个拘留营,在1946年才变成一所少年犯教养院。

少年犯教养院过去是一种对少年犯进行改造的监狱,如今,大家在对它深恶痛绝的同时,又把它传得神乎其神。大家渐渐抵触它有很多个原因。

一般的看法是,它是20世纪60年代激进的"厨房水槽剧"[1](kitchen

---

[1] 厨房水槽剧:英国20世纪50年代后期以来新现实主义戏剧的一个派别,着重描写工人和其他下层家庭的生活,由于舞台一改传统的客厅布景,而以中下层家庭的厨房为场景而得名。

sink dramas）的描绘对象，以亚伦·西利托精彩的短篇小说《长跑者的寂寞》为代表，后来这本书还被改编成了电影。"教养院男孩"史密斯——本章开头引用了他的话——厉声谴责了公立学校毕业的、代表父权主义的院长试图了解他的行为。最后，史密斯故意输掉了一场跟当地寄宿学校学生的比赛，以此实现了他个人的反叛。

然而，1979年的电影《人渣》[1]（Scum）彻底毁掉了少年犯教养院系统在公众心中的形象。电影讲述了一个犯人是如何奋斗到监狱食物链的顶端的，以及他在里面的生活又是如何血腥的。影片里有数不清的打斗、血腥的暴力场景，还有一场男性对男性的强奸场面，以及受害者最后的自杀场景。我们还能在其中频繁看到种族歧视和监狱工作人员的漠不关心，甚至武力相向。就算观众们真认为教养院能改造少年犯，这想法也被这部电影彻底地打消了。

除了名声被糟蹋得一塌糊涂，在刑罚学上，教养院也不再是个好的选择，主要是因为在教养院的服刑是没有明确期限的。如果一个人被判处"去教养院培训"，那么根据这个教养院"视个人而定"的具体条款，他的刑期短则几个月，长则两年。这点直接导致了刑罚的不公，因为以同一项罪行入狱的两个人刑期可能完全不一样，全看监狱工作人员认为他改造的进度如何。

1982年出台的《刑事司法法案》废除了少年犯教养院，取而代之的是少年监护中心，现在更名为少年犯管教所。这个转变非常不易，一边是监狱工作人员的诉求，他们希望监护中心能比教养院更像监狱，更加带有惩罚性质；另一边是几乎所有群众的诉求，他们认为教养院在少年犯改造上完全没有下功夫，并对此深恶痛绝。我到亨特坎姆时，

---

[1]《人渣》：由艾伦·克拉克执导的英国犯罪电影，该片一经上映即引起全世界的关注。

教养院才刚刚退出历史舞台,"少年监护中心"开始取而代之。

负责亨特坎姆的主管叫雷·坎贝尔,他人很好,我上任时他给了我一个非常简单的建议。他把我的个人档案摊在桌上,望向我的眼睛,微笑着说:"你只需要做一件事——尽力保留教养院的可取之处。"

但他到底指的是什么呢?

恰巧,我在亨特坎姆的办公桌抽屉里有一份《少年犯教养院系统指南》,1932年由内政部首次发表。

我一页页浏览着,希望能找到些线索。书中写道:"十八九岁、游手好闲的小伙子们在街角小巷晃悠,就跟上了年纪的人或者心不在焉的人站在大马路中间一样危险。"书中还说:"教养院的培训系统建立在两点假设上:每个人内心都有好的一面;每个人天生都有合作精神。因此他们会响应号召,遵守纪律,跟随旗帜,与祖国母亲站在一起。"所有这些,只是一种建立在忠诚精神与同志情谊之上的呼吁和号召。

接下来这一段文字可以看出心理治疗的影响作用。书中说,教养院不应该打击这些年轻人,或强行让他们改过自新,而应该鼓励他们:

"激发他们内心的力量,以此来纠正他们的行为;引导他们向往美好与正直,让他们想要好好利用自己的人生,这样他们自己就能悬崖勒马,而不需要他人的援助。我们必须研究教养院里的每个小伙子,去了解他们的性格和潜力,给予他们正确的人生观,使他们能控制自己的欲望,纠正自己的行为,对自己有更高的要求,而非只顾自己个人的满足与得失。"

教养院系统在实施上综合了强身派基督教[1]、劳动、教育和运动,同时工作人员们还需要去了解每个年轻人,明白如何让他们真正配合。

---

[1] 强身派基督教:基督教的一个分支。他们认为好的基督教徒应该身强体壮。

简而言之，每个犯人都应被当作独立的个体看待，监狱应该"唤醒他们对更高层次事物的接受能力，培养他们选择遵守道德的本能，训练出井然有序的生活习惯"。结尾有一段话我觉得写得非常好，因为我也是这么想的："我们要让他们在离开监狱时，在身体上和精神上，都成了更优秀的人。"

"一战"和"二战"之间的这段时间被认为是教养院系统的巅峰时期，其成果也十分显著。进过教养院的年轻人中，每五个人里只有一个会再次犯罪。但当我来到亨特坎姆时，这个比例完全反过来了。教养院给他们提供了工作和培训机会，比如城市行业协会提供的粉刷装潢培训、餐饮服务培训、泥瓦工培训、水管工培训和汽车修理培训，但要让他们适应这个社区之外的生活，教养院体制显然还有很多不足之处。

这个系统有一个方面让我大占优势——我特别喜欢橄榄球，那时候，橄榄球在我的人生中占有相当重要的地位。这个信息通过监狱之间的关系网从虫木林传到了这里，所以这里的两名体育教练大卫·普莱斯和布莱恩·亨伯自然而然地就成了我的盟友。布莱恩过去是个乡村板球运动员，而大卫则本来是个足球运动员，后来爱上了橄榄球。大卫和布莱恩负责训练营里的小伙子们，并且组建了亨特坎姆运动队。他们一开始觉得我喜欢运动这件事挺可疑的，但很快这层隔阂就消失了，我成了亨特坎姆不可或缺的一部分。

这里的小伙子们每周二和周四都有训练，每周六有一场比赛，有时是内部比赛，有时是和别的地方的人比。他们都比较喜欢出去比赛，因为每次赛后我都会给他们买一杯啤酒。因为我比这些小伙子大不了几岁，所以和我们比赛的球队经常以为我也是名犯人，大卫、布莱恩和其他所有人都觉得这很好笑。

这些小伙子会想办法来试探我的底线，尤其是在训练场上，他们经常猛力对我实施擒抱[1]。一开始，有一两个人特别喜欢对我使用"医院波[2]"，把我的肋骨暴露给冲过来的对方球员。这种事发生了好几次，要不是我反应快，闪避及时，我一定会受重伤。但很快，队员们就习惯了我这个主管跟他们一起打球，我也开始对他们每个人有所了解。他们对我的评价开始传开，甚至传到了不打球的犯人们耳中："主管人挺不错的。"

成绩优异的他选择自暴自弃

我第一次见到吉米是在橄榄球球场上。

吉米是队里的殿卫。他跑得很快，擒抱起人来毫无畏惧。当我们开始进攻时，我发现他真的很会打橄榄球——他知道什么时候该传球，什么时候该带球突破边线。很明显，他之前打过橄榄球。在跟他闲聊过一两次橄榄球之后，我查看了他的档案。

说实话，我很惊讶吉米犯的竟然是谋杀罪。事情发生在他15岁的时候。更令人吃惊的是，他的监狱档案很薄——其他人的档案都厚厚一沓，满是过去的犯罪记录——而且档案上记录了法官在宣判时说的一句话，他说吉米"冷漠又精明"。但我不这么认为，我觉得吉米只是很害羞又很有自制力。

吉米现在19岁了，他还能在亨特坎姆待两年，之后要么被释放，

---

1 擒抱：指将球从对方手中夺过来，限制对方向球门行进的动作。
2 医院波：指容易使接应队友受伤的传球。

要么就进入成年人的刑罚系统,而我正是能影响这个决定的人之一。也许吉米也知道这一点,所以他一开始跟我说话时十分小心。但我每季度都要给所有犯人写进度报告,所以我不得不跟他聊起他犯下的罪行,以及如果他被释放,他会不会对他人造成威胁。

我一向喜欢了解犯人们被关进来之前的人生背景是怎样的,但吉米薄薄的档案没有给我提供什么有用的信息。档案里只有几份判决前的调查报告和一份报道"公立学校一男生因谋杀罪入狱"的剪报。这条新闻标题的前半部分倒是解释了吉米为什么很会玩橄榄球,但除此之外,这则报道只是大概讲述了一下事情经过。

经过一番费劲的寻找,我得知吉米出身中产阶级家庭,是家里的老二,有一个哥哥和一个妹妹。他是家里第一个被警察找上门来的人,而且很显然,他和他父母的关系在他犯下谋杀案很久以前就已经破裂了。吉米由于经常在宿舍里喝酒而被寄宿学校开除了,尽管学校给过他好几次机会,但最终还是让他退了学。他的父母把他带回了家,但吉米并没有就此安顿下来。虽然报纸没有报道,但毫无疑问,被退学在当时被看成一件非常丢人的事,他也一定受到了不少指责和控诉。几周后,吉米搬去和他的一个阿姨同住,但当这段关系也破裂之后,他开始四处游荡。谋杀案发生的那段时间,他好像就睡在大街上。

无家可归、睡在大街上的年轻人是非常脆弱的,就像尼尔森案中的那些被害者一样。然而这次,死的人并不是吉米。

被害者是个老人,吉米是在酒吧里遇见他的,当时吉米喝了很多酒。报告中说,那天晚上老人邀请吉米去他家睡沙发,这样他就不用睡在大街上了。酒吧打烊之后,两个人还在喝。到家之后,老人开始调戏吉米。吉米断然拒绝,然后冷静地走进厨房,找到了一把刀。接着吉米回到客厅,把刀插进了那个老人的心脏,老人当场死亡。然后吉米就倒在沙发上睡着了，第二天早上才逃走。正因如此，判案的法官才说他"冷漠又精明"。

那天晚些时候，老人的姐姐来找他，才发现他死了，然后报了警。没过多久，警察就找到了那个头天晚上被看见和被害者在一起喝酒的年轻人，吉米也立刻承认了人是他杀的。

后来吉米说自己是正当防卫，但没人相信那个老人真的对他的安全造成了威胁，于是他被判犯了谋杀罪。

我想到了丹尼斯·尼尔森，因为两个案子有很多相似之处，尤其是尼尔森案中的男性被害者们也都酗酒，并且无家可归。当然两个案子也有不同之处，最明显的就是被害者不同。

自吉米犯下谋杀罪到现在，四年过去了。相比于探究这个案子真相的困难重重，我倒是很容易就弄清楚了吉米在监狱里都做了什么。他继续着自己的学业，获得了三个普通教育高级水平证书[1]，正准备在公开大学[2]读一个学位。他希望被释放后能去读成人教育学院或者读大学。他和别人打过一两次架，大多是因为其他人误以为吉米好欺负；参与了很多运动项目；四年滴酒未沾。工作人员，尤其是负责教育的人，都觉得他在监狱里算是非常安分的了。

他的父母从未来探望过他。

没有人给吉米提供心理咨询，也没有人研究他犯下谋杀罪的背景和环境是什么。亨特坎姆没有心理部门，所以我也无计可施。我所知道的这些信息都来自庭审，因此是不全面、不客观的。他们希望被告人能被判有罪，对那晚事情经过的描述也是从这个立场出发的。我们

---

[1] 普通教育高级水平证书：A-level，英国普通中等教育高级水平课程证书。
[2] Open University，英国的远程教育大学。

只知道吉米的一面之词，说那晚那个老人调戏了他。但那一定是真的吗？也许是吉米为了说自己是正当防卫而编造出来的呢？

还有很多别的可能性。也许吉米只是准备伺机抢劫这个老人，又或者是吉米调戏了他，希望进行性交易挣点钱，在被拒绝之后便痛下杀手？

又或者这件惨案的发生，只是因为这个年轻人对自己的性取向感到迷惑不解？

虽说吉米还要在亨特坎姆待两年，但我必须开始考虑这些问题，并以此来判断日后吉米对他人造成威胁的可能性有多大。我还找到了一份关于他的初步风险评估报告，是当初为了批准他在监护中心以外的地方打橄榄球而做的。我意识到，在监护中心的四年时间里，他的行为已经渐渐正常化了，大家默默接受了吉米版本的事实，那就是一个上了年纪的同性恋者想和他发生性关系，然后他把对方杀了，没有人提出过任何质疑。对大卫、布莱恩和大多数监狱工作人员来说，吉米是个"挺不错的小伙子，也不闹事"，仅此而已。

的确，一个人的暴力行为经常在青春期时开始，因为那时的人有许多强烈的情绪变化，自控能力差，同时肢体力量又在增强。这些会导致他们对自己的形象感到困惑。根据在虫木林监狱配楼的工作经验，我认为毫无保留地接受吉米对案件的描述并不完全可取。就算吉米是个非常优秀的橄榄球运动员，我仍认为这件案子还有调查工作要做。在监护中心里，他也许的确是个"不错的小伙子"，但我需要确信他不会再次杀人。

我做的第一件事就是告诉吉米，由于我要给他写假释报告，所以每周三下午，他都需要来我的办公室待上一个小时。这个时间是我经过仔细考虑之后选定的，因为周三下午不需要上教育课，这个时间段被称作"自由联想"。但事实上,这段时间里,吉米就是在床上躺着听收音机。

我的目的是想弄清楚两件事。第一,吉米是因为什么开始喝酒的?当然了,大部分年轻人都是差不多在那时候开始接触酒精的(当然还有一些其他物质),但吉米的酒精摄入是持续性并且有害的。

这不是什么青春期对酒精的第一次尝试,甚至都不是什么消遣性的饮酒,在我看来,说好听点是过量饮酒,说难听点是酗酒成性。在犯下谋杀罪时,他正处于醉酒状态。这正是我想问吉米的第二件事。我需要弄清吉米到底因为什么杀了那个老人。这只是一个喝醉的、不成熟的年轻人偶然犯下的可怕罪行吗?还是说在他长大成人、刑满释放以后,还有可能再犯下这种罪行?吉米是否如判案的法官所说,是个冷漠又精明的杀手?如果是的话,我必须弄清楚如何阻止他再次杀人。

吉米对周三会面的态度模棱两可。我觉得他一方面很喜欢我对他的关心,另一方面又觉得我的问话非常唐突,并且令他痛苦。

我在亨特坎姆接触到的小伙子没有几个是像吉米这样的。事实上,与其说"没有几个",不如说"完全没有"。吉米出身中产阶级家庭,只这一点就使他很与众不同了。少年监护中心里收了许多出身工人家庭的少年,大多不识字,被学校开除,找不到工作,令人难过的是,至今仍然如此。吉米虽然被寄宿学校开除了,但他用在监狱里的时间拿到了三个普通教育高级水平证书。这项成就十分不寻常,我在这里碰到的年轻人大多数连读、写都很困难。

而且吉米是个白人。20世纪80年代,亨特坎姆三分之一的小伙子是黑人,而且刑罚的量刑会因为种族不同而不公正这个问题,才刚刚成为公共政策领域内的讨论热点。直到今天,黑人被逮捕的可能性仍然是白人的三倍，但其实少数族裔才更容易成为犯罪的受害者。

在亨特坎姆，有一些工作人员会说"黑人的犯罪率更高"，但这不是事实；还有人说"黑人的暴力犯罪率更高"，这也不是事实。事实上，吉米是亨特坎姆唯一一个杀人犯，但工作人员们似乎早已忘记了这件事。应该说，以他犯下的罪行，把他送到亨特坎姆来本就很不合常规，但从跟主管的对话中我得知，他被送来，是因为这里被认为是最能帮助他施展天赋的地方。

这里的工作人员似乎永远都在担心，认为我们应该把黑人因犯分散到监护中心的各个地方，这样他们就不会"抱团"。他们害怕如果把黑人小伙子都分到一个地方，他们就会占领那个区域。但对白人小伙子，他们则没有这种顾虑。

除了担任主管，我还担任了亨特坎姆的种族关系协调员，因此我不得不经常对这样的看法提出质疑。这份工作一点也不容易，这主要是因为我不得不经常对一些低级的种族玩笑提出抗议，然而这些玩笑是监狱文化固有的一部分。"不过是开玩笑而已"都是老生常谈了，但我对此毫不容忍，于是工作人员们就不在我面前开玩笑了；但我知道这样的现象并没有完全消失。

"优秀"对一个人的绑架

吉米是一个出身中产阶级家庭、就读于寄宿学校、犯下谋杀罪的白人男孩，这些特质让我清楚地意识到，我不希望别人认为我在优待他。于是我费了好大劲儿给工作人员解释，吉米是根据1933年《儿童和青少年法》第五十三条被判的刑，也就是说，如果他是个成年人，他会被判处终身监禁。而如果要批准他的假释，我必须得问他一些问题，并仔细审查才行。

即便如此，我依然在周三下午另外空出了一段时间，这样其他的小伙子想找我的话也可以来。很多人都来找过我，但他们大部分都是在担忧释放以后应该做些什么，而不像吉米，因为吉米有可能根本不会被释放。

这样的见面持续了大约 12 个月，吉米仍然坚称他在法庭上描述的事情经过是真的。他喝得很醉，那个老人调戏了他，吉米承认自己当时感到非常困惑，而且十分羞耻。在日后的职业生涯里我发现，羞耻感和酒精一般来说是杀人犯生命中的重要组成部分，但当时的我并不知道这一点。我的经验是，对年轻人来说，羞耻感和"丢脸"的想法一般都是暴力行为的前奏。杀死那个老人令吉米感到自己重获了一些控制权。

我们很快就明白了这一点，并且弄清了他并不是同性恋。

在接下来几个月里，我开始问吉米，在老人调戏他之后，他去厨房找刀之前的这段时间里发生了什么。当他拿起刀时他在想些什么？他是蓄意杀人的吗？吉米坦白地说他是蓄意要杀害老人的，在他被逮捕后，是他的律师要他说自己是"自卫"。

他的这些话只是佐证了我已经读到过的信息，但却让我对事情经过有了更深入的了解。这使我有了些信心。我相信那些未经渲染的、没有修改重要事实的故事。我不相信那些如魔术戏法般被突然记起来的细节。但我仍然不满意。有什么事——我也不知道到底是什么——不对劲。

随着我们会面的深入，我慢慢感觉到吉米在尽力想让自己看起来是个品行端正的人，而不是个杀人犯。他所叙述的事情经过中另有隐情。第二天早上他醒来后，为什么不报警？为什么他杀了人之后没有逃走？他好像想要被捉住，想要受到惩处。

我不断在问话中试图引他说出真相，但很快我意识到自己过于关注谋杀的事，而完全忘记了他酗酒的问题。

"吉米，你为什么喝那么多酒？"

"大家不都是这样吗？你打完橄榄球之后也会喝一杯啊！"

他说得没错，当时的橄榄球队和少年监护中心都有这个习俗，没人觉得在打完比赛后和小伙子们喝一杯有什么问题。有些人也许认为这实在太离谱了，但说实话，我至今仍认为它缩小了"我们"和"他们"之间的距离，它提醒了所有人我们都是人，都有共通的人性。

"但你是因为什么开始喝酒的？"

吉米油腔滑调地说了些不痛不痒的话，显然在回避问题。直觉告诉我，我应该继续追问，但我没有选择直接问他，而是提出："你介意我写信给你的父母吗？"

这个问题立刻对他造成了巨大的影响。吉米几乎是在恳求我不要这么做，他说他的父母不想跟他有任何联系。我猜测他之所以会有如此巨大的反应，是因为这正是他的学校对他做过的事情。

"我写信不是要向他们抱怨你不好，吉米。你表现得非常棒。我只是想问他们一些问题，好帮助我写你的假释报告。"

吉米对此并不感到高兴，也没有许可我这么做。

但我实在有正当的问题要问，而且我本来也不需要必须经过他的许可才能给他的父母写信。

后来，他们的答复帮我弄清了吉米的秘密。

我收到了吉米父亲手打出来的回信，言辞十分热情。字里行间的感激之情使我意识到，他们并不想和吉米断绝关系，真实情况要复杂得多。很快我就明白了，是吉米想要和他的家人们断绝关系，而他们则迫切地希望能够让吉米再次融入家庭。看起来，他的家人们一直深爱着他，也很看重他。我从信中感觉到，让他们痛苦万分的不仅仅是谋杀这件事，更是吉米不再想和他们有任何联系的事实。

这封信还回答了我关于吉米酗酒的问题。他开始喝酒的原因没有什么特别之处，当他第一次被发现时，大家都认为给他个警告，以后不再犯就可以了。吉米的父亲表示他现在很后悔当时跟吉米的一次谈话，谈话中他说吉米"没有什么成就"，并且敦促他"多学学你哥哥"，他哥哥跟吉米在同一所学校，过去是学校的级长，现在是个非常成功的银行家。

吉米没有听从关于喝酒的警告，这让他的父亲渐渐坚信吉米是在"浪费人生"，尤其是跟他哥哥的成就比起来，这也导致"全家人都对他非常失望"。关于谋杀，信里没有提供什么新的信息，只表示了他们希望我能劝劝吉米，允许他们来探望他。

我对他们的回信其实没有什么预期，但这封信确实比我想象的要积极正面得多。

我开始猜想，也许问题的根本是，吉米觉得自己永远也达不到哥哥的高度，所以故意毁掉自己人生成功的可能性。要想逃避这种竞争关系，有什么比让自己蹲监狱更有效的呢？吉米杀人后没有逃出城，是不是也是因为这个原因呢？

而且现在我又多了一个问题：怎么才能让吉米允许自己的父母来看他呢？

我是在周五收到那封回信的，而我和吉米下一次的会面是在下周三。考虑到周六在沃林福德有场橄榄球比赛，我想在赛后比较轻松随意的氛围里，也许我们能有机会聊聊。

我们的对手本来是沃林福德俱乐部的第三梯队，但他们渐渐发现我们水平还挺不错，就开始让一些第二甚至第一梯队的队员混进来跟我们比赛。比赛打得非常艰难，吉米打得尤其漂亮。但我们还是输了，大家都有些沮丧。小伙子们冲了个澡，换上白T恤和灰色法兰绒制服，系上监狱的领带，走进了酒吧。大卫和布莱恩答应让他们喝一杯再走。

吉米和几个朋友坐在桌边，正在讨论刚才的比赛，我抓住机会加入了他们的谈话。

几分钟之后，我找了个时机，悄悄地跟吉米说起他父亲的信，还有他们想来监狱探望他的事。吉米转过头，望向远处。我正准备再说些什么，沃林福德俱乐部的队长打断了我们。他和善地称赞了我们队的表现，并且说他的队员们都认为这场比赛打得最好的人是亨特坎姆的殿卫。大家礼貌地鼓着掌，队长跟吉米握了握手，并送了他一条俱乐部的领带。吉米看起来很开心，又有些不好意思。他身边围了一圈人，我知道只能等到周三再跟他聊了。

这种表达善意的事，和我们打过比赛的每个俱乐部都做过，这对橄榄球运动而言意义重大。大家暂时不把他们看作少年犯，而是接受了他们现在的角色。虽然偶尔还是会有那么一两个人在你身边坐下，偷偷摸摸地四处张望，确定没人能听见自己说的话，然后问道："他们是犯了什么法被关进来的？"

到了第二周的周三，吉米显然为这事想了很久，准备好了要跟我抗争，坚决不让他的父母来看他。很快我就意识到，继续逼他接受这件事，一定会撞南墙，所以我回到了关于谋杀案的话题上。

吉米长出了一口气，不安地在椅子上挪了挪，目光从我办公室的窗户望了出去。我觉得他又要开始机械地回答问题了——敷衍了事，有时还语带挑衅。

"你离开客厅后，走进厨房拿起刀的这段时间里到底在想什么，你还没跟我说过。"我继续说道，丝毫不被他的冷淡所影响。

吉米从窗外收回视线，转而看着我。这是他今天第一次看着我。

"我在想这下就一劳永逸了。"

"什么？什么就一劳永逸了？"

一阵沉默。我决定利用他父亲信里的信息来探寻真相。我这样做对他是公平的吗？我有没有滥用自己的职权？我寻思着，这件案子关乎一个人的性命，如果我要说服自己释放吉米不会对社会造成危害，那么我必须明白当初他到底是在什么情况下杀的人。

"是跟你哥哥有关吗？"我问道。

沉默。

"你是在害怕自己不能像你哥哥那么成功，所以故意让自己没有办法和他竞争吗？"

吉米接下来的反应出人意料。他笑出了声，但并不是傲慢地笑。他笑是因为他觉得我说的话太离谱了。

"我爱我的哥哥，我爱我的家人。竞争不是什么问题。"

堤防终于崩塌了。吉米又加了一句："我肯定会赢。毫无疑问。唾手可得。"

我试着消化这些信息，试着从他说的话中找到一些逻辑。如果我的理解没错的话，吉米一直压抑着不肯说的，不是自己没法和哥哥竞争，而是他可以，而且赢的会是他。他不是害怕失败，而是害怕成功。然而，这对他深爱的家人有什么好处呢？他父亲愤怒的斥责是说出了全家人的心声，如果这样的想法不得不发生改变，他们又会怎么样呢？最重要的是，他的哥哥会怎么样呢？面对这些在潜意识里此起彼伏的问题，吉米用自己不成熟的方式让一切"一劳永逸"了。永远地。解决办法就是过量饮酒，让自己和哥哥无可竞争；被学校开除；杀人并且和家人断绝关系。在吉米的青春期里，他下意识地为自己热爱的所有人和事物做出了牺牲。

而悲剧在于，一名老人无辜丧命了。

这些话听起来像是真的吗？从在亨特坎姆办公室谈话那天起，直到此时此刻敲出这些文字时，我一直在不断地试着去理解吉米的话，在脑海中翻来覆去地想他的解释到底可不可信。我设身处地去理解他的人生经历，去思考他是如何看待自己和生活中重要的人，在此基础上再试着去看待他的故事。但即便如此，我知道自己绝不会对一个向我表达过善意的老人痛下杀手，但这并不代表探寻吉米的所思所想所为就没有价值。

有一件事是我越发肯定的——同为"杀人犯"，吉米和尼尔森有着天壤之别。

最重要的是，吉米的故事告诉我，我们对年轻人的评价和期望——给他们贴上优秀的标签，或是说他们不太可能成器，对他们日后的发展有巨大的影响。这些标签被他们内化，直到他们的性格渐渐成型，行为方式开始显露。当这些行为被酒精和他们的不成熟影响之后，就很容易酿成悲剧。但这些悲剧，这些可怕、反常、暴力的行为并不能代表他们的全部人格，也不能代表他们成年以后的行为方式。

你不相信我吗？

想想你自己孩童时期做过最坏的事，设想一下，如果大家永远通过这一件事来对你这个人做出评价，永远不把这件事抛诸脑后，永远不接纳如今已经成长的你。我们能用那一件坏事来定义你吗？我们应该用那一件坏事来定义你吗？

用极端的方式寻找人生归宿

话说到这儿,我想给大家介绍欧文·詹姆斯,他也是个在教养院里待过的年轻杀人犯,但他和吉米非常不一样。他把教养院描述成"角斗士学校"——一种只有强者才能生存的监禁方式。我是在欧文入狱很久后碰见他的,在他被释放之后,我还经常和他见面。但我感兴趣的是他的童年,正是因为他的童年遭遇,使他后来夺去了两个人的生命。有太多孩子跟欧文一样,我们所说的"童年",对他们而言只是不断忍受,只求能活下来,这种环境十分容易导致一些骇人听闻的行为。

欧文的人生背景又是什么呢?

欧文不愿意说自己有个"贫穷的童年",但他承认自己的父母当时还是青年,没有经济来源,他们从苏格兰搭便车到萨默塞特郡,希望那里的日子能好过一点。这体现了他们的决心,但他们自己的人生开端本就十分艰难,这是他们难以克服的。欧文父母所处的人生环境充斥着暴力与酒精,欧文说他们的生活十分"失调"。

酒精在欧文父亲的生活中占了很大的分量,而他的母亲就死于一场酒驾事故,那时欧文才七岁。从那时起,父亲开始了与自己阴暗面的搏斗,而欧文的生活也渐渐开始失控。欧文说自己十岁时"到处乱跑,睡在大街上,不知道自己的归宿在何方"。他接着说:"对这种毫无意义的人生,我感到越来越沮丧,于是我越来越鲁莽,越来越对他人不管不顾。"

最重要的是,欧文一直没弄清他对自己的父亲到底是爱还是恨。他父亲是个长途货车司机。他经常突然出现在欧文的生活里,把一切搞得一团糟,然后又消失不见。

跟他的父亲一样,欧文也开始酗酒,这又进一步导致了他开始做一些小偷小摸的事,还挑起了几次暴力事件。他很少去上学,也没有任何学历。

不可避免地,这引起了警方的注意。根据"短暂、剧烈、冲击性强的政府政策"[1],他在拘留所服过一段时间刑,但这并未改变他的行为,两年之后,他被关进了教养院。

但这也没有对他产生什么影响,在25岁时,他流落街头,酗酒,并和一个叫威廉·罗斯的人一起犯下了两桩谋杀案。

杀了人之后,欧文立刻逃去了法国外籍兵团[2],直到两年之后,也就是1984年,他的父亲去他的驻地科西嘉岛看他,因此暴露了他的行踪,他才终于自首了。跟他的父亲一样,他把事情搞得一团糟之后,就消失不见了。

欧文杀害了格雷维尔·哈勒姆。哈勒姆是个戏剧演员经纪人,过去是个演员。1982年9月,在哈勒姆伦敦的公寓里,欧文抢劫并杀害了他。然后是安格斯·科克伦,他来伦敦时被欧文抢劫了,几个月之后因伤势过重死亡。这两桩案子都是他和一个同伙一起犯下的,两个人当时都喝醉了,而且急需要钱买酒。对欧文而言,除了这个显而易见的原因,他的人生背景也是诱因之一。生活不正常,暴力事件频发,时不时干点小偷小摸的事,这都是他为了短期收益而做事不顾后果的体现。

跟吉米相比,欧文的经历更能代表那些被关进教养院或监护中心的小伙子。我在亨特坎姆认识的年轻犯罪者中,大部分都跟欧文一样,

---

[1] 1979—1990年,玛格丽特·撒切尔领导的保守党政府推出了针对年轻犯罪者的政府政策,承诺将"尝试采取更严苛的体制,给年轻罪犯者们带来短暂、强烈的冲击"。
[2] 法国外籍兵团:由外国志愿兵组成的陆军正规部队。

没有学历、居无定所、行事鲁莽。

在监狱里，欧文开始接受教育，并学会了如何给报纸撰写文章，由此他的生活才稳定下来，接着成为一名职业记者和作家。这是十分少见的。

我认识的年轻犯罪者中，大部分都是通过工作——体力活或者半技能型的工作，一般是在监狱里学会的技能——和他们释放后与其他人建立的关系，来使自己的生活稳定下来的。他们长大成熟后，开始结婚生子，成家立业，罪犯的生活成了历史。

这就是我从欧文的童年经历中学到的。孩童时期的他无依无靠、行事鲁莽，他一直在不断地寻找自己的归宿。这个归宿不仅仅是身体上的，更是精神上的。他对父亲的情感十分矛盾，需要一个地方来让自己和这种情感和解。

因此，欧文和吉米的经历十分不同。吉米知道自己的归宿，但不成熟的他认为自己必须拒绝这个归宿所带来的关怀。我总是在想，在他们两个人的人生中，如果能有一位老师或者一位父母以外的成年人，给他们一些暖意，关心关心他们，也许他们的人生会截然不同。

我和吉米每周三下午的会面一直持续着，直到我被调到了芬纳摩林。

芬纳摩林是个开放的少年监护中心，是亨特坎姆的附属机构。那时，我们的会面气氛已经不再那么紧张了。我渐渐意识到吉米开始成为我的朋友，同时我也在想，我是不是在某种程度上成了吉米的另一个哥哥。本来我就不比他大多少，而且我们的社会家庭背景也很相似。相信弗洛伊德学说的人会说这叫"移情"，我担心这会让我和吉米之间应该保持的职业距离慢慢消失。当然，我那时已经很了解他了，就在我被调走几周之后，吉米邀请了他的家人来看他，而且并不是我要他这么做的。

我相信吉米的人生能有所建树，我相信他一定会成功。

在芬纳摩林，我第一次做了监狱主管，而不是副主管或代理主管。我那时只有 20 来岁，大学刚毕业没多久，尽管如此，我还是对能独掌大权感到十分激动。

我的个人生活也在发生改变。正是在芬纳摩林，我遇到了安妮，并在不久之后与她结婚成家。

只想因默默无闻而幸福

芬纳摩林（又一个非常田园的名字）一开始是战时的疏散营，一共只能关 100 来个小伙子，他们被分在四个木屋里。此外，还有 20 来个工作人员。说实话，它更像个户外拓展训练营，而不是监狱。

被送来这里的小伙子犯的罪都很轻，一般是违章驾驶，或是携带毒品被抓住，或者有罚款没交。有时候我都很吃惊他们居然会被关进监狱，尤其是刑期，一般只有三四周。

这么短的时间里能干些什么呢？

我们会散步、运动，为慈善活动跑半程或全程马拉松，还会在马洛做些志愿活动。每周日我们都会走几英里去位于弗里斯的教堂，因为监护中心里没有小教堂。常去教堂的教徒们见到小伙子们都非常开心，每次礼拜完毕都对他们嘘寒问暖，让他们吃饼干、喝茶。

很多年以后，我将这段经历变成了一档真人电视节目，叫作《重回教养院》(*Bring Back Borstal*)。节目并没有受到什么好评。在节目里，小伙子们会参加社区聚会和教堂礼拜，还会在当地做志愿活动，但批评家们难以想象教养院竟然是这样的运作方式。如果他们来过芬纳摩林和亨特坎姆就好了。这些地方的的确确能帮助改造那些被送进来的年轻人。

我之所以如此确信，是因为我和吉米仍保持着联系。

在离开亨特坎姆之前，我写好了吉米的假释报告，建议当他满21岁时，把他转到成人开放监狱，允许他就读当地的大学。

但他并没有去，而是在城市行业协会读了一个设计与工程学的课程，并在刑满释放后开始自己创业。现在他手下已经有大约15个员工，我和他仍然经常见面。

三年前，在筹备《重回教养院》时，我们说好去当地酒吧吃个午饭叙叙旧。吉米开着他的新保时捷到了我家门口，从头到脚都看起来像个成功的商人。我们开车去了酒吧，点了些吃的。在聊完我们各自的家庭生活之后，我觉得是时候提出要他帮个忙了。

我跟吉米解释了这个电视节目的计划，问他愿不愿意来露个脸。我认识的所有人中，吉米的经历最能说明年轻犯罪者——甚至是杀人犯——也能在刑满释放之后，过上负责、体面的生活。他的故事能鼓舞不少年轻人。话一出口，我就知道他会拒绝。

吉米提醒我说，尽管他的妻子知道他过去的历史，但他的两个儿子则对此毫不知情。他们刚刚进入当地的寄宿学校，如果同学们知道他们的父亲曾经杀过人，他们在学校里一定不会好过。所以，吉米不想上节目。

我想想也觉得有道理，同时也想到了第一部讲述教养院系统宗旨的书——《少年犯教养院系统指南》里的一段话。我们应该为教养院系统所取得的成就而感到开心，但如果这个系统真的有效的话，那么这个世界不应该再听到它成功的消息："这些小伙子将成为普通又诚实的公民，因自己的默默无闻而感到幸运，不再愿意过多地提起他们过去经受的苦难。"

我意识到自己必须允许吉米继续"因默默无闻而感到幸福"。

但我仍然很高兴自己参与了吉米释放出狱的过程，让他重获自由，也为他现在的成功而感到开心。事实上，我不是每次都能在这种事上做出正确的决定。在下一个岗位上，我所参与的工作则是一场彻头彻尾的失败。

3

艰难的改造之路

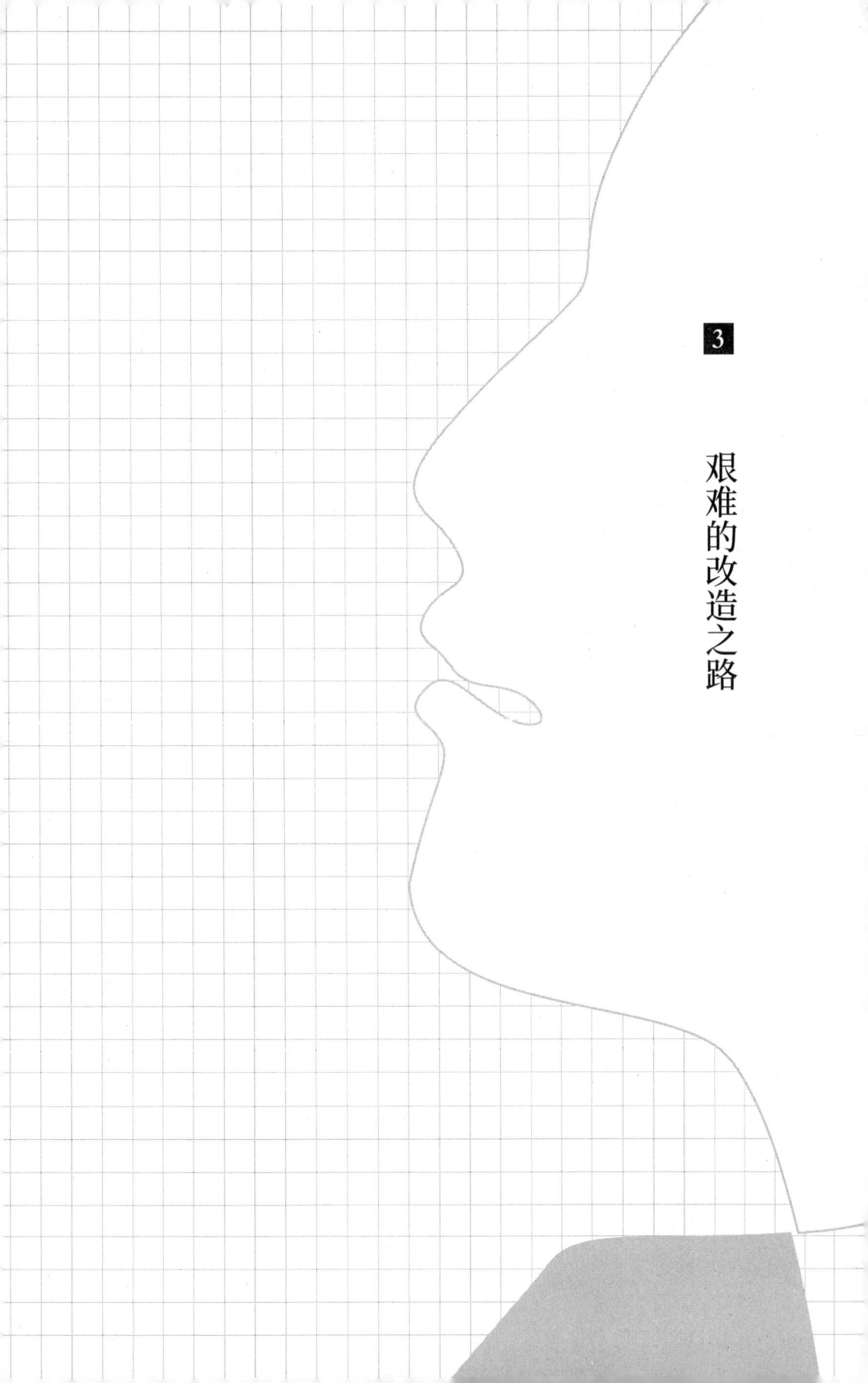

"那些真正了解暴力为何物的人,也能懂得他人暴力行为背后的态度和动机。他们能明白其他施行暴力的人的感受,能问出一些非暴力的调查者问不出的问题。当这些问题在更广泛的群体中被讨论时,所有参与的人都能更好地理解暴力行为,也包括调查者本身。"

—— T.C.N. 吉本斯,《暴力男人:暴力心理研究》
(T.C.N. Gibbens,
Violent Men: An Inquiry into the Psychology of Violence)

初衷是好的

那天,值班的工作人员一边给报告收着尾,一边给我讲着监狱里发生的事,以及我那天需要完成的工作。结束之后,他起身离开,紧接着又兜了回来。

"啊,还有一件事,"他笑着说,"你收到了一份与主管见面的申请书。"

"申请书?"我问道。这在格兰登监狱是很少见的。根据监狱法规,犯人如果有什么请求或者是不满——一般都是不满,他们有权每天提交一次申请,请求与一名监狱主管见面,但在格兰登,犯人们一般会在他的心理治疗小组里提出自己的不满。

值班的工作人员点点头,说道:"是 G 区的库克。我们 11 点 30 分在那里见。"说完他就走了。

这下我明白了,G 区都是性犯罪者,监狱里只有他们这部分人没有被纳入心理治疗小组。当时为了研究性犯罪者,将他们作为实验组来研究,研究结果会被用来制定性犯罪者治疗计划,最终这个计划会在整个监狱系统里落实。

尽管久仰库克的大名,但我还没见过他本人——直到当天 11 点

30 分。当时，我正在进行上午的巡查。

格兰登监狱启用于 1962 年 9 月，是英格兰与威尔士唯一一座被整体用作心理治疗社区的监狱，同时也是作为监狱服务的国家资源的一部分，人们利用这所监狱来改造那些非常具有挑战性的罪犯。这是表面意思，真实情况是这里的犯人都实施了暴力犯罪，甚至包括谋杀，而且他们经常在监狱里和其他犯人或工作人员打架，甚至做出劫持人质、发起暴动、偷运毒品等阻碍监狱正常运转的行为。1988 年，我离开芬纳摩林的合适时机出现了，于是我便在几个月前来到了格兰登监狱。出于个人的兴趣以及我在虫木林和其配楼社区的工作经验，尽管我在格兰登监狱不能做掌管大权的主管，但我还是要求调来这里。格兰登监狱当时是由一名资历很高的主管管理，他叫迈克尔·塞尔比。

虽然我只在监狱系统里工作了五年，但由于自己对罪犯改造十分感兴趣，因此我在格兰登监狱的工作有一种如鱼得水的感觉。

在格兰登监狱提供的心理治疗下，在这里服刑超过 18 个月的犯人中，其再次犯罪的概率降低了 25%。这一成果主要得益于——和虫木林及其配楼社区一样——格兰登监狱的所有资源都用在让罪犯们探讨他们的犯罪行为上，这能让我们更好地理解这些犯罪行为发生的原因，并去教导犯人如何在监狱里开始新的生活。主要的工作是将犯人分成小组，让暴力罪犯们互相问问题，事实证明这种做法收效显著。成功的原因十分复杂，但归根到底，其实就像一位犯人对我说过的那样："你骗不了骗子，尤其是那些和你犯下同样罪行的人。"

这么做的目的是让犯人们"承认自己的罪行"，也就是让他们承担起责任，面对自己的犯罪行为所造成的伤害。在此之后，通过学习如何在监狱里生活、工作而不使用暴力，通过学习尊重他人（包括工作人员）的需求和意愿，我所见过的最具暴力倾向的罪犯也开始走上了改造之路。

我准备趁着上午巡查的时候去监狱体育馆里找"红带子"保罗,看他中午午休有没有时间和我打一局羽毛球。在格兰登监狱,红带子系统的运作和其他监狱十分不同:每个区的犯人根据彼此的犯罪记录和心理治疗的进展,投票选出最应该得到红带子的人,而不是由工作人员选出来。监狱里最受欢迎的工作就在体育馆里,所以一个人能被选为体育馆红带子,说明他在心理治疗上进步真的很大。

放在十年前,我可不愿意跟保罗·布伦姆菲特在体育馆里见面,我根本就不会想见他。他的犯罪记录能追溯到1968年,那时他才12岁。但直到1979年,在进行了一场为期八天的疯狂杀戮后,他才被判处终身监禁。

在和16岁的女友产生争执之后,保罗闯入默西赛德郡里赫斯沃尔的一幢房子内,持刀劫持了住在那里的一位女士,那位女士当时还有孕在身,被吓得魂不守舍。他试图扼勒她,把她绑起来后对她实施了强奸,最后用台灯把她打晕。然后他从房子里出来,偷了一辆车,开到蒂伯里,走进一间裁缝店,要买衣服。当裁缝问他要钱时,保罗拿起一把羊角锤朝他的头锤去,裁缝当场毙命。他从收银机里偷走了450英镑,用一份假护照乘坐轮渡逃往丹麦,在埃斯比约上岸。在埃斯比约,他结交了一名叫泰迪·劳斯特普的巴士司机,两个人决定去当地酒吧喝酒。几杯下肚,二人和在酒吧里勾搭上的两个女人一起回了泰迪的家。两个女人走后,烂醉的保罗向泰迪承认了自己的滔天罪行,然后拿起台灯击向泰迪的头部,并用电话线勒死了他。接着保罗坐轮渡回了英格兰,在南安普顿上岸后被捕。

在对保罗的审判中,法官对他说:"你患有精神疾病,你的大脑有永久性残疾,这导致你做出了具有异常攻击性且完全不负责任的行为。"

在格兰登监狱，这并不是什么罕见的事。这里的大部分犯人都在海尔病态人格量表[1]（Hare's Psychopathy Checklist）上获得了很高的分数。

也就是说，这里的犯人一般都十分危险，并且大多人格不健全，且有精神障碍，我们称他们为精神病态者。那时，格兰登监狱里几乎每个犯人犯下的都是对他人造成严重伤害的罪行，几乎每个人都有前科。这些犯人都有着长期且严重的犯罪行为史，有不少人在其他监狱里也有过不当的行为。换句话说，他们经常惹麻烦。

我可不是和格兰登监狱里每个犯人都打羽毛球的！

我推开体育馆的门，正碰上主管的高级工作人员。

"保罗在吗？"我问道。

那个工作人员叫道："保罗！主管找你有事。"

格兰登监狱的体育馆非常小，原因之一是馆里有个舞台，每到圣诞节，职工和犯人们会一起演个童话剧。台底下有个地下室，用来储存体育馆的器材。

"你在喊我吗？"

"保罗，是我找你，"我说道，"你午休时间想打羽毛球吗？"

"行。好吧。我去我们区报备一声。"

午休时间计划好了，我便继续上午的巡查，然后去见库克。

---

[1] 海尔病态人格量表：一种心理评量，通常是用来评估罪犯是否具有病态人格。

痴迷于变性手术的强奸犯

所有在20世纪70年代晚期到80年代早期上过剑桥大学的人都知道彼得·库克，人们都称他为"剑桥强奸犯"。我入学时，剑桥仍笼罩在他暴力罪行的阴影之下，后来我认识了不少在他施暴期间住在剑桥的人，他们真正了解库克的罪行所造成的巨大影响。库克有时也被称为"头套强奸犯"，因为他实施犯罪时都会戴着一个皮质的头套。

事实上，他犯罪时喜欢穿一身黑皮衣。这个细节激发了部分公众的想象力，在他被捕几年之后。马尔科姆·麦克拉伦[1]和薇薇安·韦斯特伍德[2]都在T恤上印过库克所戴头套的图案。

麦克拉伦和韦斯特伍德对库克犯罪行为的利用使我清楚地意识到，犯罪行为，哪怕是非常严重的犯罪行为，都可以被各种各样的观众群体以各种方式利用起来。对很多人来说，这成了一种娱乐，既激动人心，又耸人听闻；对其他人来说则意味着报纸销量的增加，或者成为申请更多资源的理由，或者以此来提倡更长的刑期、更大的权力，甚至是重新进行选举。

库克实施犯罪的目标对象是女学生，在1974年10月到1975年4月之间，他犯下六起强奸案，攻击了两名女性，并对另一名女性实施了严重猥亵。那时他46岁，是一名送货司机。在捅伤第九名受害者之后，库克于1975年6月8日被逮捕了。这名受害者是一名住在奥尔斯通克罗夫特护士宿舍的年轻女性。库克捅伤她后，乔装成女人，有人看到他戴着一顶金色的长假发骑着自行车逃离现场。之后，警察

---

[1] 马尔科姆·麦克拉伦：Malcolm McLaren，原英国朋克乐队性手枪的乐队经理，朋克摇滚时代的开创人之一。
[2] 薇薇安·韦斯特伍德：Vivienne Westwood，英国时装设计师，时装界的"朋克之母"。

发现了他有不少女人的衣服和化妆品。

我坐在G区的一间办公室里，读着库克的档案。这时他已经50多岁了，也没对监狱工作人员有过任何不当的举动。他用在监狱挣的工资买了不少洋娃娃拿来收藏，大部分时间都在给这些娃娃缝制裙子。他最近还决定让大家以"珍妮特"来称呼他。我脑海中浮现出了电视剧《芬利医生的案例簿》[1]（*Dr Finlay's Casebook*）里管家的形象。

值班的工作人员来找我一起为会议做准备，快到11点30分时，他就去找库克了。

几分钟之后，响起了一声敲门声，一个身材矮小的人出现在门口，他披散着灰发，留着长长的指甲，值班的工作人员则站——几乎是耸立——在他身后。我很难想象这个外貌奇特且上了年纪的人，曾经给我熟知的这座城市笼罩上如此巨大的阴影。

"是你要求要见主管的，库克先生。我有什么能帮你的吗？"

"他们跟我说我需要你的许可。"他说道，声音十分尖锐刺耳。值班的工作人员在他身后微笑着，显然他知道库克接下去要说的话。我对整件事完全不知情，但他的微笑让我有些警觉。

"要我许可什么？"我问道。

"我想变成女人，需要你同意才能做激素替代治疗。这是我的精神病医生告诉我的。"

我希望我现在能说，在他提出这个问题之后，我和他严肃地讨论了如何在生理上从男性转变为女性；我希望我能说，我询问了他是否真的无法对自己天生的性别产生认同感。也许我本可以向他解释这件事有多严肃，因此他一定要仔细考虑清楚，因为这个转变需要时间，

---

[1]《芬利医生的案例簿》：1962—1971年英国广播公司制作的电视剧。

需要很多钱，并且对心理也会造成影响。

但我什么都没做。

我坐在那里，惊得一时说不出话，试着理解"剑桥强奸犯"现在想要变成女人这件事。这是否解释了他在逃跑时戴着的长长的金色假发？还有他拥有的那些女人的衣服？那我们又该如何理解他穿着的黑色皮衣和戴着的头套呢？从历史上、文化上，皮革不都是高度男子气概的象征吗？也许他只是喜欢打扮自己尝试不同的性别认同？也许他现在与自己的受害者们产生了过度的认同感，以至于想去掉用来犯罪的阴茎，这样他就能成为一名女人，并以此来赎罪了？

但库克从没跟我谈过这些事，据我所知，也没有工作人员见过他对自己的罪行表达过任何悔意。

我也不能让他去和自己的小组讨论这件事，因为 G 区并不是这样的运作系统。G 区的运作系统和其他所有监狱一样，那就是罪犯可以要求见监狱主管，不论他们有什么样的问题，都只能寄望于主管给出一个确定的答案。当我还在思考如何回应时，库克又向我提出了另一个请求。

"对了，我还希望你能允许我给我的洋娃娃们哺乳。"

本就离奇的事态变得更像一场梦了。

"不行，"我答道，"我不能给你这个许可。"

其实我也不知道有什么办法能阻止他这么做，但我还是想尽量让我们的谈话稍微跟现实接轨一些，至少是跟我认知中的现实。后来，当我有时间去反思整件事时，我才突然意识到，我回答第二个问题的语气有多强烈。尽管那只是我和库克的第一次见面，但也许从情绪上和本能上，我对他的反应都是我已经受够了。在我和他简短的对话中，他看起来非常肆无忌惮，并且没有自我反省意识。我想也许他只是以此来博得关注。

接下来我花了几分钟告诉库克,他必须从两名精神病医生那里拿到书面证明,证明他们认为应该同意他要变性的请求,在此之前,我不会允许他开始激素替代治疗。我还建议他好好考虑考虑这个决定,因为做一个女人并不只是留长头发、长指甲,并用尖尖的声音叫自己珍妮特那么简单。

我想告诉他,他给那些受害女性造成了多大的伤害,又让多少其他女性胆战心惊,但我还是忍住了这样教育他一番的冲动。即使我这样做了,也是人之常情,但对我而言,这也是一种自我放纵的行为。在那之后的日子里,我并不是每次都能如此有自制力。

据我所知,直到2004年库克去世,他都没有进行变性手术。

为了陪伴而杀人

同样,也是在格兰登监狱的任期内,我开始给《监狱服务周刊》(*Prison Service Journal*)撰稿。周刊的编辑叫约翰·斯特普尔斯,同时也是弗萨顿监狱的主管。我向他建议,鉴于公众和媒体都对"邪恶"如此感兴趣,是时候以此为主题出个特别版了。虽然他一开始同意了,但监狱服务系统认为我为此所做的采访太有争议性,于是周刊的第89期,也就是以邪恶为主题的一期特别版,我提供的稿子并未出现在上面,这表示我所做的采访被禁了。

不管怎样,我毕竟是做了采访,我只是打了个电话,这次采访就安排好了。

我有个朋友是怀特沼监狱的主管,对于我的请求,他说丹尼斯·尼尔森——我想采访的就是尼尔森——听说我要专门采访他，简直喜出望外，他说："反正我最近也不经常出门。"这就是尼尔森标志性的、带有讽刺意味的幽默感。

自从在虫木林监狱与尼尔森那次著名的首次见面之后，我并没怎么见过他，但那次的经历却在我脑海中久久挥之不去。为什么呢？也许原因很简单，那就是我当时没能问出我想问的问题，所以我现在仍然想弄清，他到底如何能够一次又一次地实施谋杀，又到底为何要那样处置受害者的尸体。

又或许我想再次采访他，是因为我觉得自己现在有了更多的知识经验储备，能更好地进行这次采访。很多读者会觉得这个答案并不能使人满意，但我相信每个人天生就有想要解谜的本能，对我来说，尼尔森就是一个谜。

于是，几天之后，我坐在怀特沼监狱的审讯室内，再次和丹尼斯·尼尔森面对面，探讨起了邪恶的本质。

当时，尼尔森还在接受他的传记作家布莱恩·马斯特斯对他的采访，但这很快就将发生改变。后来，尼尔森给我发了一份文件，在里面他提到"马斯特斯就像是老旧的音乐厅表演，而且只有一个包袱可以抖——我"。事实上，我们在怀特沼监狱见面之后的几个月里，尼尔森给我发了不少文件，起的标题都是什么《我的内心方向：光明的把戏》或者《大脑损伤：缺少的元素》之类的。

但那都是之后的事了。

我朋友准备的这间审讯室一般是用于律师对犯人进行访谈的，因为有时候会有犯人因新罪名被起诉。审讯室的墙被涂成了粉色和灰色，因为最新研究显示，这两种颜色能让人心情平静，因此能缓和随时有可能变得紧张的气氛。但为防这样的颜色设计没有起作用，桌子底下还是安了个紧急按钮。空气中还残留着之前在这里的人留下的烟草的气味。一个工作人员去尼尔森的牢房找他了,于是我就用这段时间在脑海里过了一遍我想问他的问题,这些问题都是我在读了他的庭审记录之后想好的。我还把房间里家具的位置挪了挪,这样我的座位就是最靠近门的。我把桌子推到墙边,保证尼尔森的椅子在房间最远的另一端。我不是信不过这里墙壁颜色的设计,也不是信不过紧急按钮,但万一有需要,这样的布置能让我迅速逃出去。

跟我们的第一次见面不同,这次我并未感到激动或紧张。我只觉得是在完成自己的工作。

几分钟后,我听见工作人员带着尼尔森到了门口。工作人员敲了敲门,然后推开了门。我向他表示感谢后,伸出手示意尼尔森坐下。

我们俩都没说话,一时间空气里充满了寂静。

坐在他对面,我再次惊讶于尼尔森毫不出众的长相——多么平平无奇,多么像一个正常人,而不是一个怪物。我回想起了过去在虫木林监狱的日子,但这次我决心控制对话的走向。我首先感谢他同意接受这次采访,并问了他预料之中的问题。

"尼尔森先生,你觉得自己是个邪恶的人吗?"

"是,但什么算是邪恶呢?"他答道。

"杀死15个年轻人?"我说。

我完全忘记了,关于他到底杀了多少人,其实还存在不少疑点。这给了尼尔森一个逃避问题的机会。

"我本来是临时给了警方一个总数,大概15或16个人。既然说了这个数字,我也就不好改了,不然警察会认为我是在故意捣乱。"

"所以你到底杀了多少人?"我问他。

"我捏造了三个受害人来确保证据的连贯性。我说15个人纯粹是出于自负。15 比 12 要多。那个'长发嬉皮士''光头仔'和中间的'不知道名字的爱尔兰人'都是编出来的,只是为了让人数达到 15 个。我没有杀他们,因为他们根本就不存在。这说明我并没有那么穷凶极恶。"

这就是尼尔森。几分钟之内,他首先说自己谎报受害者的人数是为了保证"证据的连贯性",仿佛自己是在帮警方的忙;然后他又说其实是因为自己自负,让刚才提出的动机又显得不那么可信了;最后,在他的想象中,杀 12 个人不像杀 15 个人那样可恶,甚至还能让他不那么"穷凶极恶"。

而且我非常确信,他这么回答是故意逃避我最开始的问题。在庭审的总结陈词里,法官提出了尼尔森是否邪恶这个议题,并对陪审团说"正常的心智也有可能是邪恶的"。

这让尼尔森十分恼火。

我又问了他一遍关于邪恶的问题,他语无伦次地咕哝了几句,但事后他给我发来了如下这段回答,他认为这"能更好地回答你的问题"。

他的信是这样开头的:"闪光灯闪着,群狼号叫着,在大众的心目中,我加入了该下地狱的人的行列,在我身旁的是克里平、希斯、黑格、布雷迪、欣德利和萨克利夫[1]。"他接着说他并不是这么看待自己的,他杀人这件事"与我的性格并不相符",并且"被捕之后精神上的净化和解脱让我重新获得了正常的道德感"。他还认为自己已经"完全接受了我的罪过——我没有拒绝承认或者逃避现实"。他还表示自己十分痛恨三个出席了庭审的精神病医生,他说他们把他"当成原材料一般填充进他们偏爱的理论里"。

---

[1] 此六人均为英国臭名昭著的杀人犯。

然而，信的字里行间仍然显露出了他思维上的自相矛盾，以及他的自恋。由于他承认了自己的谋杀，他认为我们应该对此表示赞许，但他似乎又不能明白，为什么杀死至少 12 个人会受到我们的批判和责难，并让他隔绝于正常社会之外。也许他确实在被捕之后重新获得了正常的"道德感"，但这也不能抵消他在被捕之前所做的事。

我们还需要记住的是，尼尔森并不是自己去找警察坦白罪行的，而且，当有些受害者侥幸逃脱之后，他完全否认自己曾经试图伤害他们。要不是那个戴诺 - 罗德的工程师被卷了进来，我相信尼尔森还会继续行凶。

既然他对精神病医生"偏爱的理论"毫不赞同，那他又是如何解释自己杀人的原因的呢？

我问起了尼尔森的第一次谋杀，日后，这也成为我的一种习惯。我渐渐意识到对连环杀人犯来说，第一次谋杀有多么重要的意义，因为那是他们第一次把关于谋杀的幻想变成可怕的事实。那也是他们作为杀手最没有经验的一次作案，因此他们往往会犯错。这些错误一般会留下线索，警察便会以此来找出罪犯。其实我有时会想，也许我们抓住的这些杀人犯之所以没有变成连环杀人犯，只是因为他们第一次犯案时做得不够好。我没法对这个猜测进行证实或证伪，但显然，在尼尔森的案件里，这个猜测并没有成真。以下是尼尔森对他第一次谋杀的陈述：

"1978 年的圣诞节，我孤身一人，非常失意。我会在悦石公园里遛布利普（他的狗），喝很多酒，看电视。这就是我的社交生活。我没有稳定的室友，没有性生活，也没有人可以说话。12 月 30 日，我在家大喝了一顿之后，跟跟跄跄出门去，想找人说说话。我走到克里克伍德酒吧，勾搭上了一个年轻的爱尔兰人。酒吧关门后，我们回到了我在梅尔罗斯路的公寓继续喝。我们都脱光了衣服,睡在地上的床垫上。第二天一大早,我用一条领带勒他,等他失去意识之后,我把他的头放进一桶水里,淹死了他。"

这些都符合精神病医生在庭审时提出的假设——尼尔森是"为了陪伴而杀人"。

"但这仍解释不了你为什么想要杀他,"我答道,"你急切地想找个可以说话的人,你找到了,然后你又让他闭上了嘴——永远地闭上了嘴。"

尼尔森在眼镜后面眨了眨眼睛,我突然意识到他同意接受我采访,也是因为他想找个人说话。他那句"反正我最近也不经常出门"的玩笑话在我耳边如警钟般响起。我想尼尔森可能觉察到了我变得有些紧张,于是他冲我笑了笑,或许是因为他觉得自己现在有了一些控制我的能力,又或许他只是在安抚我。不论他是出于什么动机,他的微笑都让我更加紧张了。但接下来,他确实试着回答了我的问题。

"我和那个魅力十足的午轻爱尔兰人就躺在那儿,我喜欢他躺在身边温暖的感觉。整个圣诞假期我都十分痛苦,但现在有他在身边,我觉得很开心。想到他醒来之后就会离开,而我则会再次陷入孤独之中,我就慌了。我希望他能留下来。我希望他能永远留下来。我无法面对他的离去,所以我想如果我勒死他,那他就不会走了。"

"但他会死,"我说道,"你想要的那具温暖的身体会变冷的。"

"但他年轻赤裸的身体将完全由我处置。他死之后,便成了我实现幻想的重要道具。我喜欢幻想是别人杀死了他,而我则在照顾他。我有一整套仪式,清洗他的尸体,给他穿上衣服,再脱下衣服,在仪式中我对他尸体的处置,成为我处置自己被动身体的一种替代品。某种程度上,我是抱着自己赤裸的身体,我可以享受它和它完全的被动性。"

在我和连环杀人犯的访谈经历中，这种合理化自己动机的行为是十分少见的。就算他们愿意开口——他们一般都保持沉默，拒绝沟通——也会费好大力气闭口不谈自己犯下的谋杀案，想方设法闪烁其词，逃避问题。且不说我们应不应该相信尼尔森的话，但至少他愿意回答关于自己杀人动机的问题，这点我们不可否认。

我甚至认为，正是从尼尔森给我的回答中，我们得以初窥他杀人的原因，而且这个原因并不是他想找人说话那么简单。我们可以开始看出他的控制欲、支配欲，我采访过的连环杀人犯全都有类似的欲望。尼尔森甚至更进一步承认，自己会把尸体摆在床上，并在几天之后仍然与之对话。

"你还对这些尸体做过什么？"我问道。

"我没有对尸体进行猥亵。"他撒谎道。他还承认自己对所有的尸体都进行过肢解，但坚称自己"没有保留任何'战利品'"。但接下来，他又自相矛盾地说，如果他能找到合适的贮存方法的话，"我很想留下他们的阴茎"。

他一边解释，一边盯着我，看我有没有为此感到震惊。我是很震惊，但同时我希望自己很好地掩饰了自己的情绪。那时，我已经开始完善自己与暴力罪犯谈话的方法，这种方法让我和他们的关系看起来十分密切，甚至如同是在私下交谈，这样他们讲话会更坦率。他还坚称自己没有吃过人，但他又说"当你把人的臀部的肉切成片时，那一片片的肉和臀部牛排是一样的，只是颜色比牛排稍浅一些"。

这里的信息量非常大。比如他故意描述了切开人肉的过程，并轻描淡写地运用与性有关的词语，以此来达到震撼的效果。

同时，尼尔森当时也知道托马斯·哈里斯的小说《沉默的羔羊》（*The Silence of the Lambs*）以及其中的主角汉尼拔·莱克特。仿佛是为了重塑自己的名声，让自己显得更加穷凶极恶，他表示"这些讲连环杀人犯的书要负很大的责任"。

也许尼尔森说得没错，但很显然的是，他是个非常有控制欲、指导欲的人。他的性格一点也不顺从或被动，而是想要获得控制权。也许这就是为什么他会选择总是能给他带来拥有权力的兴奋感的职业，比如军人和警察。因此，当他不再投身于这些纪律森严的惩戒性工作中时，为了满足对权力、控制和权威的幻想，他开始杀人，这些被害者只是他满足幻想的替代品，是道具，而且是不会质疑、不会还嘴、不会表达自己观点的道具。尼尔森对我说过，在他对尸体进行清洗、穿衣服再脱光衣服的仪式时，他有时会抱着尸体照镜子，有时还会抚弄尸体，这样他就能更好地将自己视为自己想扮演的角色。

权力、控制和幻想。这是个威力强大的配方，我在工作中遇到的每一个连环杀人犯的人生背景中，都有这个配方在酝酿。

采访总得有个结束的时候，但是尼尔森可没准备轻易放我走。

我临走时，他说道："你一定要走吗？"并且把手伸过桌子，握住了我的手。这是他从我这里夺走"权力"的最后一招。既对我献了殷勤，又在影射他之前说的，为了获得陪伴而杀人。

离开怀特沼监狱时，我感到天旋地转，以至于在开车回格兰登监狱的路上，不得不中途停下来两次。回去的路上，我一直在想尼尔森受不受得了心理治疗，更准确地说，是心理治疗能不能处理尼尔森的问题。我也渐渐接受了这样一个事实，像尼尔森这样的人，不论他们接不接受心理治疗，永远都不能被放归社会。

作为个体，他们当然有被改造的可能，有不会再继续犯罪的可能，但对这一小部分罪犯以及他们犯下的罪行，大众需要一种方式来表达对他们的极度憎恶，这种方式就是把他们永远地放逐于社会之外。通过与尼尔森的接触，我意识到我永远不会支持废除监狱，因为我们需要监狱来安置那些犯下了这等罪行的人。

以上这些问题，还有采访的经过，我都和罗杰·克鲁克山医生讨论过。罗杰·克鲁克山是格兰登监狱的一名精神病医生，也是格拉斯哥人。我和他很自然地成为朋友，并且经常在他的办公室里谈论弗洛伊德、心理治疗还有犯罪行为，一谈就是好几个小时。他的办公室里铺了地毯，摆放着精美的陶器，墙上挂着苏格兰色彩主义画家的油画，主要是威廉·克罗斯比的。我从没在监狱里见过比这更讲究的房间，而非常不协调的是，我正是在这间房间里跟他讲了采访尼尔森的细节。

"他喜欢你！"罗杰边说，边对着嘴边的咖啡咯咯笑着。然后他才开始正经思考起尼尔森对镜子的使用，以及弗洛伊德的理论：镜子是对人心智的一种比喻。"当然了，最早的镜子是水，"罗杰说，"奥维德说那耳喀索斯第一次在水里见到自己的倒影，他问道：'我是爱人还是被爱的人——是渴望着的人还是被渴望的人？'"

罗杰又喝了一口咖啡，接着提出，尼尔森通过照镜子来实现自己对自己的扭曲理解，跟他参军和当警察本质上是一样的。他对自己是谁感到困惑，因此也就不清楚如何表达自我，更不知道这样的表达会让他人看出些什么。他是那个渴望着的人，还是那个渴望自己被渴望的人？

只有在他勾搭年轻男人回家，并把他们杀死之后，他对自己的困惑才得以解决，因为他知道，这些人无法打碎他给自己制造出的、自己想要的形象。

"如果是这样的话，那他为什么放走了一些受害者呢？"我问道。

"别忘了他已经喝醉了，"罗杰答道，"说不定他不是故意放他们走的。"

我们俩沉默着坐了一会儿。

罗杰看了看他的表。

"十分钟之后有个小组治疗，你要来吗？"

他们为什么选择使用暴力

虽说我经常参与格兰登监狱的小组治疗，但我很少和罗杰同时参加。心理治疗区域的构造和虫木林的配楼治疗社区差不多，但在格兰登监狱，心理治疗的文化氛围却渗透进监狱的每个角落。监狱里发生的所有事，都以心理治疗为指导。格兰登监狱的四个治疗区域是按照一些指导性原则——责任、赋权、支持、指正来安排规划的。

责任指的是，构建这套管理体系的目的就是让犯人们学会负责，为自己犯下的罪行负责，为自己施加罪行的受害者负责，并共同为自己的心理治疗小组甚至治疗区域负责。赋权指的是，社区里的每一位成员都有权对监狱的运作方式直接发表意见，如果有人不遵守最基本的三条规则——不使用暴力、不与狱友发生性行为以及不吸毒，那么犯人们甚至有权投票让这个人退出心理治疗。支持指的是，工作人员给每一位参加心理治疗的犯人提供支持。指正则意味着如果有人试图故意弱化自己的犯罪行为，弱化自己对受害者造成的伤害，那么我们要对他进行直接、坦率的指正。

这最后一条，如果有人弱化自己的犯罪行为，我们必须进行直接、坦率的指正，成了我职业生涯里的重要部分，就像我在采访尼尔森时所做的那样。

我们必须要记住格兰登监狱里关的都是怎样的犯人。他们都犯下过伤害他人的重罪；他们都危险，且有精神障碍；他们在其他监狱都惹过大麻烦。但现在，我们希望他们能在格兰登监狱过着程式化的生活，而且不使用暴力，不吸毒，不在监狱内部发生性行为。犯人们甚至还可以投票让狱友离开这里，回到过去服刑的监狱。

当然了，犯人们需要时间适应监狱的这种运作方法。我离开格兰登监狱几年之后，当时剑桥大学的两位学者伊莱恩·金德斯和伊莱恩·普莱耶发表了她们的研究。我还在格兰登监狱当主管时，这项研究就开始了，内容是犯人们的"心理治疗进展模型"。这个模型被分为五个阶段：承认、激励、理解、自省和最后的测试。这五个阶段概括了犯人心理治疗的心路历程。首先要做的是让犯人承认需要解决的问题，然后激励他们做出改变。犯人会慢慢地根据自己的童年经历和人际关系，理解自己生活各方面之间的相关性，这就为自省打下了基础。这个语境下的自省，指的只是找出解决自身问题的方法。最后一个阶段是测试，也就是把这些解决方法付诸实践，转变成新的生活方式。一般至少在接受心理治疗18个月以后，犯人才开始进入最后这个阶段。

一般来说，只要通过倾听某位犯人在小组治疗时说的话，结合他参与讨论的方式，就可以判断出他参加了多久的心理治疗。一个只参加了六个月的人和一个在格兰登监狱待了两年的人，可谓有天壤之别。

那天我参加的小组讨论里，有三段话让我印象深刻，每段话都能很好地体现这些和我一起工作的人有多暴力。

我知道自己很会打架，每次打完都会得到尊重。事实上，我擅长的事就这一件，所以我就一直打架。

我们刚进夜店，我就知道要出事。我看见他站在酒吧旁边，我就想："你他妈今晚别想惹我。"他朝我走过来，还没等他开口，我就抢起酒瓶砸了过去。我没想杀他的。

我妈总是叫我要像个大人一样，要像我爸一样做个男人。我经常觉得她对我很失望，认为我不够像我爸。我爸一辈子都在监狱进进出出。记得有一次我被带去见他。那种感觉很奇怪。我感觉他很亲切，感觉我爱他，但其实他很少在我身边。我想我儿子以后也会这样描述我吧。

首先要注意的是，这些话提到的暴力都不是工具性暴力。工具性暴力指的是那些为达到一个制定好的、特定的目标而进行的暴力，比如抢劫。换句话说，工具性暴力是"理智的"，因为这种暴力是为了让施暴者获得某种回报。而这里描述的则不是这种暴力。

和工具性暴力相对的是"表达性暴力"，这是一种为表达自己的性格和身份而使用的不理智的暴力。表达性暴力和愤怒有关，一般都是在被侮辱之后作出的反应。

我们不应该认为这两种暴力之间有清晰分明的界限，但我认为，工具性暴力和表达性暴力的分别，能帮助我们更好地理解有些人使用暴力的动机。

第二条引述里说的攻击某人的脸，是我听到的许多故事里的一个典型代表。脸是将自己与他人区分开的最明显的特征；脸以肉眼可见的方式彰显着我们对自己身份的定义。想想我们对"脸（面）"这个字的运用：日常生活中的、比喻义上的、文化上的、描述性的。我们处在一个看脸面的社会，常常不得不装出一副勇敢的样子；我们跟人争执时会"打肿脸充胖子";我们永远也不想丢脸;尽管拥有一张大众脸有时是一件让人宽慰的事,但我们大多数人还是希望自己能有脸面。处在犯罪网顶端的人有时也会被口语化地直接称作"头面人物（face）"。

通过第一、第二条引述,我们得以窥见脸面这个概念是如何影响人的。第一条引述讲述了这名犯人通过打架来换取尊重,而由于他没有别的渠道来获得尊重,他就自然而然地变得会擅长使用暴力。他还开始"出售"自己的这项特长,先是做酒吧保安,后来则为当地的犯罪集团做强制执行人。史蒂夫·霍尔教授用了一个很好记的短语"犯罪承办人"来描述这类人,因为他们把自己的暴力倾向当作商品,卖给出价最高的人,"承办"这些人的业务,也就是帮他们"把事情办成"。

这里没有提到的是,做"犯罪承办人"都有什么好处。他们开跑车,穿名贵的衣服,在有些人眼里,他们甚至非常具有性吸引力。这些都给予了他们一定的社会地位。即使在监狱里,这类罪犯也被看作是"头面人物",很得人尊重。

第二条引述里讲的事情则有些许不同,即使这名犯人攻击了被害者的脸部并致其死亡。引述的这段话里并没有把事情说得很清楚,但这名犯人后来在小组里解释道,他和被害者之间的敌对关系已经持续了很久,从他们还在学校里就开始了。具有讽刺意味的是,这名犯人通常被看作是两个人中比较弱势的一方,所以一般都是挨揍的那个。让整件事发酵并走向极端的是,当时夜店里有一群人在看着,因此他更为过去被欺负而感到丢脸、羞耻,也就更不愿历史再次重演。

他后来还说,他的女朋友那天也在场,这毫无疑问使他更加不愿示弱。

最后一段引述又和前面的不同,但它展现了和丢脸的感觉、耻辱感息息相关的另一件事：被抛弃。这名犯人与自己母亲的关系非常不健康，他害怕如果自己达不到她的要求，就会被抛弃，因此他便努力想成为和狱中的父亲一样的人，以此来取悦自己的母亲。尽管他的父亲很少在他身边，但"做个男人""像个大人一样"变得和犯罪行为密不可分。他对被自己母亲抛弃的恐惧，甚至大过了想做未来儿子的好父亲的渴望，就这样，犯罪行为从一代传到下一代，并极有可能继续这样传下去。

这些暴力犯罪者对自己暴力行为的陈述，只是对当天心理治疗内容的匆匆一瞥。毕竟他们每天都被要求在小组里讨论自己的犯罪行为。但他们在很长的时间段里才讲清楚的故事，在那些时刻能得到一定程度的体现，我在监狱任职期间，这些故事也不断被其他人复述着。这些故事合在一起能说明什么呢？我认为它们说明，暴力是一种挽回颜面、重建自尊心、减少羞耻感的途径，而且这种途径往往残忍、血腥、野蛮。

所以这和他们自己的不足和内心的缺失有关，暴力的人似乎缺少使用非暴力行为的技能。也就是说，他们使用暴力，是因为他们不知道自己还有什么别的选择。

想到这儿，我又要说回保罗·布伦姆菲特。

我从未参与过保罗的心理治疗。我们只是午饭后在一起打羽毛球，一般一周打两次，这让我对他难免越来越了解。我读过他的档案，知道他所犯下的每一桩凶案——这些案子实在是太令人胆寒了。保罗和我也提过这事，但真正负责和他探讨这些谋杀案的，是他所在区域的其他犯人和心理治疗师。

即便如此，我还是和负责保罗的心理治疗师聊过几次。他对这些案件的看法与我十分接近。直接引发他疯狂杀戮的，是他和他16岁女友的分手，他由于被抛弃而感到羞耻、愤怒，而且他的女友比他年轻很多，他那时已经24岁了，这让一切变得更加难以接受。他想要重新找回自己的价值感，但他当时内心混乱，无法控制自己。我甚至觉得他杀人是为了向自己的前女友展示谁才是老大。他的谋杀没有预谋、出于本能、即兴而为，没有经过仔细思考。他没有带武器去犯罪现场，而是用台灯，或者用电话线勒死受害者。他在喝醉酒之后，愚蠢地把自己的犯罪行为告知了最后一名被害人，一回到英格兰就很轻易地被抓住了。

在我日后试图理解欧文·詹姆斯杀人的原因时，以上这些都与之相呼应。

当我和保罗开始一起打羽毛球时，保罗已经接受了三年的心理治疗，他在监狱里没有做出什么真正令人担忧的行为。事实恰恰相反：我记得有一名工作人员形容他是监狱的"优等生"，我们都很乐意让那些拜访格兰登监狱的人来见见他，好帮助他们理解犯人是怎么看待这种心理治疗的。说实话，保罗是我们的"明星"之一，他完全体现了心理治疗社区所能达成的成就。在他的保释申请完成之前，我就离开了格兰登监狱，但如果问我的意见的话，我大力支持让保罗离开格兰登监狱，接受开放式监禁，并期待有朝一日能释放他。

我再次听到保罗的事是在1999年。

我当时正在大学的办公室里读《独立报》（The Independent），看到一条新闻，写的是"杀人犯被释放后再次行凶"。标题底下是一张保罗的照片。布伦姆菲特因在家杀死了一名年轻的性工作者马塞拉·安·戴维斯而被起诉，并在后来被认定有罪。在杀死马塞拉后，他肢解了她的尸体，并企图在自己租来的废品厂里焚烧尸块。马塞拉失踪三周之后，他还持刀强奸了另一名性工作者。虽说第二名受害者的遭遇已经很糟糕了，但她还算是幸运地逃脱了，因为保罗似乎正要再次开始疯狂屠杀。

我感到恶心，浑身发抖，一遍又一遍地读着报道，希望上面说的是另一个保罗·布伦姆菲特。但并不是。我们的"优等生"，我们的心理治疗"明星"，以最可怖的方式失败了。

从新闻报道中，我大概了解到布伦姆菲特离开格兰登监狱之后的情况。

他后来接受了开放式监禁，并在1994年被释放，那时本被判处终身监禁的他，已服刑服了15年。

很快，他就找到了一份园丁的工作，并受雇负责达德利镇政厅的基本维修保养。很关键的一点是，他和他的监狱探访者（社区志愿者，去探望监狱里无人探望的囚犯）结婚了。他们于1998年分开，这导致布伦姆菲特从他们共同的房子里搬了出去。婚姻的破裂很有可能是布伦姆菲特走上老路的导火索。

调查马塞拉失踪案的高级督察是这样说的：布伦姆菲特是个"邪恶、狡猾"的人。当时西米德兰兹郡的警察局长爱德华·克鲁非常马后炮地谴责了释放布伦姆菲特的决定，说这是允许他"在大街上溜达并再次行凶"。他更进一步表示："我难以理解，一个犯下一连串罪行、被判处三次终身监禁的人，竟然能被允许重新在街上晃悠。"

克鲁的评论并不诚实，我也写信向他表达了我的这个观点。犯下谋杀罪的人也可能被批准假释，这点是在英国刑事司法体系中长期存在且广为接受的。而且他的评论也并不准确，布伦姆菲特并没有在街上"晃悠"，他在社区里安家落户，并找到了一份替镇政厅打工的工作。他还需要有"终身许可证"，也就是说他必须跟监护官定期联络。假释委员会还出具了一份报告，表示"释放（布伦姆菲特）的决定得到一致通过，甚至得到了部分热情的支持。所有人笃定地认为布伦姆菲特先生再次犯案的可能性微乎其微"。

即便如此，"悲剧性"三个字都不足以形容整件事造成的毁灭性的伤害，尤其是对马塞拉和布伦姆菲特的另一位受害者来说。这对格兰登监狱来说是个坏消息，刑事司法系统对心理治疗社区及其改造暴力罪犯的能力的信念，也受到了重创。

布伦姆菲特是"假阳性"——他看起来似乎从心理治疗中受益匪浅，似乎已经得到了改造，但事实上，他依旧暴力，依旧有再次行凶的可能。基于之前的犯罪行为，也许说他是连环杀人犯更加准确。

布伦姆菲特的失败强调了一件事，那就是即使犯人在心理治疗上有成效，也无法保证其被释放后不会再次犯罪，但我不能允许他个人的巨大失败损害格兰登监狱里这些工作的分量。"假阳性"永远都会有，尤其在格兰登监狱服刑的犯人都有很长、很严重的犯罪史。我认为这能体现出格兰登监狱所做的工作有多非凡，因为这些失败和"假阳性"的例子是极少出现的，自20世纪80年代以来，仍有不少研究者的数据显示，如果一名罪犯在格兰登监狱待上至少18个月，那么他被释放后再次犯罪的可能性会大大降低，并且就算他再次犯罪，罪行也比以前要轻。

然而，布伦姆菲特的例子提醒我，保护公众的安全是我们刑事司法系统的第一要务，任何一次失败都有可能是致命的。

我也给布伦姆菲特写了信。我想跟他谈谈发生的这一切，部分原因是我想试试能否弄明白日后应该如何分辨这些"假阳性"。坦白地说，另一部分原因是我想告诉他我有多愤怒。

布伦姆菲特的回信寄到了大学，他表示拒绝采访。他的原话是，他"没有脸见我"。

4 集体暴力的宣泄

"集体暴力是英国历史重要的组成部分。"

——詹姆斯·夏普《暴躁愤怒的人民：英格兰暴力史》(James Sharpe, *A Fiery & Furious People: A History of Violence in England*)

高墙内的反抗

1990年4月1日愚人节，我离开格兰登监狱，来到位于米尔顿凯恩斯新建的木山监狱。我被要求在这里组建两个特殊牢房，来应付那些捣乱的犯人。在更北边，一名25岁的犯人保罗·泰勒，由于支票诈骗而被关在位于曼彻斯特的斯特兰奇路监狱，即将服满他两年半的刑期。就在那天，他决定去参加监狱教堂的礼拜，而正巧那天的礼拜过程被录了下来。当牧师诺埃尔·普罗克特正在布道时，泰勒站了起来。

泰　勒：我想说，那个，刚才这个人提到了心灵的赐福，说丑恶的心灵也能得到拯救。不，它得不到，因为人们的心里被灌输了憎恶、愤怒、苦闷和仇恨。
（一阵嘈杂，背景里能听见一名囚犯大叫着。）
囚　犯：去你妈的制度，去你妈的规矩！
（掌声）
普罗克特：好了，大家都坐下。

但这些犯人并没有坐下，而是选择了制服监管礼拜的工作人员，拿走了他们的钥匙，冲出小教堂，冲向了前方的过道，打开了他们狱友牢房的大门。

他们掌控了监狱整整 25 天。

这场暴乱迅速地蔓延到了整个监狱。结果有 147 名职工和 48 名囚犯受伤。在虫木林监狱工作的埃里克口中那些"正常又正直"的罪犯还导致了一名工作人员与一名囚犯的死亡。

根据设计，斯特兰奇路监狱本应容纳 970 名犯人，但暴乱发生时，里面实际关了 1647 名囚犯。这次暴乱对监狱本身造成了多达 6000 万美元的破坏。暴乱所造成的所有损失，包括监狱的修缮、职工的赔偿、后续调查与法院审理等，一共达到了 1.12 亿美元。

暴乱持续的过程中，报纸和电视日复一日地展示着囚犯们在房顶上坚守"阵地"的照片。仍在抵抗的囚犯把房顶当成庇护所，眼见着人数日渐减少，监狱犯人放的火仍在慢慢燃烧，冒出的烟雾在照片的背景里飘荡。还在房顶上的顽固分子会定期对聚集在底下的记者们喊出自己的要求。

监狱的工作人员们，甚至级别更高的监狱长官们和内政部里负责监狱管理的政客们，似乎全都束手无策，毫无办法，根本没法重新夺回控制权。更糟糕的是，这场暴乱还蔓延到了最人满为患的两座地方监狱——布里斯托监狱和卡迪夫监狱，随后又蔓延到了其他的一些监狱。

随后进行的独立公开调查得出结论说，虽然这些监狱有各自爆发暴乱的原因，但有六个关键原因是每一座被波及的监狱共有的。这六个原因是：

- 环境状况，尤其是"放水"导致卫生状况恶劣
- 人满为患
- 犯人们被长时间关在自己的牢房里，被"憋坏了"，没有办法活动或跟其他人相处
- 食品的质量
- 工作人员对囚犯的态度
- 公正的缺失——囚犯们认为他们合理的投诉得不到工作人员的重视

尤其值得注意的是，工作人员对囚犯的态度被特别提出是促成每一起暴动的重要因素，而"公正的缺失"则是这些暴乱发生的背景。

与我被派驻虫木林监狱时体验到的监狱文化不无相似，斯特兰奇路监狱工作人员的权力不受约束，那可是出了名的。犯罪学家埃蒙·卡拉拜深入地研究过这所监狱，据他观察，这里盛行的监狱文化"本质上是基于男性气概的军事化等级制度"，对囚犯们的生活"一直都有暴力的干预"。

干预的其中一种就是，如果有犯人被发现或者被认为惹了麻烦，他们就会让他在大半夜从牢房里"蒸发"。换句话说，如果工作人员认为某个囚犯在给他们添麻烦，当夜里牢房都被锁上时，他们会去他的牢房，让他出来，把他转移到别的监狱去。他没有时间跟朋友道别，也没有机会告诉家人他要被转移到哪里去。斯特兰奇路监狱的职工内部还有很强的"食堂文化"，这点也是出了名的：崇尚酗酒，推崇一种"硬汉干大事"的独裁式行为准则，时常和囚犯起肢体冲突。这些肢体冲突有时是必须的、合法的，但大多数时候并不是。

在对这次暴乱及其政治影响的简单介绍中，有一个人的名字格外

重要——保罗·泰勒。是他点燃了斯特兰奇路监狱平静表面下聚积着的不满情绪，在暴乱结束几周之后，他便转入了我帮忙建立的特殊牢房，成了它的第一名囚犯。所以当我离开格兰登监狱，开始组建特殊牢房时，彻底理解他的行为便成为当务之急。我需要站在他的角度，才能真正理解他到底为什么要发动暴乱，并最终摧毁了监狱。但我知道那对泰勒来说也不是一件容易的事，因为他不仅是暴乱的发起者，还是坚持到最后的那个人，也就是说，我们为夺回监狱控制权所制定的那些策略，他都一一经受住了。

举个例子，在斯特兰奇路监狱暴乱期间，为了瓦解聚集在屋顶上的囚犯之间的团结，为了削弱他们的决心，我们使用了一系列心理战术：切断电线；往楼顶上喷洒冷水，让它湿滑；不停大声播放摇滚音乐，使囚犯们无法睡觉。

暴乱刚开始，控制响应小组就到了现场，还有一名心理学家建议在小组里找一个人，每隔一段时间就冲着屋顶喊："他是个畜生，畜生。"因为"畜生"和"孬死"一样，是监狱里对性犯罪者的蔑称。

这位心理学家的建议帮了倒忙。响应小组并没有让一个人来喊，而是全组一起反复喊着"畜生，畜生"，一边还用防暴棍击打着防暴盾，以壮声势。这种做法不仅没有瓦解囚犯间的团结合作，反而让他们更加意志坚定。

一天天过去，不在屋顶上的囚犯都渐渐向响应小组的工作人员投降了，响应小组一条条走廊、一片片区域地慢慢夺回被毁掉的监狱。第一天过去后，700名犯人投降了；一周以后，只有13名犯人还拒绝从避难的屋顶上下来。到了4月25日，只有5人还拒绝谈判，我们经常能看见泰勒拿着交通锥当喇叭，冲着底下聚集的记者们喊话——他意志坚定、充满决心地做着自己想做的事，他想传递的信息是请求进行刑罚制度改革，谁也没想到这个请求竟然被他在这种情况下提了出来。4月25日，泰勒终于同意投降。作为最后一名投降的犯人，他举起一只紧握的拳头，最后一次表达着自己的抗议。他不仅仅是暴乱的发起者，还是其领导者，他表现出来极大的决心、良好的判断力，以及对媒体的熟悉。

最终，泰勒和其他人一起被控谋杀了德里克·怀特，怀特是那名在暴乱中死去的犯人。但法院判处他们无罪，因为怀特有可能是死于自身的血栓疾病。

根据《1986年公共秩序法》第一款，泰勒因暴乱罪而被判处十年监禁，是他原本刑期的四倍。

当然，这留下了一个问题。

这个人发动了斯特兰奇路监狱的暴乱，并在屋顶上坚守"阵地"直到最后一刻，要把他关在哪里才安全呢？答案是木山监狱的特殊牢房。

根据我前面的描述，大家不难看出，监狱也有可能成为非常危险的地方。尽管我们都觉得监狱完全是在工作人员的掌控之下，因为犯人都被关在了自己的牢房里，但监狱里的世界仍然常常充满了暴力。尤其是囚犯越来越多，导致工作人员不再有那么多时间和犯人们进行建设性的工作。

最近，英国监狱人口数量再创新高：目前有八万多人被关在监狱里，未成年罪犯、老年罪犯和女性罪犯的人数都达到了史上最高，而且被判处终身监禁的犯人数量高于整个西欧[1]的此类人数总和。这并不意味着英国人天生比法国人、瑞典人、丹麦人、意大利人、西班牙人、

---

1 这里指广义的西欧，即欧洲西半部，大约占整个欧洲的一半，包括狭义的西欧、北欧和南欧三个区域。

葡萄牙人、比利时人、卢森堡人、瑞士人、挪威人、芬兰人、希腊人或德国人更容易犯罪,这只能说明,跟我们的欧洲邻居比起来,我们更喜欢把触犯了法律的人关起来。我们使用监狱,他们则寻求其他形式的惩罚来对付绝大多数的犯法者。

监狱暴力多种多样,有时是赤手空拳,有时会使用刀、棍甚至自制的武器,有时是用开水泼对方的脸——偶尔还会在水里加一些糖,这样就会黏住受害者的皮肤。常见的还有纵火、性侵、强奸,而我的研究结果还显示,有些年份,监狱里的谋杀率甚至比全社会高出一倍。

监狱人口中只有一小部分的犯人在一而二再而三地制造这些问题。由于各种各样的原因,他们不愿意服从管理,一定要不断对监狱井然的秩序进行挑战。泰勒就是这些犯人中的一员,他们发动暴乱,劫持人质,想跑到屋顶上去参与示威,攻击监狱工作人员,有时甚至还会在服刑期间夺走他人的生命。这些罪犯大部分刑期都在单人监禁中度过,因为关在别的地方都不够安全。对此我们当然有有效的对策吧?早在1984年,内政部的一个特殊委员会就提出过建议,说我们应该把那些特别爱捣乱的犯人和监狱的主流群体分开,把他们集中到三四座特殊牢房里。

1985年,第一座特殊牢房开放,它位于帕克赫斯特监狱,负责关押经常捣乱而且有心理疾病史的犯人。1987年,又有两座特殊牢房开放,分别在林肯监狱和赫尔监狱里,它们的目标是对这些犯人进行改造,使他们能再回到分配系统里的普通监狱中去。新的特殊牢房将在位于米尔顿凯恩斯的木山监狱开放,并取代林肯监狱与赫尔监狱的两座特殊牢房,正是在这个节骨眼,我离开格兰登监狱,于1990年来到了这里。

虽然有人开玩笑地说,我们应该给这两座特殊牢房起名"杰基尔"

和"海德"[1],但我们非常还是没有想象力地称它们为"米尔顿"和"凯恩斯"。米尔顿负责评估,凯恩斯则负责犯人们在这里的变化。

我想利用我在格兰登监狱工作的经验,于是在木山监狱还在设计阶段时,我就询问了建筑师,看能否应用一些心理学原理,从建筑的设计上杜绝暴力。在整个项目开展的过程中,我们的目标分为两部分:一是保证工作人员和犯人们的安全,二是保持人性化、建设性的环境,使囚犯们有希望、有可能得到改造。

从最初的一系列计划会议开始,就有两条心理学原理占据了最重要的位置。第一条是,预测一个人未来行为的最好指标是他过去的行为;第二条是,处理暴力最好的方法是避免它的发生。

第一条的意思并不是说一个人过去的行为是判断他未来行为的唯一指标。人是可以改变的,但这种改变需要他们积极参与心理治疗,而且即便如此,也需要一定的时间。特别牢房接收的这些犯人从未接受过心理治疗,有些甚至被认为过于危险,过于容易制造混乱,因此不能让他们参与这种干预治疗计划。

对那些即将被关进来的犯人,我认为我们应该做出最坏的假设,那就是如果管理不当,他们就会变得暴力,也就是说,我们必须竭尽全力,从设计上让暴力不再可能出现。有堆积成山的研究表明,炎热、重污染、过于拥挤的环境下更容易出现暴力,因此,如果想避免暴力的发生,我们可以通过调节室温、杜绝污染、注意监狱的空间感等手段,来降低暴力发生的可能性。

受了这些启发,当我们在米尔顿和凯恩斯将此付诸实践时,我们的做法是试着营造一种空间的通畅感——尽管我们四周都是监狱的

---

1 英国作家罗伯特·史蒂文森的小说《化身博士》里的人物。

高墙，内部还有墙分隔开这两个不同的牢房。然而，为了让它们看起来不那么幽闭，不那么像监狱，其中一面内部的墙是由加固的玻璃做的。玻璃墙使里面的人也能看到庭院，并且保证有充足的自然光能照进来，而不是像一般监狱一样，总是充满刺眼的人造光。

我们还有些其他的设计方案作为备选。监狱里一般都非常吵——房间门、栅栏门重重的关门声，钥匙串的叮当声，过道和走廊里的脚步声，使监狱里几乎没有宁静祥和的时刻。我们当然无法彻底消除噪音，但通过修建音响系统，播放当地广播站的音乐，我们可以很大程度上把其他声音掩盖起来，这样可以让犯人和工作人员不再听到那么多突然响起的噪音。至于污染问题，我们禁止在任何公共空间吸烟：犯人们只许在自己牢房里吸烟，但后来连牢房里也禁烟了。

米尔顿和凯恩斯还有空调系统，这点后来引起了不少争论，但这能让我们把室温控制在正常温度以下——不是为了让监狱里特别冷，而是保证不会闷热。毕竟，人在"燥热"的时候，更容易"着急上火"，乱发脾气。

如果没有合适的工作人员，所有的这些心理学原理和设计理念都是白费功夫，而且在这两个牢房开放以前，所有工作人员都必须接受大量的培训。只有靠这些工作人员，这些手段、理念和原则才能真正起作用。他们要做的不仅仅是让犯人们日复一日地遵守这些原则，也要约束自己的言行、自己对待犯人的方式——尽管在这些犯人中有许多都长期对工作人员抱有敌对情绪，甚至曾经攻击过工作人员。

这不意味着工作人员们应该软弱一些，或者对犯人应该格外宽松，而是说他们应该学会如何制定行为准则，并拥有相应的技巧来保证这些准则得到执行，而不是使用蛮力。

我们训练工作人员的第一个技巧，就是让他们明白，大多数时候，我们都可以预测哪些犯人会在哪些场合下变得暴力。

如果我们知道某个犯人即将接受一次不怎么愉快的探监，或者因为新的罪名而要再次被警察问话，我们就可以提前采取合适的措施来掌控这些情况。这里的关键问题一是沟通，二是我们必须要记得关起来的犯人都是谁。工作人员之间要互相分享与各个犯人相关的重要信息，要记录下他们行为上的变化：他们打交道的人是不是与往常不一样？或者比如说，他们有没有变得异常安静？

我们还认为应该尽量让犯人走出自己的牢房，让他们尽可能地参与到牢房内部的教育、体育活动和工作中去。这让犯人们每天的生活更有条不紊，每天都有明确的活动时间，而且让他们意识到表现好对他们自己也是有好处的。毕竟，给他们提供的这些活动也是可以被取消的，这取决于犯人们做出怎样的回应。

循规蹈矩下的不可捉摸

这些举措能有成效吗？根据我在格兰登监狱的经验，我认为答案是肯定的，但不论是对我个人而言还是对我的职业而言，我都冒着不小的风险。毕竟，这两个特殊牢房是我对待暴力罪犯的工作方法在逻辑上和应用上的延伸，所以如果这些措施失败了，我也会被看作是个失败的人。更加棘手的是，这些措施中有许多都是基于对犯人的信任，相信他们对我们的提议会做出正面积极的反应。这是一场双方之间的较量，而这场较量建立在一个基础之上：犯人们会做出理智的判断，认识到我们是在给他们一个机会，而他们也会从这个机会中受益。我们提供的这个协议，他们会接受吗？他们会背叛我们的信任吗？保罗·泰勒是我们的第一个囚犯，从一开始，他的表现就非常完美。

但这不仅仅得益于我们应用的设计原理和对工作人员的培训，另一个原因是泰勒想保持低调，想尽量容易地服完自己剩下的刑期。如果我低估保罗想老实服刑的个人意志，那就是我的不对了。2015年，暴乱发生25周年时，保罗接受了一系列采访，解释了自己当时扮演的角色。他说：

> 很高兴自己参与了这场改变历史进程的抗议。监狱服务系统一直不愿意实施任何改革，直到斯特兰奇路监狱暴乱的爆发。我们不应该在法律上自作主张，因为这背离了我们暴乱的根本原因——监狱工作人员对犯人们的处理方式和暴力行为，还有监狱整体的状况。

这里泰勒说自己和其他暴乱者不该"在法律上自作主张"，说的可不是他们发动暴乱这件事，而是指的他们对性犯罪者犯下的恶行。为保障性犯罪者的人身安全，他们在监狱里都是与其他犯人分开关押的——当暴乱者们在小教堂里制服工作人员，抢过钥匙之后，他们的敌对目标首先就是性犯罪者们。

泰勒回忆道：

> 我想找到一名囚犯（毫无疑问是德里克·怀特），他那周刚被关进来，因为他企图强奸一个六岁的小女孩。我们走在过道上，找到并进入了他的牢房。我打了他两拳，其他犯人拿着棍子揍他。他被从牢房里拖出来，脸被压在栏杆上。

然后,他被人抬起来扔过了栏杆。他把栏杆抓得死死的,我们拿棍子打他的手指,他才不得不松手。

在其他采访里,他说道:"我的家人受了不少苦,我也受了不少苦。从这个角度来看,我的所作所为其实很不值得。"很难确定他能有这种反思和见解是不是因为在特殊牢房待过,又或许泰勒的家人才是在他的反思中起了更为重要的作用。

即便如此,在以下两种不同的情况下,英国监狱通常会进行改革。第一种,发生了暴乱,比如这次斯特兰奇路监狱暴动,犯人们忍无可忍,决心采取行动。想象一下,如果当时监狱里恶心的每日"放水",是由开明的公共政策决议所消灭的,那该多好啊。但事实是,是泰勒和其他暴乱者的所作所为,才让这一陋习彻底消失。

第二种情况就是,当有相当数量的中产阶级、读书人和有影响力的人被关进来之后,会促使监狱进行改革。对妇女参政论者和出于良心而拒绝参加"一战"的人的监禁,催生了战后的监狱改革,并使被关进监狱的人数大大减少了。从1918到1938年间,被关进监狱的人只有往常的一半。这段时期也成为世界历史上最长的监狱人数不增反减的时期,直到"二战"结束后,监狱人数才开始变多。第二种情况有如此威力的原因非常好理解:很少有进过监狱的人会提倡对监狱的使用。比如温斯顿·丘吉尔,他在参加布尔战争时做过战俘,他说:"公众对犯罪行为和罪犯的情绪,是对一个国家文明程度最可靠的测试。"

保罗·泰勒在这两个特殊牢房里的确非常循规蹈矩,但许多其他犯人的做法则和我们预料的差不多。他们满怀恶意、攻击性强、十分好斗、爱耍花招、操控他人,有时,使用暴力的威胁让空气都变得沉重。我们要对付的大部分犯人都杀过人,有的还杀过好几个,有的甚至还在监狱里杀过人。这里关过李·贝克、费迪南德·利文德，还有肯尼·卡特——这些人能很好地代表我们管理的犯人。

贝克于1986年杀了两个人。他杀了他前女友的母亲，砍下了尸体的头颅，然后出门去，用一把十字弓射杀了一名男性。

利文德是个身材高大的男人，也是个杀人犯。他在做门卫时捅死了两名男性。在特殊牢房服刑期间，他从厨房弄来椰子壳，把它们雕成人的头骨，堆成一座座塔。他把这些塔看成是艺术品，还想让我联系拍卖商克里斯蒂来给它们估个价。

卡特本来是因为持械抢劫被关进来的。之所以成为众所周知的"刺头"，是因为他杀了与自己同牢房的达伦·布鲁克。布鲁克是头一次进监狱，法庭上出示的证据显示，卡特从身体上和精神上都毫不留情地对布鲁克进行过霸凌。这一系列可怕的欺凌最终导致布鲁克在卡特的逼迫下上吊，还是卡特踢走了他脚下的椅子。有人猜测，卡特还曾希望自己能得到一些优待，因为他目睹了这次"自杀"，情感上受到了创伤。

然而，给我添了最多麻烦的犯人并不是一名杀人犯，而是因为情节严重的入室抢劫被关进来的。我叫他皮特，他现在在服另一段刑期。

皮特给我制造了很多问题的主要原因是，他这个人看起来不可捉摸。通过与这么多暴力的人近距离接触，我对人的肢体语言和其他非语言行为有十分敏锐的解读，我能看出一个人可能在想些什么，而这些想法又会让他做出怎样的行为。

一般来说，当一个人想攻击你时，你应该能看出不少线索，根据这些线索，你可以缓和局面，或者选择离开，避免伤害。一个人做出暴力行为之前会有一段情绪准备期：说话的语调和内容会发生改变；随着血液流向接下来可能使用到的肌肉，他们的身体变得更壮，姿势也变得更加直接、尖锐，更有对抗性。

问题是，皮特能把这一切线索都完美地掩盖起来，表面上总是安逸自在，所以我从来都不能确定他是会继续保持友好，还是会突然翻脸。每次和皮特见面，对我来说都是一次调整办公室狭小空间的练习。跟上次见尼尔森时作出的调整一样，我会坐在最靠门的地方，椅子比皮特的高很多，这样他要花更多时间才能从椅子上站起来，也就意味着我有更多时间夺门而出。而且我会把每次见面的时间告诉一名同事，这样他就可以留意着办公室里的事态进展。如果我们能从他的邮件和电话里发现他最近情绪上受到了压力，那么我有时只会在另一名同事的陪同下才同意见他。由于这些措施，皮特从未有机会攻击我，但他跟我和其他人都说过，他常常会想起我。

毫无意外，皮特是唯一一个隔三岔五就会主动积极破坏牢房管理系统的犯人。

有一次，他爬上了运动场的围墙，被带刺的铁丝网严重划伤。他似乎乐于享受疼痛。

虽然如此，但监狱里没有发生任何人质事件，没有人越狱，工作人员和犯人、犯人和犯人之间的冲突也非常少，而且从没有人企图爬上屋顶。在这个意义上，我们确实成功了，我们达到了所有人提出的要求。

但问题来了。

给犯人们，尤其是那些曾经在监狱里攻击人、劫持人质或参与暴乱的犯人，提供举重室、健身房，让他们参与美术、音乐活动，给他们提供教育课程，看起来对那些安分守己的犯人十分不公，对那些没钱去健身房、没钱供自己或子女读大学的守法公民也十分不公。一名政客气急败坏地跟我说："他们居然还有空调！"显然，这是压垮骆驼的最后一根稻草。

最终，为了安抚各方势力，这两个特殊牢房不再按照其最初的宗旨发展。当时的内政大臣迈克尔·霍华德对我说："我们不能让最恶劣的犯人享受最好的设施。"因此，尽管这两个牢房大获成功，他们最终还是改变了管理方式，开始朝新的方向发展。这一切都非常令人沮丧。这意味着，不论这些特殊牢房有多成功，政治因素永远都更加重要。不久之后，我在别的方面也感受到了这种政治压力，又由于一些个人因素，使我最终选择了辞职。

正是在这段时间里，我又碰上了一个臭名昭著而且热衷自我宣传的暴力罪犯。

迈克尔·彼得森生于1952年，父母是很体面的中产阶级。

然而，彼得森20岁出头就进了监狱，罪名是持械抢劫，被判了七年，后来因为在监狱里攻击工作人员，攻击其他犯人，劫持人质，刑期又延长了。当彼得森终于被释放之后，只做了131天自由人，便于1988年和1992年二次、三次入狱。他的罪名有持械抢劫、严重身体伤害、故意伤人、非法拘禁、威胁杀人，等等，但从未被判处过谋杀罪。

这些罪行有许多都是在监狱里犯下的，所以他有不少时间都在隔离监狱里度过。他进过120所不同的看守所或特殊戒备医院。他写了11本书，还画画（某种程度上），还是定时俯卧撑的多项纪录保持者。

他还是个劫持人质的大师。

1998年，他在贝尔马什监狱劫持了两名伊拉克的劫机犯。他坚持要他们叫他"将军"，并且威胁如果监狱方面不满足他提出的要求，他就要吃了其中一个人。他的要求包括一架直升机、两台乌兹冲锋枪和一把斧子。他还抓了一名监狱主管、一名美术老师和一名监狱图书馆员作为人质。那名美术老师被绑了起来，迈克尔拽着他在监狱里晃悠了差不多两天。

他有不少女性崇拜者，还喜欢经常更改自己的身份。现在他的名字是查尔斯·萨尔瓦多，他是2014年给自己取的这个名字，以纪念他最喜欢的画家萨尔瓦多·达利[1]。但在此之前，他给自己取名查尔斯·阿里·艾哈迈德和查尔斯·布朗森。

我认识他时，他使用的是最后这个名字，2008年上映了一部根据他的生平改编的电影，用的也是这个名字。

在去看这部电影之前，我已经读了不少影评，也听到很多人在讨论这部电影的优点和缺点。这部电影大肆宣传是"根据真实故事改编"，但观众们无从得知哪些部分是真实的，哪些部分是虚构的。我们不得不相信这个戏剧化的故事，因此有不少关于布朗森的谣言开始甚嚣尘上，他自己也乐于添油加醋，而这一切都使他社会名人的地位得以巩固。我是在米尔顿凯恩斯看的这部电影，电影院离木山监狱只有不到十分钟车程——我正是在木山监狱认识了布朗森，这使得这部电影对我而言多了一层真实感，虽说我在银幕上看到的故事几乎全部是虚构且不客观的。

直到如今，这两个特殊牢房都关着英格兰和威尔士最不安分的囚犯，尽管现在它们的管理方式已经和20世纪90年代时非常不一样了。然而，布朗森从未在米尔顿或者凯恩斯待过，他一直在木山监狱隔离牢房被单独监禁着。我们不断尝试帮助他，跟他合作，希望他有一天能从隔离牢房转到普通牢房去，但果不其然，他一直拒

---

[1] 萨尔瓦多·达利：Salvador Dali，著名的西班牙加泰罗尼亚画家，因为其超现实主义作品而闻名，他与毕加索、米罗一同被认为是西班牙20世纪最有代表性的三个画家。

绝配合我们的工作。

只有一个人希望布朗森被单独监禁着——查尔斯·布朗森本人。

我们没费多少工夫就发现，布朗森不愿意被关在普通牢房里，因为他无法在那里存活。我的意思是，"普通"是布朗森最不希望的。他希望自己能非同凡响。他关注的一直都是如何把自己塑造成一个与众不同的人，而普通的生活只会扼杀这种与众不同。就像我刚才提到的那部电影的主角在影片开头所说的："我的名字是查尔斯·布朗森，我这辈子都希望自己能出名。"这两个陈述句中只有一个是真的。理所当然，"出名"和"普通"这两件事无法共存。

虽说我的责任主要在监狱的两个特殊牢房，但由于也要负责整个监狱的部分事务，因此我经常在隔离牢房见到布朗森。我和他的第一次见面十分草率，我问候了他，并问他需不需要什么书。随着对他了解的深入，我觉得我们可以开始进行一些不那么官方的谈话了，于是我告诉他，他这样被长时间单独关着，我很担心会对他的心理健康造成影响。这番话完全是对牛弹琴。不以监狱主管的身份和犯人对话，而是作为一个人来进行人与人之间的交流，这是我应对暴力罪犯一贯的方法，但这对他完全不起作用。我这么做似乎还损害了他对自己的定位和他想在别人心中树立的形象。

我下一次去探望他的时候，他已经在等着我了。

在两名工作人员的护送下，我走进隔离牢房区域，沿着走廊走到尽头，就到了布朗森的牢房。第一名工作人员把他的钥匙插进锁里，推开了门。布朗森就站在我们面前，一丝不挂，身上涂满了黑色的鞋油。我们愣在那里，看看布朗森，又看看彼此，目瞪口呆。然后布朗森打破了沉默："我要用我的八字胡捅死你！"——他把自己八字胡的两端弄得很尖，然后他让我和护送我的工作人员"滚蛋"。我们照做了。

后来我们还在内部讨论过要不要给布朗森一台收音机，让他在院子里活动，或者允许他去健身房，或者给他更多看书的机会，以换取他的良好表现，也就是不再攻击工作人员。然而，正是在木山监狱，在我们协商结束后，布朗森劫持了去给他送书的图书馆员。又一番协商开始了，这次的协商跟之前的那次性质可是大不一样，也正是这次协商使布朗森离开了这座监狱。

对于布朗森，我们得出了什么结论呢？我们又该如何看待那个支持释放布朗森的运动呢？

布朗森是那种不能被信任的犯人，即使他同意了我们提出的协议，事后也会背信弃义。他宁愿伤害自己，也要按自己的意志来生活——不论这会给他本人和其他人带来多少伤害。这种做法是理智的吗？当然不是。这也不是什么经过仔细思考后选择的立场，跟个人在社会里扮演的角色，或个人与国家权威的对抗毫无关联。布朗森根本不是这样想的。当情感上出现障碍时，他的处理方式就是使用暴力，因为一直以来，每当他需要和他人沟通时，默认选项就是使用暴力。遗憾的是，我百分之百确信，如果有朝一日被释放，他仍会继续用暴力解决问题。

电影里花了不少笔墨来讲述我刚刚提到的图书馆员劫持事件。我正是担任人质解救指挥官的监狱主管之一，我真心希望自己并不像电影里呈现的那样，是个精明狡猾的烟鬼，戴着眼镜，头发稀疏，文绉绉的，总是一副事不关己的样子，还拒绝收下布朗森的画作。当然了，认为布朗森是才华没有被发掘的让·米歇尔·巴斯奎特，无疑是神化布朗森的众多传说之一，说实话，他的水平还差得远。

当然了，也许在布朗森看来我确实精明狡猾，但我没有谢顶，不戴眼镜，也从来不抽烟。

电影《布朗森》(Bronson) 对布朗森其人的刻画有一点倒是特别准确，那就是他这个人的表现特别另类。工作人员中，不止我一个人认为他这样把自己脱光，向我们展示他的肌肉和生殖器，有一些性的意味在里面。

布朗森喜欢向我们展示他的身体，我认为他是想给大家留下他是个"真男人"的深刻印象。当然了，布朗森的行为潜藏的同性色情意味并不是媒体想关注的，尤其是他现在已经成了无法被监管的、男子气概过剩的代表人物。

电影结尾有一幕，那位精明狡猾、疯狂抽烟、戴着眼镜、头发稀疏、文绉绉的主管对布朗森说，他替他感到害怕，怕他会死在监狱里。事实上，我的确在一次谈话中对布朗森说了这句话。我仍然认为这极有可能。然而，就跟他之前选择无视我对他长期被单独监禁的担心一样，他看起来也对自己可能死在监狱里这件事毫不在意。也许就像他知道自己在普通监禁下无法存活一样，他也知道自己无法在社会上生存。在外面的世界里，他只是又一个可悲的疯子，谁都不会愿意和他做邻居，或者和他一起工作，一起去酒吧喝一杯，更别提拍一部关于他的电影了。

然而，我对布朗森的这些思考和探讨、斯特兰奇路监狱的暴乱、保罗·泰勒，还有特殊牢房的建成，这些都没有真正主导英国刑事司法系统的发展走向，也没能真正影响大众对暴力、谋杀和如何应对这类犯罪的观点。做到以上这些的，是利物浦的一起儿童谋杀案。尽管我并未参与对凶手的管理工作，但我认为，如果我们想真正明白为什么监狱人口持续增长，明白英国非常具有本国特色的、对于暴力和暴力罪犯的处理方式，我们就必须先了解这件案子，直至今日，这件案子的影响仍未完全消失。

占据头条的儿童杀人案

1993年2月12日,两名10岁的男孩,罗伯特·汤普森和乔恩·维纳布尔斯从学校逃课了。时间慢慢过去,他们觉得越来越无聊,然后,在彼此的怂恿下,他们决定绑架两岁的詹姆斯·巴尔杰,当时他的母亲正在肉店里买肉。

购物中心的闭路电视录下了整场绑架的过程,拍下了詹姆斯(更正一下坊间流传的说法,他从未被叫作杰米[1])被带着走上死亡之路的著名画面。

詹姆斯被带着在镇上走了两英里[2]半,维纳布尔斯和汤普森一路上都在打他。至少有38名目击者看到了他们,但没有人进行有效的干预,没能最终阻止小男孩的死亡。随着夜幕降临,维纳布尔斯和汤普森把詹姆斯带到铁路边,他们残忍地将他踢打致死,并在他死亡后继续用砖头和铁棍打他,然后把他部分赤裸的尸体留在了铁轨上,尸体后来被火车轧断。

2月18日,维纳布尔斯和汤普森被逮捕,于22日在南塞夫顿地方法庭首次露面,法庭外一大群人在闹事。警察担心会发生暴乱。1993年11月,他们最终被判8年监禁。后来刑期延长为10年,再后来,由于在《太阳报》上发起的一次活动,刑期于1994年延长为15年。最后,由于在欧洲人权法院的一系列上诉,刑期被缩减到最初的8年,因此,维纳布尔斯和汤普森于2001年被释放,但维纳布尔斯之后一直在监狱进进出出。

---

1 杰米一般是詹姆斯的昵称。
2 1英里约合1609.3米。

詹姆斯·巴杰尔的被杀在英格兰与威尔士的刑事司法史上占据多重要的位置，这起谋杀案又是如何震惊了英国上上下下的父母，这是我这样流水账式的叙述完全表达不出来的。我的儿子当时和詹姆斯同岁，谋杀发生之后的那一个月，每次我们一起去购物中心，我和他妈妈都会把他的手牵得更紧一些。

政治层面上，这起案件是对刑罚理解的一个转折点，在此之后，判处的监禁时间普遍延长，监狱人口也增长到了现在的水平。事实是，两名十岁男孩杀害一名两岁男孩这一事实，激发了一场全国上下关于社会道德问题的辩论，探讨的问题包括：单身母亲；儿童单独待在家里；糟糕的养育方式；"问题"录影带和暴力的电子游戏。在此基础上，诞生了1994年《刑事司法和公共秩序法》，其中降低了儿童能被判处不确定年限监禁的年龄标准，并且建议的监禁培训令允许12—14岁的少年犯被关进新建的私立监禁培训中心。

不论这起谋杀有多可怕，我们还是要认清一点，那就是政客们利用了巴尔杰的谋杀案来达到他们的政治目的，新工党和保守党达成了双方都是法律与秩序之党的共识，这一共识至今仍然存在。这里有一个关键的事实，那就是托尼·布莱尔曾经是内政部的"影子大臣"，他在一次对美国的访问中深深地被克林顿所影响——克林顿虽然是出自民主党的总统，却支持死刑。

政治政策再一次层层渗透进监狱系统，而且并没有起到正面效果。保守的、为安抚群众而制定的政策永远不应该取代考虑周详的发展计划，遗憾的是，事实往往相反。

1993年1月，即詹姆斯被害案发生的前一个月，布莱尔提出新工党将"对犯罪和导致犯罪的原因下狠手"。谋杀发生之后，布莱尔说："我们应该教导孩子们什么是对的，什么是错的。"他在工党的会议上说：

> 过去这一周的新闻快报如同重锤般击打在我们国家沉睡的良心上……对这种分崩离析的局面，解决方法不仅仅是立法。
>
> 我们必须重新找到国家的发展方向……不仅仅是作为个人，而且作为一个集体……我们不能活在道德真空之中。如果我们不学习、不教授是非观，那么道德的混乱将吞噬一切。

当时的首相约翰·梅杰也不甘示弱，当众表态道："我希望公众能开始一场针对犯罪的运动，不再用宽容的态度对待犯罪，而对受害者更加关心。我们的社会需要多一些谴责，少一些理解。"在保守党会议上，内政大臣迈克尔·霍华德的一席话令听众们深感满意，他提醒道：

> 有一件事我们必须说清楚：监狱是有作用的。它保护我们不受杀人犯、抢劫犯和强奸犯的伤害，而且还会让那些企图犯罪的人三思而行……这也许意味着更多的人会被关进监狱。但我并不会因此而退缩。

正如这些政治宣言所显示的，詹姆斯·巴尔杰的被害成了充满对立与冲突的政治战场。没有人提醒公众，20世纪90年代中期，英国防止虐待儿童协会的数据显示，每周至少有一名五岁以下的儿童在父母或其监护人手中走向死亡。这个现实如此可怕，却丝毫未对政策制定造成影响。

我们也必须意识到，在报道这起谋杀案以及引导公众对此案的态度上，媒体也起到了同等重要的作用，他们对此案的报道普遍过于追求轰动效应，十分不负责任。

为了更全面地看待这起案件，同时也为了证明詹姆斯·巴尔杰的被杀的确契合了某些政治文化、流行文化和媒体文化的观点，并且被这些文化加以利用，我们来将此案和另一起案件进行对比。就在詹姆斯被杀18个月以后，在挪威的特隆赫姆，一名五岁的女孩西莉耶·雷德加德被杀了。

凶手是两名六岁的男孩，他们脱光了她的衣服，轮流用手、石头和木棍打她，最后还踩了她几脚。他们把失去意识的西莉耶留在了雪地里，后来她被发现死于体温过低。对比之下，这起案件牵涉的家庭并没有表现出极强烈的愤怒，没有人号召群众自发寻求正义，没有政客使用政治策略，将此事公开放大。整件事被看成一场悲剧，一次可怕的反常事件，而不是能反映出全社会的政治和道德问题的事件。在挪威，此事没有造成任何政治政策的改变，他们的监狱人口也没有明显改变。

当然了，这两起案子有很多不同之处：挪威的两名男孩年纪比维纳布尔斯和汤普森要小；西莉耶比詹姆斯年龄要大，而且性别不同。然而，尽管有这些差异存在，不可否认的是，詹姆斯·巴杰尔的案子的确被不同的人、团体和行业利用，而且其中大部分带有竞争性目的。最后的结果是，詹姆斯的案子成为英国文化中重要的——甚至是最重要的——一件谋杀案。它被不同团体和行业的人利用，也可以在某种程度上解释为什么英国的监狱人口比欧洲邻居们多出那么多，英国的监狱人口占总人口的0.14%，而挪威则只占0.065%。

詹姆斯的案子更直接的影响是，我过去三年在特殊牢房所采取的管理方法完全改变了，我从未得到机会在管理体系里加入心理治疗。

公众对囚犯改造的诉求改变了，监狱成了惩罚和报复的工具，成了政客们兑现为被害者寻求正义、对犯罪"下狠手"的承诺的工具。

在监狱系统内部，大家普遍认为这两个特殊牢房成功地帮助了工作人员管理爱闹事的犯人们，因此我于1994年获得了升职，负责对管理英格兰和威尔士的监狱工作人员进行培训。这次升职是在发生了两起备受关注的越狱事件之后——在这方面，特殊牢房的记录堪称完美。

带来职业转变的异域经历

1994年9月，六名A级罪犯越狱了，其中五名都是临时爱尔兰共和军[1]成员，事发在怀特沼监狱——正是我几年前采访尼尔森的地方。这些犯人还是从所谓的特别安保牢房——监狱里的监狱——逃出来的，这使得事情尤其严重。他们把两把手枪和弹药偷运进监狱，用一架30英尺的绳梯、金属夹、支撑杆、断线钳和手电筒，向监狱的外围围栏行进。一名试图阻止他们逃跑的工作人员被枪打中。在这次越狱之后，一名前公务员形容迈克尔·霍华德"像只没头的鸡一样跑来跑去，根据每天下午《标准晚报》（Evening Standard）的社评来制定政策"。要想政策能长久且有效，这样做是不行的。

然而尴尬的事还没结束。三个月之后，也就是1995年1月底，

---

[1] 爱尔兰共和军：成立于1919年，旨在建立独立的爱尔兰共和国的民族主义军事组织，分为临时派和正统派，临时派曾通过暴力活动实现政治诉求。2005年，国际独立委员会宣布爱尔兰共和军已全部解除了武装。

又有三名 A 级罪犯越狱了，其中两人是杀人犯，事发地点是怀特岛郡的帕克赫斯特监狱。

他们原本的计划是在翻过监狱外墙之后偷一架小型飞机，但计划没有成功，他们在岛上逃亡了六天。但破坏已经造成，这件事在内政部造成的恐慌和当年邮政列车劫匪的越狱、乔治·布莱克的越狱不相上下，使得围绕监狱服务态度的保守主义之风更加盛行。

20 世纪 90 年代中期，在这两次越狱和托尼·布莱尔当选首相的大背景下，我被委以培训监狱工作人员的重任，培训的宗旨和监狱服务系统的新口号一样——"安保，安保，安保"。虽然对从木山监狱被提拔到这里，我感到很兴奋，但同时我又有些不安。我很珍惜培训新人的工作机会，但我到底在培训他们做什么？帮被关起来的犯人做出积极的改变眼看已是不可能了，我们的主要努力目标是保证他们继续被关着。我的职责是在培训计划中贯彻监狱系统的新思想，确保"安保，安保，安保"的目标达成。我工作的两所监狱服务培训学院一所在拉格比，一所在韦克菲尔德，我每周都开车在两个办公室之间往返。

由于有很多时间都花在路上，我不仅无法再像以前那样和犯人们进行交流，也很少有时间能和我的家人在一起。当时我们刚刚又有了一个孩子，给儿子添了一个小妹妹。我渐渐意识到，这不是我加入监狱服务系统想要做的工作。我开始越来越多地代表刑罚系统，让它在各种缺点和问题下仍能正常运转，而不是挑战、质疑这个系统的运行方式。虽然我那时已受过很多训练，但归根到底，我还是那个年轻、充满希望的博士生，希望能做出富有成效的改变，而不是替政客们收拾烂摊子。

然而，直接导致我选择辞职的，是我代表欧洲理事会去阿尔巴尼亚出的一次差。

当时萨利·贝里沙刚刚通过民主选举成为阿尔巴尼亚的总统，我是被派去帮助他们政府的专家团队的一员。欧洲理事会希望阿尔巴尼亚的监狱能够反映民主的思想价值，而非像恩维尔·霍查执政时期那样。霍查执政时对反对派毫不留情，对监狱和死刑的运用是他成功掌权长达40年的主要原因之一。

我必须承认，我那时就没对阿尔巴尼亚抱有太高的期望，但一来到它的首都地拉那，我还是大吃一惊。一开始我以为路中间有孩子的尸体，后来才发现他们是在乞讨。他们躺在路中间，希望能逼着车辆停下来。如果车停下来的话，他们就会一跃而起，去找司机乞讨。理论上这好像行得通，但在地拉那，人命真的不值钱，而且那些有车的人都匆匆忙忙的，没工夫管这些乞讨的孩子。有些人甚至都不会减速。

除了极端的贫困外，还有一场已经持续了几周的暴乱，暴乱的原因是一场金字塔式的销售骗局使本就贫穷的人们更加穷了。这里刚刚建立民主制度，眼看着正在慢慢陷入无政府状态，而像食物和水之类的生活必需品都非常稀少，或者只有有钱人才负担得起，而水则常常是被污染了的。由于水污染，我每天只能用瓶装水刷牙，洗澡时眼睛和嘴巴都得闭上。这些都令人十分不适，但更重要的是，赤贫所造成的伤疤随处可见，这给我留下了不可磨灭的印象。我永远不会忘记在街上走着，后面跟着SHIK——阿尔巴尼亚的秘密警察和一群讨钱的孩子的场景。

我也不会忘记自己从酒店窗口看出去时，人们是怎样地看着我。我看到了痛苦、疾病、恐惧和嫉妒，他们又看到了什么呢？生机？也许他们只是看到了从悲苦生活中解脱的希望。我代表着"西方世界"，城里新建的摩天大楼的广告牌上就有"西方世界"的形象,那个世界似乎提供了许多美好的承诺,至少是比这个世界好的承诺。

但当我去参观他们的监狱时,一件非同寻常的事发生了——我意识到他们的监狱比我们的好。

政权更迭是这样的。头一天你还是政治家的宠儿,第二天他可能就和你因为某种原因闹翻了,然后他就把你关进最近的监狱毒打一顿。阿尔巴尼亚的监狱虽然资源贫乏,但是由于残酷的政治现实,被送进监狱不再是一件耻辱的事情。监狱内外世界的流动性,导致监禁被正常化了。

阿尔巴尼亚的监狱有一套让当地商铺和工厂雇用囚犯的方案;探视非常灵活,家属们可以带食物进来,可以几乎一整天都和自己监狱里的亲人待在一起;那些不会读书写字的犯人,每天还要被强制接受几个小时的教育。监狱内部的氛围要令人愉快得多,主要是因为英国监狱里长期存在的轻度骚扰行为,在这里几乎没有。而我居然被派来教他们我们奉行的口号"安保,安保,安保"!

这是摧毁我监狱职业生涯的最后一根稻草。从与约翰·麦卡锡的那次午饭到现在,已经过去了15年,我也终于得出了和他一样的结论。在我辞职之后,《观察家报》(*The Observer*)刊登了一些支持我的文章,后来我在英国广播公司4号电台的节目《辞职问题》(*Resigning Issues*)中接受了菲格·基恩的采访——把我推荐为采访对象的,正是我在虫木林监狱时的监狱主管,伊恩·邓巴。

我回到英国之后不久就离开了监狱服务系统,重回校园,于1997年开始任职于伯明翰城市大学。但我仍然想改变英国监狱的现状,而我想继续参与监狱改革的唯一途径,就是借助各种各样的慈善机构,尤其是"新桥梁""格兰登之友"和"霍华德刑罚改革联盟"[1]。对我来说,这三所机构一直非常重要,它们让我能继续推动我想实现的监狱改革和关于监禁的公共政策的改革。

只是这一次,我是从外部推动,而不再是从内部。

---

[1] 霍华德刑罚改革联盟:世界上最古老的刑罚改革组织,成立于1866年,以英国首位监狱改革者约翰·霍华德之名命名。该联盟的宗旨是减少犯罪,营造更安全的社区,减少监禁刑的使用。

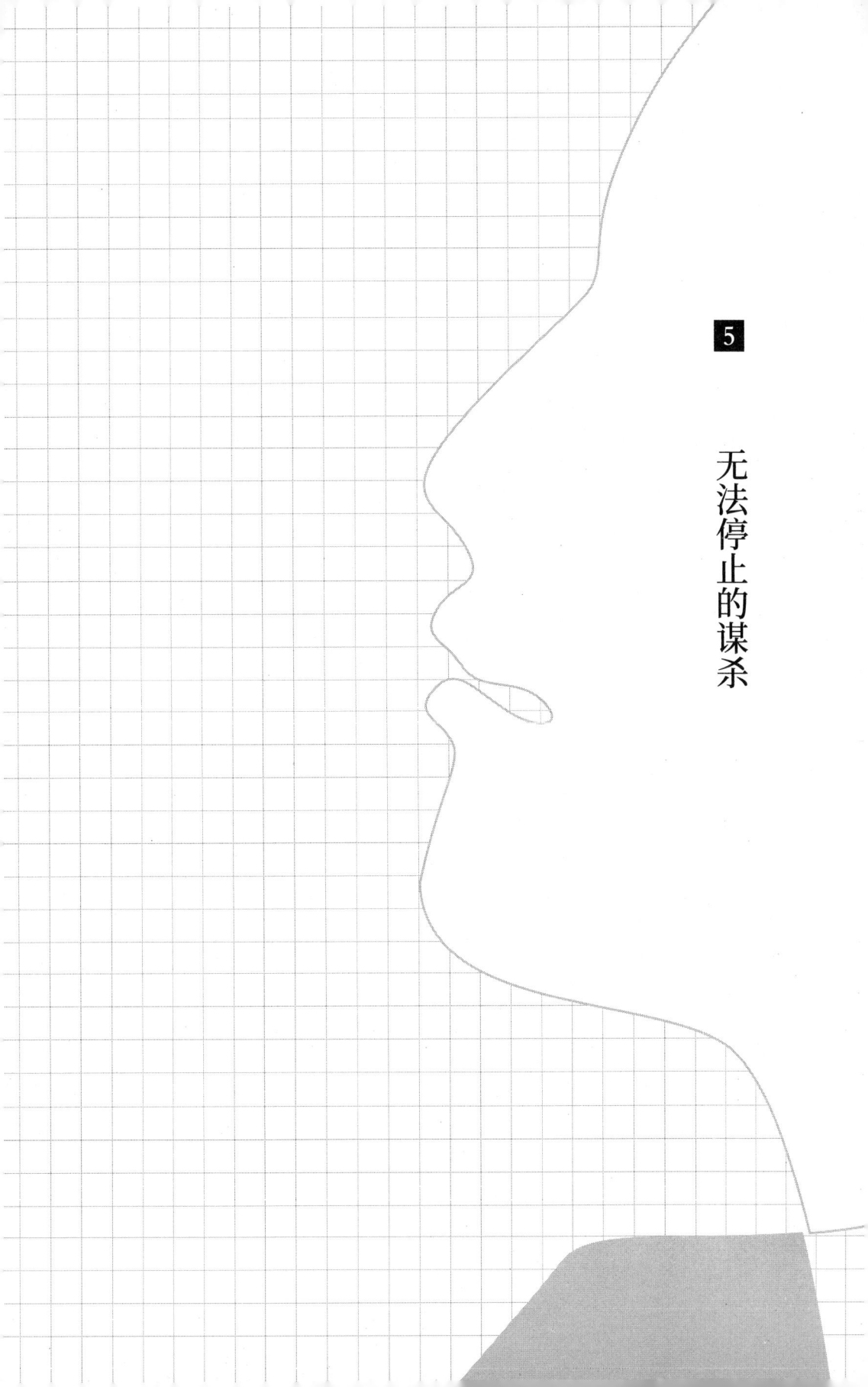

5

无法停止的谋杀

"各种各样的理论都出现了,真是令人咋舌。有人说是基地组织的特工干的,还有人认为是对'山姆之子'连环谋杀案[1]的致敬行为,因为今年是事发25周年。还有一种更离奇的理论是,这是对电视节目《凶杀案》(*Homicide*)其中一条故事线的真实重现。也有人怪罪那些沉迷射击游戏的电脑迷。当然,无可避免地,恶魔也来掺了一脚。'这跟崇拜撒旦的仪式有关,'全能顾问佐埃尔说,'如果在地图上把这些点连起来的话,看起来像个倒着的十字架,但是大家都没有发现这一点,连警察都没有。'"

—— 大卫·坎特教授对华盛顿狙击手案[2]的描述

---

1 "山姆之子"连环谋杀案:1977年,大卫·柏克威兹专门狙杀约会中的情侣,往往隐藏在暗巷中趁情侣们缠绵时从车窗口向女方射击。他称自己为"山姆之子"。
2 华盛顿狙击手案:2002年10月发生于美国华盛顿特区、马里兰州以及弗吉尼亚州,为期三个星期的连续杀人事件。

犯罪心理画像

鉴于特殊牢房关押的犯人的特殊性，有很多不同地区的警察常来探访也不是什么稀奇事。他们从全国各地来到这里，希望能对这个或者那个犯人进行问讯，希望和犯人的讨论能够帮他们弄清还没有侦破的悬案。

想得美。

就算这些警察能说动犯人，让他们出现在审讯室里，但很明显，他们给出的答案要么是故意避重就轻，要么是让警察原地兜圈子。

后来，我和一位高级督察混得很熟，这主要是因为我们发现彼此都支持北安普顿圣徒队。有一次我们边喝茶边说着圣徒队，然后就聊起了他要问讯的一名犯人。这是他第三次去找他了，头两次都没什么进展。我提出我的方法也许更能帮助他让犯人开口，因为我很了解那名犯人，而且监狱工作人员似乎总能让他开口说话，而我观察过他对工作人员的回应。事实上，我与犯人探讨他们犯下的（或者涉嫌犯下的）案子的这种方法，成了我与暴力罪犯工作的经历所留下的最持久的遗产。不论效果好坏，我的方法都建立在一个前提下，那就是不论犯人可能做了什么，不论他们愿意对你吐露什么，都先不要急着批判，这样能帮助实现双方之间的对话，甚至建立一种亲密感，这才有可能获取新的信息。

他走后，我就没再想这件事了。我去了木山监狱的另一个部门，以完成当天的工作职责。但那天晚上，这名高级督察给我打了电话，令我很是吃惊。我向他推荐的方法很有效果，那名犯人比过去乐于交谈得多，尽管他仍然没有提供任何对破案有帮助的具体信息。我正准备为浪费了他的时间而道歉，但他问我愿不愿意给他手头的另一件案子做顾问。

这是一次非正式的邀请，但正是这件案子带我进入了"犯罪心理画像"的神奇世界。

在我的整个职业生涯中，我一共在四起热议案件中给警方建立过罪犯的心理画像，四起案件都发生在20世纪90年代，那时我的工作内容还和犯罪情节严重的暴力罪犯有直接的接触。遗憾的是，跟大部分虚构的犯罪心理画像案例不同，我必须承认，我建立犯罪心理画像的经历不能算非常成功。尽管这四起案件的犯人最终都被抓住了，但我完全不觉得自己提供的心理画像有助于警方的结案。事实上，我至少在两件案子上大错特错，犯人被抓到后，我发现我提供的性格特征和本人根本不符。从美国兴起的第一波心理画像浪潮的核心，就是这样一个信念：通过犯罪实施的方式、受害者的遭遇，以及在谋杀案中被害者尸体的处理方式，我们可以看出犯罪者的一些性格特征。

犯罪心理画像是由FBI首创的，他们想将自己从犯罪现场发现的法医证据运用到实际中，看它们能不能给出一些提示，比如怎样的犯人会犯下这样的案件。所以，运用他们调查谋杀案和性侵害案件的集体经验，再加上他们对36名已被定罪的杀人犯和连环杀人犯的采访，他们表示，在连环强奸案和连环谋杀案中，可以从对以下五个方面的探查中，搜集、拼凑出犯案者的性格特征：犯罪现场、攻击行为本身的性质、法医证据、对受害者的身体检查、受害者的性格特征。但首先，他们的中心论点是，犯罪现场和制造出犯罪现场的罪犯，要么是"有筹划"的，要么是"无筹划"的。

FBI 进行的这一系列采访被改编成了网飞[1]的电视剧《心灵猎人》[2]（*Mindhunter*），在第一季每一集的开头都有一段戏剧化的片段，这些片段看起来没什么联系，唯一的共同点是，它们都和堪萨斯州的一名中年白人男性有关。这个人物的原型是一名叫作丹尼斯·雷德的连环杀人犯，正是雷德使 FBI 第一波犯罪心理画像的势头大大受挫，FBI 意识到，在应对连环杀手时，他们所认为的一系列事实都被证明不一定是正确的。雷德的案子非常特别，所以在 2015 年，当第五频道要做一部关于此案的纪录片时，我意识到这是研究此案的大好机会，于是毫不犹豫地加入了。

我的旅途一开始就非常诡异。当我来到堪萨斯州的威奇托，走进酒店的电梯时，另有两个人也走了进来。他们从头到脚都穿着毛茸茸的动物服装。幸好，尽管他们从头到脚裹得严严实实，但至少他们会说英语。

我假装没注意到他们的奇装异服。就像我们常对小孩子们说的，盯着别人看不礼貌。

"去几楼？"其中身材较魁梧的那个人说道，我猜他的装束是一只机车老鼠。

---

[1] 网飞：Netflix，美国流媒体巨头，世界最大的收费视频网站。
[2] 《心灵猎人》：一部美国犯罪惊悚网络电视剧集，改编自约翰·道格拉斯和马克·奥尔谢克 1995 年共同创作的同名非虚构作品《读心神探：FBI 心理侧写术》，讲述两名美国联邦调查局特别探员携手采访连环杀手并应用研究成果办案的历程。

"八楼，谢谢。"我答道。接着我们就在寂静中站着，等着电梯门关上，然后电梯上行。"机车老鼠"的同伴看起来是只"白鼬"，但我也不确定，因为他全身的皮毛都是荧光绿色的。

后来我才知道，酒店里在举办一个"毛茸茸"大会，所以我在威奇托的每一天，从早到晚都能看见100多个打扮成动物的人，更奇特的是还有人打扮成虚构的动物。他们早上一边喝着咖啡，一边四处晃悠，到了晚上则喝着啤酒。正是为了研究正常与怪异之间的模糊界限，我才来到了堪萨斯，而眼前的这一切似乎奇异地切合着这个主题，也切合着我跑米研究的这个男人的特征。

谋杀是一种无法抗拒的欲望

雷德给自己取名"BTK"杀手——意为捆绑、折磨、杀戮[1]。我很早就对他产生了兴趣，主要是因为他是精神病态兼连环杀人犯的完美典型。他去教堂，给童军[2]做领队，还有家庭。同时他又一直对捆绑和性虐待非常感兴趣。1974—1991年间，他不加选择地对十个人施行了捆绑、性虐待，并最终杀害了他们，但直到2005年他才被捕。

就跟我在电梯里碰到的那些毛茸茸的朋友们一样，雷德也把自己伪装了起来，只不过他是把自己伪装成一个正常人。他的伪装近乎完美，在被雇用为当地的合规官时，他甚至还帮助过警方。

雷德几乎没有哪一点符合连环杀人犯的"典型"作案模式。举个

---

1 这三个词语在英文里分别是 bind、torture 和 kill，首字母组成 BTK。
2 童军：一个国际性的、按照特定方法进行的青少年社会活动。

例子，大部分连环杀人犯刚开始犯案时，情节都比较轻；他们对暴力进行幻想，很长一段时间后，才会慢慢把幻想变为现实。他们刚开始时一般只是对人进行袭击、伤害，渐渐地，他们会幻想掌握控制权，要求会变得越来越高，然后他们才开始杀人。但雷德不是。他的第一批受害者就是一整个家庭的人——奥特罗家，于1974年1月被灭门。

当他杀死了约瑟夫·奥特罗、他的妻子朱莉、他们11岁的女儿约瑟芬和7岁的儿子乔伊时，这是他第一次杀人，但他已经展示出了对犯罪现场完全的控制能力。一般来说，我们认为连环杀人犯第一次杀人时会搞砸很多事情，也就给我们留下了许多可用的证据。但奥特罗家的惨案不是这样的，雷德犯案时显得足智多谋，而且胸有成竹。他甚至对约瑟夫和朱莉说他只是想要他们的车和钱，拿到了就会走人，于是二人答应让他把他们绑起来。也许约瑟夫和朱莉认为，如果他们不反抗的话，雷德就会尽快离开，或者至少不会伤害他们两个幼小的孩子。

但雷德不是冲着奥特罗家的车和钱来的：他的目标是约瑟芬。

约瑟芬是在地下室里被绑着慢慢死去的，而雷德就在一边看着。后来，我们在她的腿上发现了雷德的精液。雷德喜欢在一边看着，喜欢观察。毫无疑问，他也正是开着车四处晃悠、观察时，才盯上约瑟芬的。他幻想着自己终于能控制她于股掌之上的那一刻。警方向我展示案发现场的照片时，还给我指出了卧室地毯上椅子留下的印痕，是雷德拿来了这把椅子并坐在上面，看着约瑟芬的弟弟乔伊在地上挣扎着咽下最后一口气。

一般来说，与"流动"的连环杀人犯不同，"地域稳定"的连环杀人犯一般都会很快被逮到，但雷德只在威奇托及其周边地区杀人，却逍遥法外了30多年。他每实施一次谋杀，之后都会沉寂很长一段时间，然后才再次犯案：他于1977年谋杀了南希·福克斯，并把这次谋杀描述为他的"完美犯罪"；8年之后，他才再次犯案，于1985年谋杀了马林·赫奇。雷德杀害的对象大部分是成年女性，但他并没有严格的选择标准，受害者中也有成年男性和小孩。

一般来说，连环杀人犯不会停止杀人，除非他们被抓住或者死亡。但雷德不是。他想杀就杀，想停就停，这点也十分不寻常。

我们已经接受了FBI的一个观点，那就是对连环杀人犯来说，谋杀是一种无法抗拒的欲望，这种欲望会促使他们杀害的人数不断增多，案件本身也会越来越奇特。从表面上看，他们似乎是故意想被警方抓住，但事实根本不是这样，当他们终于被绳之以法时，他们往往已经严重脱离现实，以至于根本意识不到自己的行为方式有多怪异。有时，这种行为方式上的升级，只是因为随着他们杀人经验的增加，技巧越来越娴熟，他们的幻想也逐渐升级导致的。

然而随着时间推移，他们越来越敢于冒险，这还会改变他们的modus operandi[1]，即杀人手法，这要么因为他们觉得过去的手法已经无法满足自己了，要么因为他们觉得自己成了更好的杀手。

雷德经常和警方及当地的报纸《威奇托鹰报》(*The Wichita Eagle*)沟通，谈论自己的杀戮行为。是他自己创造出了"BTK"这个名字。1974年10月，他在威奇托公共博物馆的一本工程书里留下了一封信，承认是自己杀了奥特罗一家，并在四年后给当地电视台写了一封信，信中再次承认是自己杀了奥特罗一家及另外三名受害者——凯瑟琳·布莱特、雪莉·维安和南希·福克斯。在这第二封信中，他要求媒体给他关注度。这样的沟通能使凶手感到自己非常强大，感

---

[1] 印尼语。

到自己占据上风，大权在握。但在此之后，这种沟通就中断了，这体现出他有一定的自我控制力，而不是完全被冲动的谋杀幻想所驱使。威奇托暗暗希望着 BTK 不要再出现了——要么已经去世，要么因为别的罪行而被关进了监狱。

在 2004 年，雷德再次与警方取得了联系，此时距他上一次作案已经过去了 13 年。他上一次杀人是在 1991 年 1 月，被害者是多洛雷斯·戴维斯。他联络警方的原因是，那年是他开始杀人的第三十年，他不希望有其他人被错认为自己案子的凶手。雷德对此非常不悦。他的不悦也正使他犯下大错，因为警方很快就定位了雷德用来联络的电脑：在一座路德教的教堂里，而雷德正是该教堂的主席。

在威奇托时，我开车去了与此案相关的每一个重要位置、每一个抛尸地点，和参与此案的警察、法院工作人员、记者谈过话，甚至连雷德的老邻居们都没放过。后来，我把这种调查研究方法叫作"犯罪学尸检"。通过这些调查，我发现雷德几乎是个"完美"的精神病态者。

我们把精神病态看作一种人格障碍，这种人格障碍由一系列的特征来定义，而这些特征一般都围绕着三个方面，并且会渐渐地根深蒂固，成为精神病态者的信仰和行为方式。

首先，精神病态者有独特的人际交往方式，他们油嘴滑舌，不切实际，满嘴谎话，而且爱操控他人；他们日常与人交往总是非常傲慢，而且狡诈。其次，他们的行为方式总是追求轰动效应，他们冲动、鲁莽，有时甚至到了近乎愚蠢的程度——他们似乎丝毫没有考虑到自己的安全问题。最后，精神病态者的情绪反应存在缺陷，所以他们对自己操控他人的鲁莽行为丝毫没有愧疚之心，而且完全无法真正理解为什么你会觉得他们的行为有问题。简而言之，他们没法弄明白这一切，他们生活的道德宇宙和我们的完全不同。

尽管雷德每次犯案似乎都是经过精心策划的，但他也经常在实施犯罪时做出一些轻率的行为。举个例子，他后来自己承认，在他第一次犯案时，他本来没想到约瑟夫·奥特罗会在家，他自己也很吃惊；他本来没准备在奥特罗案的犯罪现场留下精液；当他在1974年4月杀害下一名受害者凯瑟琳·布莱特时，也没想到她的弟弟会在场。他朝凯瑟琳的弟弟凯文开了一枪，然后设法逃走了。

雷德操控着他的直系亲属们，操控着他所属的社区；他傲慢地要求社会给他关注度；他不切实际地认为自己永远不会被抓住；他甚至确信，自己和奉命抓捕他的警察在某种程度上成了朋友。你们可以自行对此作出判断。雷德的审判过程在电视上播出了，你们可以在视频网站YouTube上看到他傲慢自大的样子，看他是如何在法官和受害者家属面前进行着毫无良知、令人惊愕的表演。他终于可以公开地过上他如此渴望的不凡生活，过去他只能在杀人之后悄悄享受。

然而，他的儿子形容他是个"完美的父亲"，保拉·雷德也对警方说她的丈夫"是个好人，是个优秀的父亲。他绝不会伤害任何人"。确实，从他带队的童军到教堂的教众，雷德在面对身边的所有人时，展示着他想要展示的形象。雷德这样的精神病态者往往"大隐隐于市"，他们的伪装几乎无法被看穿，等到被看穿时也为时已晚。

1984年10月，在位于弗吉尼亚州的FBI总部里，威奇托的两位警探就此案咨询了FBI探员约翰·道格拉斯、罗伊·黑兹尔伍德和罗恩·沃克。约翰·道格拉斯正是犯罪心理画像的创始人之一。当这两名警探将来龙去脉告知了FBI的探员们之后，探员们"钻进了BTK的脑袋里"，并提供了他们对犯下此等凶案的凶手的看法。道格拉斯在回忆此案时说：

我们当时准备抛出各种各样的想法，比如应对这七起谋杀案负责的凶手可能是个怎样的人，警察应该如何抓捕他，抓到犯罪嫌疑人以后如何让他开口，等等。在很多层面上，我们就像一帮音乐家聚到一起即兴演奏一样，我们不停地抛出新的想法，直到脑汁绞尽。两名威奇托的警探则负责记笔记，记下他们觉得有用的东西。

道格拉斯在一开始就提出BTK 30多，接近40岁，离异，中低收入水平，住在租的房子里。黑兹尔伍德认为他是中产阶级，并且善于表达。沃克认为BTK从未有过性经历，他在性方面无能且不成熟，但黑兹尔伍德则认为BTK是个"性捆绑师"，并且"非常喜欢手淫"。

作为结论，黑兹尔伍德说："和此人发生过性关系的女人会说他非常冷漠，不怎么参与，是那种更喜欢别人为自己服务的人。"道格拉斯也认为BTK已经"积累了一部分性经验"，并且他的伴侣"要么比他年轻很多，非常幼稚；要么比他年长很多，把他当饭票"。

沃克则说他"性格上像一只孤狼"，虽然可以应付社交场合，但只是"表面功夫"。道格拉斯也表示赞同，并认为这意味着BTK很难在一个工作岗位上待很长时间，因为他不喜欢别人有凌驾于他之上的权力。所以说，他不会是个"有团队意识的人"。

黑兹尔伍德认为他是个"活在当下的人"，追求及时行乐。

他的智商应该介于105~145之间。三人都认为他也许会跟军队有联系（这点并不稀奇，因为根据推测出的BTK杀手的年龄段，当年朝鲜战争和越南战争征兵时，他的年龄正好符合标准）。道格拉斯还提出他会开"那种平平无奇的车——也许是一辆轿车"。他们还认为他会收集侦探故事，并且对执法部门很感兴趣。

最后，道格拉斯说："这个人没有精神病……但他是个彻头彻尾的疯子。"

于是，6小时之后，FBI给威奇托警探们的调查提供了一张蓝图。马尔科姆·格拉德威尔在他的文章《危险头脑：简易犯罪心理画像》（Dangerous Minds: Criminal Profiling Made Easy）中讽刺地描述道：

> 寻找这样一名美国男性，他和军队有联系。他的智商在105以上。他喜欢手淫，在床上时非常冷漠自私。他开着一辆还过得去的车。
>
> 他是个"活在当下"的人。他跟女性相处时会觉得有些不自在。但他也许有女性朋友。他是个独来独往的人。但是他也能应付社交场合……他要么从没结过婚，要么结过又离了，要么结了婚但没离婚。如果没离婚的话，他的妻子要么比他大，要么比他小。他也许住在租来的房子里，也许不住在租来的房子里。他也许属于低收入阶层，或低收入阶层中的高收入群体，或中产阶级中的低收入群体，或者中产阶级。而且他是个彻头彻尾的疯子，但不是神经病。

然而，丹尼斯·雷德是他所处社区里的顶梁柱；他婚姻幸福，有两个孩子；是当地路德教教堂的主席，是童军队长；是塞奇威克县动物服务部门的可靠雇员。也就是说，BTK本人与道格拉斯和他的同事们提供的犯罪心理画像差了十万八千里。

当然了，我自己尝试性地构建犯罪心理画像时，还不知道BTK的事，也就选择接受并相信了那时FBI心理侧写的第一波浪潮。但我那时就对这种方法感到有些不适，尤其因为根据我采访丹尼斯·尼尔森和其他犯人的经验,我知道他们说的话大部分都不可靠。既然如此,为什么要根据他们在采访时有选择地吐露的信息,来建立一套预测他们行为的系统呢?谢天谢地,犯罪心理画像原理的发展已经渐渐脱离了它的美国起源,在英国变得更加科学可靠。两国之间手法的区别,可以通过犯罪心理画像在英国的名字看出来。有些人叫它"犯罪现场分析",有些人则叫它"心理画像"或者"调查心理学"。

不论叫什么,英国的犯罪心理画像方式主要的根基来源于学术,而非执法部门,而且最重要的是它的科学可靠性。英国的心理画像师主要的工作地点是可以进行应用研究的环境,比如监狱医院、监狱或者是地方的关押牢房,而不是警察局。

这种类型的背景意味着,他们在职业生涯中长期跟反复杀人的犯人们打交道。他们对这些犯人的了解不仅仅来源于一次采访。同样,FBI倾向于把他们犯罪心理画像的工作写成畅销书,而英国的心理画像师则把他们的研究成果刊登在业界认可的学术期刊上。这类学术文章一般统计附录就长达几页,这些数据被用来证实或证伪作者的核心假说。如果没有很好的数据分析基础,是几乎不可能看懂这些研究结果的。我在不少学术期刊上都发表过与连环杀人犯相关的文章,这些期刊包括:《犯罪心理画像和调查心理学期刊》(*The Journal of Offender Profiling and Investigative Psychology*)、《犯罪心理学期刊》(*Criminal Psychology*)、《欧洲犯罪学期刊》(*European Journal of Criminology*)、《法医精神病学和心理学期刊》(*The Journal of Forensic Psychiatry and Psychology*)以及《犯罪媒体文化》(*Crime Media Culture*)。

看待两国区别的另一个角度是,英国犯罪心理画像的方法是"由下至上",以从犯罪现场及侦查过程中找到的线索为依据;而FBI的方法则是"由上至下",由道格拉斯和他的同事们向地方警察分享他们智慧的结晶。

FBI最核心的调查结果就是把犯罪现场和罪犯分成"有筹划"和"无筹划"两类。这种分类方法就值得我们细细探究。"有筹划"的罪犯会使用逻辑,精心策划,比如说他们会戴手套,会带着绳子或者手铐,好让受害者丧失行动能力。有筹划的罪犯能很大程度上掌控犯罪现场,因此很少甚至完全不会留下线索。他们还认为"有筹划"的罪犯有一种特定的人格类型。他们一般智商很高,性生活活跃,能干,而且很可能有另一半。他们的工作一般都是技巧性或半技巧性的,而且他们总是看起来很"正常"。

他们还认为有筹划的罪犯会关注报道自己罪行的新闻,而且他们的犯罪行为是由私人生活中的愤怒和沮丧感推动的。

而"无筹划"的罪犯则不会事先计划犯案过程。他们的犯罪行为多半是突然且投机式的,因此他们会用临时找到的工具实施犯罪,比如用围巾或内裤来捆住受害者,用在犯罪地点附近能找到的武器来实施袭击等。他们几乎不会试图掩盖证据,被害者的尸体也一般被抛弃在现场,而非被藏起来。而且,FBI还认为"无筹划"的罪犯一般是独居或者与父母住在一起,而且一般就在当地犯案。他们在社交上和性生活上都十分不成熟,而且一般有精神病史。最后,FBI还认为,这类型的罪犯会在害怕或者迷惑时犯案。

这就是"有筹划"和"无筹划"两个类别的基本标准。在面对犯罪现场或者一系列有关联的案件时,这些标准能帮得上忙吗?2006年,当伊普斯威奇出现了几起性工作者被杀案时,我曾在这些标准的帮助下,对案件给出了一些建议。

精神健全的杀妓者

2006年10月底，19岁的塔尼亚·尼科尔在伊普斯威奇镇的红灯区失踪了。到了周四，媒体登出一篇文章，呼吁公众帮助寻找这名失踪的青少年。几天后，塔尼亚的妈妈克里·尼科尔接受了媒体采访，请求任何知道她女儿下落的人站出来。很多人认为塔尼亚可能是上了一辆红灯区的巴士，去往她的客户家，人们也在这辆巴士上发了寻找塔尼亚的传单。

几周以后，也就是11月中旬，杰玛·亚当斯的伴侣报案说杰玛失踪了，于是警察又一次向大众征集线索。

几天后，伊普斯威奇队和诺维奇队在当地举行了一次足球比赛，警察向观众发放传单，号召大家帮助寻找失踪的女孩们。伊普斯威奇的足球场在波特兰路上，波特兰路、汉福德路和伦敦路是镇上红灯区的中心地段。

两周之后，一场暴雨导致河水泛滥，一名水上治安官在清理贝尔斯特德河附近的废弃物时，发现了一具脸朝下的尸体。第二天，这具尸体被证实是杰玛·亚当斯。就在同一天，安妮莉·奥德尔顿也失踪了，接下来，警方正式开始了对谋杀案的调查。

三天后，警方的潜水员在科普多克米尔找到了第二具尸体，一天后，该尸体被证实是塔尼亚·尼科尔。警方承认两具尸体的发现有许多"明显的相似之处"。

12月中旬，警方表示他们对另外两起失踪案感到十分担心——失踪的人是安妮特·尼科尔斯和葆拉·克伦内尔。安妮特失踪后，葆拉曾接受电视台采访，表示她明白现在情势很危险，但依然会继续站街挣钱。而助理警察局长雅奎·谢尔警告所有性工作者不要站街接客。

第二天，警察在距伊普斯威奇大约 5 英里的莱文顿村又发现了两具尸体，是安妮特和葆拉。

12 月 19 日，周二，警方逮捕了史蒂夫·怀特。怀特和他的伴侣就住在伦敦路。21 日，他因涉嫌谋杀了 5 名女性而被起诉。2007 年 3 月 21 日，怀特的案子于伊普斯威奇皇家法院开庭，他拒不认罪。

这些案件的基本信息中漏掉了很关键的一点——媒体一直非常关注伊普斯威奇案件的发展，整件事的时间跨度并不长——只有 6 周，但其热度却很快从地方波及全国，甚至全世界。伊普斯威奇镇上有一名连环杀人犯出没！这仿佛是大家爱看的虚构故事成了现实。

我受天空新闻台的委托，和他们的广播新闻记者保罗·哈里森合作报道这起案件，但一开始，我并不太愿意接这个工作。我尤其不希望这名连环杀人犯成为故事的主角，而受害者们只是令他更加恶名昭彰的道具。我当时表示，我希望这个故事能帮助大家理解这些受害者，理解她们所面临的危险。保罗不得不亲自向我保证，说这次新闻报道会被严肃认真地对待，他们会以性工作者长期遭受的暴力对待为背景，来报道这些女性的失踪，而不会刻意制造轰动效应。现在想来，当时事态发展如此之快，每隔几天就有新的女性失踪，每隔几天就会出现一具新的尸体，我不知道如何报道才能没有轰动效应。整件事本来就很轰动。

12 月 8 日，当警方在科普多克米尔发现塔尼亚的尸体之后，保罗是全国第一位报道此案的广播新闻记者，两天之后，我和他第一次合作对此案进行了报道。那时，我已经去看了头两具尸体的抛尸地点，并且对整个区域有了一些大致的了解。以下是我们头一次报道的文本记录。

保罗·哈里森：戴维·威尔逊教授，你去看过了两个地点，你有什么想法呢？

戴维·威尔逊：我认为凶手的作案模式正在渐渐显现出来。我已经去看了两个抛尸的地点，我认为这个人对高速公路和偏僻小路非常熟悉。他对在何处停车、在何处抛尸胸有成竹。而且我们要记得，第一具尸体是被偶然发现的，所以说这个人在抛尸方面做得非常谨慎。因此，这个人非常自信，而且很有头脑。我们寻找的是一个有筹划的凶手。也就是说，他在犯案前经过了全面周详的计划。他精心选择下手的目标；他找到合适的地点，让她们丧失行动能力；然后，在杀害她们之后，他找到合适的方式来抛尸，确保它们如非意外的话不会被别人发现。还有一点，他很了解这片区域，这意味着他要么住在这儿或者曾经住在这儿，要么在这儿附近工作。但刘我来说最重要的一点是，没有人会被施了魔法般一夜之间成为双重谋杀犯——他的这种行为方式从过去就开始了。他过去很有可能招过妓；他肯定对妓女实施过伤害行为，我甚至认为，他过去谋杀过妓女。

保　罗：被发现的这两具尸体有许多共同点——最明显的是，都没有穿衣服。警方还表示尸体上没有任何痕迹，无法确定死因。你觉得这奇怪吗？

戴　维：别忘了，我们也许并不知道所有的细节。我们不知道犯罪现场有没有法医证据。把尸体扔进水里，说明他抛尸前经过了详细的计划。如果我是警察，我会试着找出哪些嫖客喜欢在附近召妓，并且尽可能多地搜集摄像头拍下的证据。

我知道大家一直都在用"妓女"这个词，但这种称呼可能会阻碍公众站出来提供证据，它似乎在暗示这些女性是活该——是她们自找的，她们不应该做出这样的事。所以，警察应该尽可能向公众，向其他在红灯区工作的女性搜集信息。

保　罗：这种案子常见吗？

戴　维：过去十年里，英格兰和威尔士一共发生了60起妓女被害案，但只有16起案子抓到了凶手，这能帮助大家了解这一类型的犯罪是个怎样的规模。

在第一次报道中，我的讲话已经涉及了一些会在以后反复提及的主题：凶手显然对镇上及周边区域的道路系统了如指掌，也就是说他极有可能在伊普斯威奇镇生活或工作；他很可能是个嫖客，并且过去有召妓的经验。第二点使我意识到，镇上从事性工作的女性中，很有可能有人认识他，而且在犯下伊普斯威奇的案子之前，他很有可能伤害甚至杀害过性工作者。

在后续的报道中，我还探究了一个问题，那就是为什么他现在开始杀人：是他的工作或者个人生活里发生了什么事，使他受了刺激吗？也许他刚刚被从监狱里放出来？我认为这个人有过前科。我还提出了一个很有争议性的观点，那就是在距伊普斯威奇大约40英里的诺维奇，有一些性工作者被谋杀的案子还没有破，而我坚定地认为，这些悬案中有几例与我们现在手头的案子十分相似。我甚至还具体提到了诺维奇的几起案子——米歇尔·贝特尔斯和娜塔莉·皮尔曼的被害案。

我做出这些观察，不仅是因为我熟练掌握了FBI用来区分有筹划与无筹划犯罪的标准，还基于我与暴力罪犯打交道多年的工作经验。

以下是一些对我的思考产生影响的事实。

凶手把头两名受害人的尸体扔在水里，在我看来，这是有筹划的行为，因为扔在水里可以销毁供司法鉴定的证据。尤其是，杰玛的尸体之所以被发现，是因为雨下得太大，导致贝尔斯特德河决堤，水上治安官不得不去疏通河道，清除废弃物。也就是说，她的尸体被发现纯属意外。

杰玛是凶手的第一名还是第二名受害者呢？我总是想在第一起谋杀中找到更多信息，而我的推测是，第一名受害者是塔尼亚·尼科尔。我们不要忘记，如果想要理解连环杀人犯，那就不能忽视第一起谋杀所起的至关重要的作用。这也是我怀疑凶手曾经杀过人的原因之一。他对塔尼亚·尼科尔尸体的处理方式十分成熟，不像是初次犯案的人。我认为这起案子标志着凶手开始了一个新的杀人模式，而并非是他第一次杀人。

凶手通过对道路系统的了解，知道自己应该在哪里停车，在何处抛尸，这意味着他的住址或者工作地点就在这儿附近。他能开车，这也意味着他精神健全，而且他看起来像是个可能召妓的嫖客，所以性工作者才会上他的车，而不会担心自己的生命安全可能受到威胁。她们和凶手在一起时没有什么防备，这也解释了为什么没有挣扎的痕迹。

随着时间推移，一些看似无筹划的元素开始在他的作案手法中出现，程度之严重，甚至使我开始怀疑这是凶手对媒体分析的回应。

我和保罗都认为我们应该更小心地审查在报道时表达的观点、对事件发生过程的分析，更应该注意对嫌疑人性格特征和生活背景的可能的泄露。

令我非常欣慰的是，负责此案的高级侦探事后告诉我，我的这些观察几乎完全准确，而且和萨福克警方委托的犯罪心理画像师的想法几乎一致。

虽然警方对我的观点持赞赏态度，但广大群众仍然不太信服。

因为我的名字出现在了媒体上，而我在大学里使用的电子邮件地址和电话号码又都能在网上免费找到，于是大家给我提供了各种各样的假说，多到近乎将我淹没。比如：

你有没有考虑过，也许凶手是个女人？也许她的丈夫在召妓的时候染上了性病，然后又传给了她？

威尔逊教授，你说道路系统对凶手来说很重要，这一点我认为你说对了。别忘了，在A12和A14公路的尽头是两个港口——费利克斯托港和哈里奇港。这点很重要，因为凶手肯定是个外国人，我认为英格兰人干不出这种事来。

头两具尸体是在水里发现的，这点重要吗？凶手是不是想洗刷这些女性的罪恶？我觉得他信教，就像伊恩·亨特利在索姆成天在电视上露脸，后来才被发现是杀害霍利和杰西卡的凶手一样[1]。你不觉得（说了一个经常接受采访的牧师）也是整天不离麦克风吗？

也许凶手还和他的妈妈住在一起？他肯定被压抑得很厉害，因为他妈妈讨厌与性相关的东西，所以他就杀了这些女

---

1 2003年，在学校担任管理员的伊恩·亨特利因残杀两名十岁女童被判终身监禁。

孩，来赢得他妈妈的赞许。

你觉得有没有可能是克格勃干的？自从这些尸体被发现后，利特维年科就从我们报纸的头版上消失了。(亚历山大·利特维年科是一名住在伦敦的前克格勃军官，他于2006年11月26日死于毒杀。)

我毫不怀疑这些给我发邮件的人是真心实意地希望凶手早日被捉拿归案。在我看来，这些邮件内容涉及的一些主题，反而能让我们看出在公众心目中，谋杀犯和连环杀人犯都是什么人，他们又会在什么情况下开始杀人。

第一，他们心中潜藏着对性的偏见，尤其是对性工作者的偏见。性工作是一种罪恶，需要被洗刷掉。他们没有把这些女性看作性工作者，而是看作妓女，而且是把性病传给别人丈夫的妓女，但却没有人提到这些丈夫也是自愿成为她们的顾客的。第一封邮件里说凶手可能就是某位感染性病的丈夫的妻子。那我就想问了，为什么这位妻子不攻击她的丈夫呢？整体看来，这些邮件似乎在说只有男人才可以享受性。而女人，就如同那个不赞成性生活、压抑自己儿子的母亲那样，扮演着无性的角色，因为对性的享受只存在于男性文化里。

第二，认为凶手一定是"其他人"。他一定不是本地人。他一定是个外国人，因为，就像其中一封邮件里说的，"我认为英格兰人干不出这种事来"。所以说，凶手是从别处来到这里，在杀完人之后又销声匿迹。正如邮件里所说的那样，这种想法甚至被有些人发展成了阴谋论，他认为是俄罗斯特工犯下了这些案子，以防止弗拉基米尔·普京的名誉遭受玷污。连环杀人犯这个罪名，一定要栽赃到一个外来的

"其他人"头上，而不能安到当地社区的普通人头上。

最后，这些邮件表现出公众对谋杀犯和连环杀人犯的理解多基于媒体上的呈现，对真实的情况并不怎么了解。从概率上讲，凶手是女性的可能性很小，而且这些案子也并没有太多彼得·萨特克利夫案的影子。彼得是一名英国人，他有个更出名的外号叫"约克郡开膛手"，他在20世纪70与80年代杀害了不少性工作者。

我的分析并未至此结束，而是更进了一步。

这些假说产生的根本原因是，公众乐于探究"究竟是谁干的"，而且他们希望故事的结局能有反转，好让整件事更加激动人心，比如，这个连环杀人犯最后被发现是一名牧师，而不是一个警方熟知的、有犯罪前科的人。在给我发邮件的这些人的想象中，连环杀人犯都是一夜之间突然出现，各方面都准备充分，没有任何暴力或犯罪前科，他们会突然地、毫无预示地开始杀人。

无论如何，我希望给我发邮件的这些人没有大失所望。2008年，怀特被认定对全部五起谋杀负责，第二天，他被判终身监禁。换句话说，他永远不会从监狱里被放出去。

你们可以自行判断我提供的心理画像是否符合史蒂夫·怀特——本地人，就住在红灯区中心地带。他是个叉车司机，经常通过偏僻的道路上下班。镇上的性工作者都知道他，他是其中几位的常客，尤其是当他的伴侣上夜班时。

他曾在诺维奇生活、工作过，还曾是镇上渡船旅店的房东，旅店就在诺维奇红灯区中心，娜塔莉·皮尔曼也是从这家旅店失踪的。

后来，有不少伊普斯威奇和诺维奇的性工作者对我说，她们很不喜欢接待怀特，因为他总是很奇怪，而且很难对付。有不少人说他开车来接她们时会穿着PVC半裙，戴着女式黑色假发。

然而，怀特的被捕并非得益于我的心理画像，甚至跟心理画像一点关系也没有，而是因为他的 DNA 在国家 DNA 数据库里。2001 年，怀特从自己的雇主那里偷了 84 英镑，因而被逮捕并被判处有罪。警察从部分受害者身上找到了凶手的 DNA，然后很快就逮捕了嫌疑人。

警方在每一场新闻发布会上都表示，他们请了"各种专家"来帮助捉拿怀特。有几位专家来自法医学服务中心，该中心是由内政部管辖的一个行政机构，警方在调查行动刚刚开始时，就请了他们来帮忙。服务中心提供的帮助并不限于 DNA 相关的问题，还包括枪支、衣服纤维、咬痕、脚印和血液飞溅模式等。

综上所述，科学成为调查谋杀案的主要手法，淘汰了依靠直觉的犯罪心理画像。

这是否意味着在对犯罪现场的调查中，完全不应该使用直觉（由于我学习过历史，我喜欢称之为"想象力的跳跃"）？我希望不是。

很显然，不论用什么方法作出的心理画像，都不可能在任何案子中准确地锁定一名嫌疑人。但心理画像能为调查指明方向和重点，还能划出嫌犯所属的社会族群范围，当然这个范围不能太广泛，不然就没有任何意义了。

我仍然认为，仔细分析罪犯在实施犯罪时的行为方式，能帮助我们推测罪犯可能有的性格特征。有筹划和无筹划并不像油和水一样能被分得那么清，我和业内的专家都认为，二者的关系是连续的、渐变的。尽管如此，这两个概念仍可以帮助我们理解案件发生的经过以及犯案者可能是个怎样的人。但是，对罪犯的心理画像永远无法确定"某人"就是凶手，认为它可以确定的这种顽固想法之所以存在，一是由于媒体的影响，二是因为心理画像和心理画像师的能力被戏剧性的故事夸大了，而这反过来又塑造并影响着公众对谋杀案调查手法的理解。

社会对犯罪研究的各种迷恋

我从很多个方面领教过媒体的影响作用,其中就包括我在伯明翰城市大学的工作经历。

尽管学费越来越贵,仍有越来越多的年轻人想要读大学,他们对犯罪学越来越感兴趣,多半还喜欢心理学。这些学生经常向我描述他们对暴力犯罪、谋杀犯和连环杀人犯是如何着迷,很多人表示毕业后想做和暴力罪犯打交道的工作,其中有些还执意想当犯罪心理画像师。

我执教的大学每年都会收到2000份申请书,大多数申请者都是女性,但本科我们只招收100个人。

我现在探究为什么会出现这种情况,看起来是件很讽刺的事。毕竟,我自己也仍对有些人犯罪的动机十分感兴趣,而且对我和我的同事而言,这些急于报考犯罪学的年轻人间接为我们创造了更好的工作环境。从这个角度来看,我很高兴每年报考的人数都在增长。

然而,我仍然想弄明白为什么这么多人,尤其是女性,对暴力罪犯和连坏杀人犯如此着迷,以至于想研究他们,做和他们相关的工作。连环杀人犯犯下的可怕罪行中,到底是哪点吸引了她们,引发了她们的想象呢?我们都知道他们十恶不赦,但有些人就是不愿意——这里用个隐喻——把眼睛从他们所做的事情上挪开。

首先我们要记住,大多数人在书里读到连环杀人犯的故事,在电视上看到相关的节目,选择研究连环杀人犯时,这些读者、观众、学生与连环杀人犯之间有一条安全边界。也就是说,他们是受到保护,没有暴露在危险中的。他们对连环杀人犯的兴趣如同看恐怖片一样——虽然很可怕,但你知道这不是真的,所以你可以享受银幕上发生的一切。

这里提到了两种截然不同的情绪——恐惧和享受。人同时从两种截然不同的情绪中得到愉悦感的能力被称作"共激活"——我们都见过这种现象，比如马路一侧发生了交通事故，对面的车辆都会减速行驶，想看清事故的状况。我遇到这种情况也会减速，但我在工作中与杀人犯或被害者家属打交道时，我不会感到享受，也不会感到恐惧。大多数时候，我只感到抑郁和悲伤。

公众对连环杀人犯如此着迷的另一个原因可能是，我们认为一个反复杀人的人就像一个难以理解的谜，而作为人，解谜是我们潜藏的一种本性。虽说我们大多数人都在气急败坏的时候说过"我要杀了你"这种话，但谢天谢地，我们并没有这样做。所以反复杀人的人，可以说与其他人之间存在一种明显的边界。既然边界明显，也许意味着连环杀人犯们是被社会唾弃的，然而这也许会让一部分人觉得，连环杀人是一种很有"抱负"的行为？

然而，不论持哪种观点，我们都感到有一种理解谋杀行为的需要，因为这会让我们觉得我们可以掌控——至少可以预测这种行为什么时候会再次发生。从这个角度看，研究暴力犯罪、谋杀、连环杀人犯，甚至从广义上来说，研究连环谋杀现象，都是完全理智的行为。事实上，这正是我一开始对尼尔森感兴趣的原因。

对连环杀人犯感兴趣也许是一件理智的事，然而，和虚构的世界不同，在现实中，连环杀人是十分少见的，也就是说，处理连环谋杀案的机会也是很少见的。这话我一般都是在私下里说，以连环谋杀案出现的频率而言，犯罪心理画像师们确实没有太多工作机会。

虽然现实中罕见，但也不耽误电视剧、电影、纸媒和广播媒体上大量出现连环谋杀案和连环杀人犯。他们看起来无处不在。出现在虚构的故事里或屏幕上的连环杀人犯，比现实生活中的多得多。比如尤·奈斯博[1]，他笔下的侦探哈利·霍勒追踪了 6 名连环杀人犯，尽管挪威——小说里的故事发生在挪威——总共只出现过一名连环杀人犯，阿恩费·内森特。内森特是一名护士，后来做了养老院的主管，1983 年，他因杀害 22 名养老院的病人而被判有罪，但他的受害者可能还不止 22 人。他被处以挪威的最高刑罚——监禁 21 年，服完刑后被释放。

通过做公开讲座，我有机会接触不同类型、来自不同地区的人。他们让我对公众对连环谋杀的集体迷恋这个问题，有了一些新的、未经验证的解答。

其中一次讲座给我的印象尤其深刻。

每到伯明翰城市大学校园开放日时，我都答应做一次公开讲座，主题一般是连环谋杀案。通过这种机会，我试着去纠正关于连环谋杀案的各种神奇传言，让观众们对谋杀案的发生进行更深入的思考，让大家意识到媒体对谋杀和连环谋杀的刻画对我们造成了多大的影响。

关于连环谋杀案，我会谈到自己是如何教学生们从不同角度来看待这种现象，而不是如何成为杀人犯"肚里的蛔虫"，如果想要更好地明白他们的动机，我们不如关注他们选择的受害者群体。一旦我们认识到大多数连环杀人犯针对的都是男同性恋、性工作者和老年人，我们就能够以此为依据来改革社会政策，减少日后连环杀人案的发生。

如果我们从受害者这个角度来研究连环谋杀现象，那么在研究的过程中，我们可以更好地理解我们的文化、价值观和社会。为什么这些群体如此容易受到攻击，为什么其他社会群体，比如银行家、牙医或会计，几乎从未成为连环杀人犯的目标？为什么一再成为受害者

---

1 尤·奈斯博：Jo Nesbø，挪威畅销小说作家。

的，总是那些贫穷、处在社会边缘的群体，而不是那些被视为成功人士的群体？当然了，我不是说连环杀人犯应该攻击银行家、牙医或会计，我只是想让大家意识到，哪个社会群体常遭到连环杀人犯的毒手，这点非常重要。从这个角度来看，连环杀人案反映了一个显而易见却经常被回避的问题，那就是我们的公共政策创造了一种将"他们"与"我们"区分开来的文化，造就了一个"有产"与"无产"差距越来越大的社会。在这种社会里，有一部分人被认为是对社会发展毫无价值的，因此他们被当成社会不稳定因素或不具有代表性的群体而被弃之不顾，或者被认为是在浪费政府资源。

我解释说，正是这种社会环境和这些群体的社会特征，导致连环杀人犯常以他们为下手的目标。

一名来参观校园的学生非常认真地听着我的论述，在我说可以开始提问之后，她迅速地举起了手。

"请讲。"我说道。

"你说的都很好，威尔逊教授，"她答道，"但如果我来这里读书，第一年能见到多少尸体呢？"

有些时候，我的话就是说了也白说。有太多比我大得多的力量在影响着我们的世界，尤其是媒体。

在校园开放日上，我被问到的诸多问题中，这甚至都不是最奇怪的一个。最奇怪的一个问题，是一名男生问我为什么宿舍里没有加热毛巾架。

我对水管装置确实一无所知，但对精神病态，我还是略知一二的——后者是当代媒体看待暴力犯罪的另一个兴趣点。

6 我们与精神病态者的距离

"诺埃尔,这里有两个标签能用来形容你,它们都无法形容我。一个是,你是《星期日泰晤士报》(Sunday Times)的畅销书作家;另一个是,你是一名确诊的精神病态者。在你的生活中,哪个标签对你更有帮助呢?"

—— 戴维·威尔逊,《身为犯罪学家》,英国广播公司 4 号电台
(David Wilson, *In The Criminologist's Chair*, BBC Radio 4)

什么是精神病态

快到晚上九点了。以往这个时候我都在家，一边喝着红酒一边看书，但那天晚上，我却在国王十字街上的一间剧院里。在一名舞台监督的带领下，我从精美的化妆间往舞台上走去。我们正要为一档新的电视节目《罗素·霍华德的好消息》（Russell Howard's Good News）进行预演，这次预演不会在电视上播出。我准备用一个基本的实验来向观众们解释什么是精神病态。观众们看起来和我一样，对这个实验毫无把握，但还是有人出于礼貌，鼓了鼓掌。

掌声渐息，演出开始，轮到我开口了。

谢天谢地，此时我多年做讲座的经验派上了用场。

"好的，"我说道，"现在请所有人都站起来。"

200名观众塞塞窣窣地站了起来，剧场里人头攒动。

我继续说道："接下来，请大家设想一种情况。你家的银行账户一共只剩下400英镑，这钱得用来交房租。然而，上周你在酒吧里认识了一个人，他跟你打电话，说他们搞到了一个超值假日套餐，在伊维萨岛待一个周末，所有花销加在一起，只要400英镑。如果你选择不交房租，花钱去度假，请继续站着。"

观众席里一半的人坐了下来,剩下大约100人继续站着。

"好的,"我说道,"还站着的观众们,我不得不告诉你们……"

一位女观众喊道:"……我们是精神病态者!"

大家都大笑起来。

"不是,"我继续说道,"我没准备这么说!我是想给你们更多信息,把这个假设的情形继续下去。如果你选择不交房租,那么你就连续四个月没交房租了,房东说如果你再不交,就要把你赶出去。如果你还是选择去伊维萨岛,请继续站着。"

又有大约一半的人坐了下来。

"现在我再添加一个条件。被赶出去的不仅是你,还有你的伴侣和你们刚出生的孩子。如果你去伊维萨岛,他们将跟你一起无家可归。如果你还是选择去伊维萨岛度假,请继续站着。"

这次几乎所有人都坐了下来,除了一名男士。他看起来20多岁,而且有点醉了。

罗素喊道:"他才是精神病态者!"

所有人都大笑起来,包括那名男士。

其实这么说也不对。我接下去解释道,精神病态者的特征之一就是爱冒险,寻求感官刺激,冲动,不负责任。就算这种行为方式给自己造成了麻烦,他们也不会改变。精神病态者不会从自己的错误中吸取教训。这种行为方式成为他们性格根深蒂固的一部分,伴随他们一生;这是他们的天性。从童年时期开始,他们就会把自己的享受看得比其他应尽的责任更加重要,除非父母用一种特定的方式去培养教育他。

接着,我承认说这个小实验并没有涉及精神病态的另外两个方面,罗素问我,那这是不是个"垃圾实验"呢?

这次我也笑了。

这场演出的结果其实非常理想。我一开始本不愿意上这个节目，但后来我意识到，我可以通过这个机会来纠正关于精神病态的那些盛行的谣言，让大家明白精神病态者是什么样子的。"精神病态"是犯罪学标签中被过度使用得最厉害、最不被人真正理解的一个。

无数人跟我说过，他们确信自己的前男友或前女友是个精神病态者，我还收到过数不胜数的家长邮件，跟我说他们担心自己青春期的儿子或女儿正在慢慢变成精神病态者。

但我是怎样从管理监狱转变到在流行娱乐节目上探讨精神病态的呢？时至今日，我仍觉得这个转变十分神奇，但对此我感激不尽。事实是，这个转变发生的原因，和我选择在监狱里工作的原因是一样的——我对罪犯的思维和行为方式着迷，我想要理解他们的动机的欲望，尤其是我对精神病态的兴趣使我产生了这一转变，而这种兴趣是我在格兰登监狱里任职时形成的。

他们，迷人又可怕

精神病态是一种人格障碍。目前的研究表明，这种人格障碍有一系列行为、人际交往和感情方面的特征。这至少说明，人不会变成精神病态者——精神病态者从生下来就是如此，而且大多数时候会一直如此。人们一般最先注意到的是精神病态者一系列的行为特征。尤其是他们喜欢做有风险的事这一点，最为吸引人。精神病态者会说一些其他人绝不会说的话，做一些我们绝不会效仿的事，所以一开始，和他们相处是很有趣的。他们活在当下，及时行乐，但归根到底，他们会把自己的需求放在第一位。精神病态者不会与人长期交往，这就是为什么在我的"垃圾实验"里，我给出的假设情境之一是一个在酒吧里刚认识的人给你打电话。

精神变态者的第二个特征是在人际交往上十分傲慢，他们说的话往往听起来充满自信，其实未经仔细思考，而且夸大其词。一开始，他们会用自己的语言来吸引、诱惑你——他们需要接近你，然后才好利用你来达成他们自己的目的。但记住，精神病态者一般都如寄生虫一般，也就是说家里银行账户里的400英镑多半不是自己的，而是他们伴侣的。他们夸夸其谈，让自己看起来非同寻常，目的是为了让你和其他人钦佩不已，而刚开始时，这种策略是成功的。他们哪里都去过，什么事都做过，认识的都是重要人物。

最后一个特征是他们有限的、从根本上支离破碎的情感经历及对其的反应。他们无法站在别人的角度思考，他们没有同理心（但他们有时候可以装作自己有，看起来也像那么回事），他们也不会为自己的行为负责。如果事情出了差错，错的永远都是别人，他们可能会模仿出悲伤或者担心别人的样子，但那仅仅只是模仿而已。

他们的模仿手法之一，就是听你是如何描述自己的感觉和想法的，然后窃取你使用的语言。事实上，他们对任何人都没有真正的感情，除了他们自己。

精神病态者会选择去伊维萨岛度假。他会利用当下的机会去享受，然后，在那个享受的当下又会出现新的享受机会，新的机会会不断出现。我经常把跟精神病态者打交道比喻成灭火，火势虽然不大，但是灭完一个又来一个。当你觉得这场火已经被控制住时，另一边又烧了起来。在心理治疗中，与精神病态者合作是最难的，但这并不意味着我们帮不了他们，也不意味着我们不应该帮他们——虽然过程会非常令人恼火。

观众席里最后站着的那个人是一名男性，这点也毫不令人意外。

虽说女性也可以是精神病态者，但我们目前使用的诊断方式表明，男性患有这种人格障碍的比例比女性大得多。世界上大约有1%的人是精神病态者，而每150名男性中就有一个精神病态者。虽说精神病态者不一定会犯罪，但据估计，监狱里25%的男性都有精神病态。关于女性精神病态的研究要少很多，因此很难进行直接对比，但目前最可靠的研究显示，精神病态者的男女比例约为10∶1。不论男女，精神病态者都更容易和警察发生冲突。

精神病态作为一种人格障碍，在人很小的时候就会显现。在儿童时期，精神病态者在家，在学校，在每一个社交场合都会惹麻烦。

假设有这样一个孩子——我们叫他史蒂夫吧，其他父母都会警告自己的孩子不要和史蒂夫一起玩，因为史蒂夫喜欢打架，或者喜欢玩火，或者喜欢伤害小动物，或者三者都喜欢。史蒂夫会把金鱼从鱼缸里捞出来，就为了看它离开水能存活多久。也许有仓鼠、兔子或者猫离奇失踪，然后尸体在后花园里被发现。虽然没有任何证据，但大家都怀疑是史蒂夫干的。史蒂夫也许还会尿床，虽然这时他已经开始抽烟了。

史蒂夫的父母和其他人一样，对他的行为十分恼怒，但却无计可施。他们什么方法都试过了，有那么一两次，当史蒂夫做了非常恶劣的事情之后，他们甚至体罚过他。让事情更加棘手的是，史蒂夫的兄弟姐妹并不像他那样，他们在学校里表现良好，有很多朋友。他的兄弟姐妹都很"正常"。

为什么史蒂夫是这个样子呢？是天生的原因还是后天的问题？

没有人能够给出一个确切的回答，但目前有两个未能被证明的假说，可以在某种程度上帮助解释精神病态现象。第一个假说是，精神病态者对惩罚的恐惧感非常低，这就解释了为什么史蒂夫父母的惩罚无法改变他的行为；第二个假说是，他大脑中帮助抑制暴力的部分没有发育完全，或者因为某种原因受到了伤害。这就是为什么直到现在，我都经常问成年人小时候头部有没有受过伤，因为精神病态往往和头部受到的伤害有一些联系。

如果史蒂夫在一个充满爱与关怀的家庭里长大，也许能在一定程度上防止他的不良行为演变成真正的问题。但如果史蒂夫小时候没有感受到什么爱或关怀，或者甚至受到过身体、情感上的虐待或性虐待，那么他本来潜藏的本性就会越来越明显，越来越容易被身边的人注意到。

如果他的父母反复改变对待他的方法，或者在某种程度上对他选择放弃，就会让他的行为更加难以掌控。

在这里我必须要提出，反社会人格障碍和精神病态有不少重合之处。有反社会人格的人非常以自我为中心，很冲动，经常做一些不顾自己和他人安危的事；他们爱说谎，爱欺骗人，似乎无法对他人产生真实的情感；他们没有良知——这些与精神病态者的特质十分相像。然而，虽然有很多相似之处，二者并不能完全等同。最明显的一点是，精神病态是比较少见的现象，而反社会人格则要常见得多。反社会人格是个很笼统的说法，在有反社会人格障碍的人中，只有大约1/5的人程度严重到算是精神病态。

我们一般认为，是德国的心理分析家J.L.A.科赫首次提出了"精神病态"一词，该词的字面意思就是"受折磨的灵魂"。但在此之前，菲利普·皮内尔[1]曾说他的一部分病人"manie sans delire"——疯狂但神志清楚。也就是说，他们在思维和感受方式上有障碍，但又无法被证明患有任何疾病。他们似乎都是十分聪明的人，但却总是做出极不负责、反社会的行为。

科赫坚持认为，我们在对人进行评估时，应该以一个人一生的经历为依据，而非仅凭那一两件引起了警方或其他机构注意的事情。换句话说，一个人一生的行为模式比一两次的具体行为更加重要。再回到我们假设的史蒂夫的例子，史蒂夫从小就表现出一系列问题，让他的父母和其他人十分担心。

当然，这个例子似乎正好切合先天和后天哪个具有决定性作用这一问题，但正如我一再对我的学生所解释的，哪个都不具有决定性作用，二者都对人有着千丝万缕的影响。我们都是生物——都是血肉之躯，受荷尔蒙和基因影响。话虽如此，但我们的行为也并不是像程序一般，被先天设置好。我们被养育的方式和成年之后所处的特定环境都对我们有影响。每个人的行为都是由先天和后天因素共同决定的，至于影响的具体程度则因人而异，而且在不同的时期，影响的方式也可能会不同。但在研究暴力罪犯时，一条普遍适用的原则是，我们要试着理解他们在被警方注意之前的生活，理解他们使用暴力的具体情况，因为这二者十分重要。

这些年来有过许多测试精神病态的诊断方法，但目前最常用的是罗伯特·海尔病态人格量表（修订版）（缩写为PCL-R）。基于海尔在监狱里对精神病态者的研究，表上一共有20项指标，根据其程度

---

[1] 菲利普·皮内尔：Philippe Pinel，法国医师，精神病学家，以人道主义态度对待精神病患者的先驱，被称为"现代精神医学之父"。

轻重来判断一个人是否有精神病态。这 20 项指标分别是：

- 轻率
- 夸大对自我价值的认识
- 需要刺激
- 病理性说谎
- 操纵人心
- 从无悔过之心
- 感情缺失
- 没有同理心
- 寄生虫式的生活方式
- 自控力差
- 滥交
- 小时候有过问题行为
- 没有长期且实际的目标
- 冲动
- 不负责任
- 从不为自己的行为负责
- 婚姻关系短暂
- 少年时期犯罪
- 违反假释条例
- 犯罪行为多种多样

这是目前最常见的评估精神病态程度的方式，被试者会接受一场半结构化的问讯，然后会有一份评估结果，来与被试者的个人信息进行交叉检查。这份 20 项指标的测评总分是 40 分（不同国家的分数有可能不一样），如果一个人获得了 30 分或 30 分以上，那么他就是精神病态。具体计分方法是，如果一项指标完全不符合，计 0 分；部分符合计 1 分；完全契合被试者的行为方式，则计 2 分。也就是说，测试的最低分是 0 分，最高分是 40 分。

我们大多数人的得分在 4 分左右。

还有一位心理学家叫肯特·基尔，他把精神病态者称为是"行走的矛盾修辞法"。他一直支持使用核磁共振来显示精神病态者的大脑和"普通人"的大脑的区别。具体来说，他的研究表明，精神病态的起因是大脑边缘系统的结构缺陷——大脑的这部分负责控制对情感的处理和对行为的抑制。如果大脑的这部分有缺陷，那么这个人会更有攻击性，更冲动，更不负责任，会难以表露同理心，对自己行为的控制能力差，而这些都是精神病态的表现。

基尔的研究表明，通过减少甚至修复大脑边缘系统的损伤，精神病态可以得到治疗。

这便引出了对精神病态的治疗问题。我们能做些什么来改变精神病态的行为呢？如果无法根除，那么至少能让这些行为变得不再那么难以令人接受。

与精神病态者对谈

现在，让我来给大家介绍诺埃尔·"剃刀"·史密斯。诺埃尔是我的朋友。他曾公开讨论自己被诊断为精神病态者的事，在满分 40 分的 PCL-R 测试中，他得了 37 分。

我第一次见到诺埃尔是20世纪90年代的事了，那时他在怀特沼监狱服刑。我们没有说过话，因为我是监狱的一名主管，而他是犯人中的"头面人物"——宁死也不愿被人看到自己跟监狱管事的人交谈。我们那时身处"栅栏"的两端。2001年，我们俩才再次见面，他被转移到了格兰登监狱，而我作为"格兰登之友"慈善机构的主席，正带领着一群人参观监狱。参观结束后，这些人会和部分囚犯一起吃午饭，诺埃尔便坐在我的桌边。我们冲着对方尴尬地笑了笑，小心翼翼地聊起了各自在监狱里的经历，最后达成了一个共识——格兰登监狱是个能让诺埃尔搞清楚自己人生的好地方。在饭桌上，诺埃尔说，自1987年起，他只有14个月的时间不是在监狱里度过的。他于2010年被释放，那时他50岁，人生一大半时光都耗在了监狱里，他抢过200多次银行，还犯下过一些别的暴力罪行。我正是支持诺埃尔获得假释的人之一。诺埃尔很清楚，是格兰登监狱让他的生活走上了正轨，从2001年第二次见面之后，尽管在监狱里的生活经历截然不同，但我们两个人还是成了朋友。我和妻子甚至出席了他的婚礼。婚礼的主题是"头骨"，尽管我和妻子是到场嘉宾中穿着最保守的，但我们还是认为那是我们出席过的社交场合中最令人难忘的一个。

我和诺埃尔在不少公开活动中一起谈论过犯罪与惩罚——在大学、高中，还在一些学术会议上。我们成了一对表演搭档。我在英国广播公司4号电台的节目《身为犯罪学家》中担任主持人时采访过他，那时我认识他已经超过15年了。诺埃尔亲身体验过格兰登监狱，并且有能力对自己的犯罪历史进行反思，因此他的见解是十分宝贵的。接下来，我将使用自己的笔记来帮助充实那段仅有30分钟的广播。我想用这些笔记和广播的内容来继续探讨本章涉及的问题——暴力和精神病态，以及整本书反复提及的一些主题，比如童年、人际关系、教育、让监狱重改造轻惩罚，等等。

从第一个问题就能看出我坚信的一个原则，那就是想要真正了解一个人，我们必须从他的童年谈起，而有什么比一个人的起名更重要的呢？我也很好奇诺埃尔希望大家怎样称呼他。

戴　　维：你出生于1960年的圣诞夜，所以给你起名叫诺埃尔[1]，但你这个"剃刀"的绰号是怎么来的呢？

诺埃尔：我在十几岁的时候，加入了一个小混混的帮派。在帮派里，我们都有绰号，一般是根据我们选择的武器起的。因为我用的是一把割喉的剃刀，"剃刀"这个名字就一直留了下来。

戴　　维：你现在更喜欢别人叫你哪个名字？

诺埃尔：看情况。现在"剃刀"几乎成了我的笔名了。

戴　　维：好，那我叫你诺埃尔吧。跟我讲讲，作为一名罪犯，暴力在你的生活中有多重要？

诺埃尔：挺重要的。我的犯罪生涯始于暴力，我就一直这么干了下去。我变成了一个暴力的人。

戴　　维：在你实施犯罪的时候，暴力对你而言有怎样的吸引力呢？

诺埃尔：我们主要是在其他罪犯身上使用暴力。我们把这当成一种游戏。帮派斗争中，暴力是在犯罪世界里提高身份的工具。如果大家觉得你胆子很大，别人犹豫再三不敢做的事，你敢做，那你在犯罪世界里的

---

[1] 诺埃尔的英文Noel又有"圣诞节"的意思。

声望就提高了，你就往上爬了一点。这都跟权力有关，要在自己活动的区域里立下威望。你可以做个不使用暴力的罪犯，但这样你永远爬不到顶端。

戴　维：那么在你使用暴力的时候，是什么让你具有优势呢？当你准备动用暴力的时候，会怎么打扮、表现自己？

诺埃尔：最后这一点说得很对——表现。很多时候暴力只是一种外在的表现，就跟表演一样。你必须看起来像那么回事。你必须让人相信，你宁可不要他们的钱，也要要他们的命。你必须得是个好演员，一开始就让人觉得你是个威胁。有时候我会多穿很多衣服，好让自己看起来更壮一些。戴上一个滑雪的面罩——不是为了让自己不被认出来，而是让人看一眼就觉得害怕。你必须装出这种样子，这样别人才不会挑战你，就像动物故意装出凶狠的模样来吓走人类一样。

对我来说，诺埃尔说的最有意思的一句话是，他得敢做"别人犹豫再三不敢做"的暴力行为，以此来提升自己在犯罪世界里的身份和地位。

从这里我们可以看出他做事鲁莽轻率，因为这样使用暴力可能会对他自己和他身边的人造成严重的后果。还有，诺埃尔承认这一切都是为了爬到顶端。他把自己的需求放在了首位。他把这一切形容成"像动物故意装出凶狠的模样"，可以看出当他这样打扮、表现自己时，他的的确确成了一个捕食者。他曾经是（或者至少想成为）"领头狼"——那个站在食物链最顶端的动物。

此时，我决定把他说的某些话先搁置一边，比如他说他都是对其他罪犯使用暴力，仿佛这样做就没有错一样；再比如他把这一切说成是一种"游戏"。我准备和他谈谈他犯下的那些银行抢劫案，因为那些案子明显不是在针对其他罪犯，而是在针对普通群众。

戴 维：作为罪犯，你最为人知的案子还是银行抢劫。我们来谈谈当你开着车去银行时的事情。你在车里——银行还没有被抢时，讲讲那时发生的事情。大家当时都有怎样的表现和反应？心情激动吗？

诺埃尔：对，非常激动。在去银行的路上，车里气氛很紧张，因为大家都希望事情能不出差错，我在进去之前总会仔细检查我的枪，保证它不会走火。当时大家都非常激动，非常紧张，但同时脑海里又在想，如果这时候放弃的话还来得及。我们还没进银行，也就还没跨过卢比肯河[1]。一旦走进去，就没有退路了。

戴 维：抢完之后你是什么感受呢？

诺埃尔：事后我总是觉得很压抑，因为抢银行的行为——当你在实施抢劫的时候……有一种极度的快感，肾上腺素涌向全身。抢完之后，你回到车上，你安全了，这让我觉得好像泄了气一样。

戴 维：你一共抢了多少钱？

诺埃尔：有一次我算了算，大概80万到100万英镑之间吧。

---

1 跨过卢比肯河，cross the Rubicon，英语谚语，意为破釜沉舟，孤注一掷。

但这是35年的总和。如果我把这些时间和精力用在别的地方，找个工作，估计也能挣这么多，还不会在监狱里被关那么久。这个数字听起来很大，但其实都是一点一点得来的，而且因为钱是抢来的，不是我辛辛苦苦挣的，所以花起来也很快。我所有的钱都花光了。职业罪犯都是这样的，钱来得有多容易，花起来就有多容易。所以钱很快就花完了。

很显然，诺埃尔在实施犯罪时感受到了强烈的刺激和兴奋，有些犯罪学家称之为"违反规则的快感"。虽然有紧张感，但诺埃尔并没有感到害怕，因此他没有选择放弃，每次都选择了"跨过卢比肯河"。最终，诺埃尔承认自己犯下了200多起银行抢劫案。他说自己在劫匪团伙中的职责是"吓唬人"——要让所有人吓得听从劫匪们的指挥。虽然抢劫给他带来了极度的兴奋感，但结束后他却觉得仿佛"泄了气"一般，这二者形成了鲜明的反差。

诺埃尔还在采访中说持械抢劫是"这辈子做过最有快感的事"，而且"比可卡因还让人上瘾"，但我们把这段话剪掉了，没有播出。

诺埃尔还十分坦诚地表示，自己如果找个合法的工作，估计也能挣到这么多钱，还不用在监狱里待这么久。但他并没有从自己的错误中吸取教训，而是继续抢劫。他还承认自己挥霍无度。

戴　维：你抢来的钱都花在哪里了？

诺埃尔：都花得挺蠢的。我买了车——很多很多车。

戴　维：这怎么就蠢了呢？

诺埃尔：我没有驾照！

值得注意的是，在诺埃尔回忆、叙述这些事时，他的年纪已经老了很多，而且已经在格兰登监狱接受了五年的心理治疗。囚犯待在格兰登监狱的平均时间是两年，所以可想而知，诺埃尔的情况有多严重。现在，他对自己过去行为的态度变得有些自相矛盾了——从他提到检查自己的枪这点就能看出来。他说他总是会确保枪不会走火。在我看来，这似乎暗示着他根本就不希望枪派上用场，但这也不一定就意味着他当时确实是这么想的。重要的是，这是他现在想让我知道的版本。也许这意味着他开始有了一定的同理心和良知？

我们接着讨论起了诺埃尔的家庭背景。

戴　　维：能跟我讲讲你出生的家庭环境如何吗？

诺埃尔：我的父母是爱尔兰移民，父亲爱在街上跟人打架，在酒吧里跟人斗殴。他是个非常暴力的人，而且酗酒——严重酗酒。我是长子。我有个比我小两岁的弟弟，一个比我小三岁的妹妹。

戴　　维：他们做过犯法的事吗？进过监狱吗？

诺埃尔：没有。他们都是守法公民。我弟弟在住宅互助协会工作，我妹妹是名家庭主妇。

戴　　维：所以说，你的童年有什么地方和他们的不太一样？是什么事促使了你走上犯罪这条路？

诺埃尔：每天早上酒吧一开门，我爸就会把鞋擦得锃亮，然后扬长而去。我妈必须打两三份工来负担食物和房租。我爸总是不在家。我们住在伦敦巴尔汉姆区，他每晚会坐137路公交回家。我爸醉醺醺地回来之后，有时候会找麻烦，这取决于他当天心情怎么样。他有时候会变得很暴力，有时候会把晚饭扔到墙上。所以我妈总是让我先别睡觉，等他回来之后跟他说说话，这样他喝醉回来之后，就不会没事可干，就不会只想着让他生气的事，然后越想越气。我的职责就是让他有事可干。我会让他讲他小时候的事情，这样他也许会吃晚饭，然后上床睡觉，而不是打我妈或者在家里乱砸乱摔。

戴　维：这一般能奏效吗？

诺埃尔：有时候可以。其他时候他会特别特别难搞，他会让我去睡觉。我能听见他大喊大叫，摔东西什么的，但我也没有办法。

戴　维：你当时是怎样的心情呢？

诺埃尔：说真的，我觉得很无助。我只是个十二三岁的孩子，又瘦又小，跟一小条培根似的。我本来就觉得很无助。我当时经常被其他孩子欺负……如果能让我爸跟我说话，我就觉得很开心；但如果不行的话，我就觉得很迷茫，不知道该怎么办。

他的话非常令人震撼，而且透露了许多信息。这样的童年经历，属于一个犯下了200多起抢劫案的人，而且他还是团伙中负责"吓唬人"的人。一个这样的罪犯，小时候却如同"一小条培根"，有时候甚至无法阻止喝醉的父亲殴打母亲，这个对比是多么鲜明。成年的他在抢银行时能控制住所有人，这让他自觉强大，感到兴奋，这和他小时候感到的无助又产生了多么鲜明的对比。

诺埃尔经常逃学，离开学校时可以说还是个文盲，但这不影响生活。有一次和朋友一起逃学时，他和一帮人搭上了话，这帮人其实是一个盗窃团伙，他们殴打了诺埃尔和他的朋友，逼他们承认了60多起入室抢劫的罪名。这一切后来都在法庭上被抖了出来，所有的罪名也都被取消了。但从此之后，诺埃尔就引起了警方的注意，成了一名"可疑人士"。

戴　维：你对自己成为"可疑人士"这点有什么看法？
诺埃尔：我想，既然警察想把我没干的事栽赃到我头上，那我不如干脆去干点坏事。我当时还不成熟，我认为保护自己最好的方法就是主动攻击。所以我和警方斗了起来，这不仅仅是指犯法，比如偷摩托车什么的，我的的确确攻击过警察。我会骑着车和警车并行，踢警车一脚，然后骑着车扬长而去。

诺埃尔"以攻为守"的策略导致他被关进了拘留所，然后进了少年犯教养院，最终进了监狱。诺埃尔在这些惩戒机构里待了大半生，一共32年。他花了很久的时间才意识到这种"自我保护"的方法对自己弊大于利。请注意，这是他拒绝为自己选择的人生道路负责的终极方式。照他所说，这一切都不是他的错，是因为警方，他才走上了犯罪道路。理所当然地，诺埃尔认为自己是被"逼"成了一名罪犯，而不是生来便是如此。

2001年，一起悲剧直接导致诺埃尔改变了自己的行为方式，那时他正在怀特沼监狱服刑。诺埃尔是这样解释事情经过的：

诺埃尔：我当时刚和一个（英国）东北的朋友喝完茶往回走。

我们一抬头，看见上面的过道里有个牧师在晃悠。大家都说如果你看到了一名牧师，或者神父，或者伊玛目，一般都会有坏消息。他们会到监狱的过道里来转达不好的消息。我还开玩笑说："有人要收到坏消息了。"然而当我走到门口时，发现收到坏消息的正是我自己。我最小的儿子当时只有19岁，他叫约瑟夫，差不多是在走我的老路。他被逮捕过几次，牧师来这里是要告诉我，我的儿子死了，死因可疑。显然，我悲痛欲绝。我的整个世界都被这个消息摧毁了。这让我不得不停下来思考。我到底在干什么？我请求去参加他的葬礼，他们拒绝了我，我不能去我儿子的葬礼，因为我这个人太危险了。我陷入了思考，我花了这么多年时间，让自己有了"监狱里的恶魔"的名声，而这一切只意味着一件事，那就是当我有求于他们时，给了他们拒绝我的理由。我甚至无法参加自己儿子的葬礼。这让我忍不住开始想，我这辈子到底在做些什么？是这件事使我停了下来。

戴　维：你当时是什么反应？

诺埃尔：我的第一反应是打击报复监狱系统，但我紧接着阻止了自己。我开始寻找可以改变自己人生的机会。那时我才发现我们的监狱里并没有什么帮助囚犯改过自新的措施。我唯一能找到的就是格兰登监狱。

这场悲剧是促使诺埃尔停止犯罪的催化剂。他对我说，他想要给他儿子的人生"赋予一些意义"。他前面说的这些话，和他当年攻击警方以求自保的逻辑，似乎是截然相反的。诺埃尔终于明白，他自己的行为方式非但没有给自己和家人带来富足生活的机会，反而造成了不便，甚至是伤害。

戴　维：你现在在做些什么呢？

诺埃尔：我现在是《内部时间》(*Inside Time*)的组稿编辑。《内部时间》是一家面向囚犯的全国性报纸。我还是一名作家。

戴　维：诺埃尔，这里有两个标签能用来形容你——一个是《星期日泰晤士报》(*Sunday Times*)的畅销书作家；另一个是一名确诊的精神病态者。在你的生活中，哪个标签对你的职业更有帮助呢？

诺埃尔：要说实实在在的帮助的话，作为一名精神病态者确实帮助了我——我说"帮助"，其实不是说真的给我带来了什么好处，反而是给我造成了危害，但它让我有了那样的心态，使我犯下了那么多罪。我没有良知；我没有考虑我的受害者们；我没有把他们当作人看待。所以，谈起实际的帮助，精神病态将我置于危险之境，也让我陷入了不少麻烦之中。某种程度上，我用写畅销书代替了犯罪。写书和犯罪一样，也能让我兴奋不已，但成为作家能保证我遵纪守法。而且我现在已经50多岁了，所以精神病态对我的影响要小很多。

戴　维：我们来想想典型的精神病态人格——他们自恋；对他人没有共情能力；热爱刺激，经常让自己涉险。在你之前说的话中，仿佛还是能看到这些特征。所以你有没有考虑过，也许你只是把这种精神病态转移到了别的方面？你从写书、做采访、做广播中也能得到关注度，能满足自己的自恋心理。你认为自己精神病态的某些症状消失了吗，还是只是转化成了一种对你有利的形式？

诺埃尔：我觉得你说得没错。我过去犯罪时获得的那种快感，我现在也能感到，只不过是从别的渠道。我觉得只是渠道不同的问题。我过去仿佛是坐在旋转木马上，不知道怎么从上面下来，精神病态帮助了我，因为它让我感觉不到悔恨。至于暴力，有些人谈起持刀捅人的事，但我对此完全没有内疚之情，所以说精神病态"促进"了我的犯罪"事业"的发展。我依然对人很没耐心，依然经常生气。区别是我现在有了一个隔断的开关。过去我从无所事事到生气，再从生气到动用暴力，这个过程很短、很快。格兰登监狱教会了我要给自己思考的时间，让自己先停下来。我从自己做的事情中获得快感，比如写书，比如做采访。我从这些事情中获得刺激，过去的那种性格已经被我抛弃，不再被需要了。我认为自己把精神病态转移到了全新的事物上。

戴　维：你认为自己完全被改造了吗？

诺埃尔：如果一个人被改造的程度有一个极限的话，那我到达了这个极限。我已经将近20年没有做过任何犯法的事了。但我有时候走过运钞车时，还是会有一点蠢蠢欲动的感觉，或者比如银行开门的时候，我会看自己的手表。我的确认为自己已经被完全改造了。我认为一个人必须想要被改造，想要悔改，才能真正改变。乔[1]的死刺激了我，从那以后，我是真心想改变自己的生活。

共情的疗愈力量

最后，我想知道诺埃尔有没有"学会共情"。换句话说，我想知道他是不是真的能对他人产生同情，或者他是否真的能控制自己的脾气。我不知道他是不是只是在模仿，在装出有共情能力的样子，还是说他真的能和他人建立情感上的联系。

诺埃尔：我不认为你能学会共情。如果你没有共情能力，那你就是没有。你知道自己没有。我知道这意味着什么，因此我需要调整自己的行为。我从未因莱西[2]没有回家而哭泣；泰坦尼克号沉没时，我也只是想，啊，船沉了，仅此而已。其他人有的这些情绪，

---

1 约瑟夫的昵称。
2 出自电影《灵犬莱西》。

> 我都没有。但我能感觉出个大概，然后适当调整自
> 己的行为。

诺埃尔对我解释说，心理治疗并不能治愈精神病态，但能教他如何调整自己的行为。他所描述的这种调整，也许和他自己年龄的增长也有关系。如今，他在写作和工作中找到了过去犯罪时获得的快感，这让他能正常生活，不再犯罪。这不仅是诺埃尔向前迈出的一大步，也是社会的巨大进步。诺埃尔·"剃刀"·史密斯的人格并没有改变，但他能够满足自己行为和人际关系上的需求，而不伤害其他人，不伤害他自己，或者具体地说，不再抢劫银行。

他人格中感情的这部分——他的情感维度我们还没有提及。他这一部分的人格可以说是残缺的，他感受到的感情和给出的情感反应都是十分有限的。正如他自己所说，莱西没有回家，他并没有因此而哭泣，他也不明白泰坦尼克号沉没有什么可难过的。我们把这种现象称为"情感肤浅"。在他的案例中，诺埃尔承认自己对他人造成了伤害，承认自己让不少人成了受害者，但他并不能真正理解什么是伤害，为什么这应该让他感到困扰，他并不能真正理解受害者们受到了怎样的伤害。打个比方，他就好像是读了剧本，记下了台词，但并不是真正理解这些话是什么意思。但他是否有可能学会共情，从而感受到其他人可能经历的痛苦呢？他是否有可能真心诚意地为自己造成的伤害负责？他能不能与其他人产生真实的感情联系？

> **诺埃尔**：我知道自己的人格中有一部分情感是缺失的，但一
> 旦有人向我解释过这些情感之后，我可以产生与之
> 相似的感受。

诺埃尔只愿意说这么多，正如他自己所说，"其他人都有的这些感情，我没有"。他只承认自己能够体会到一种"类似"真情实感的感受，但不认为自己真能有真情实感。这个自我人格评估看起来十分悲观，但却十分真实。在精神病态者的世界中，真心实意的共情是不存在的。

我预想不到的是，在某次公开演讲时发生了一件事，使我和他都对他给自己下的结论产生了怀疑。

过去几年里，我主持过一系列针对高中生的会议，每次我都以对诺埃尔的采访来结尾。诺埃尔会走上台，坐在台上唯一的一把椅子上，我会一边在观众席里走来走去，一边问他问题，然后把提问的机会交给学生们。

我问的问题一般都有固定模式，就跟上文描述的那些差不多：我会问起他的童年；校园经历；第一次犯罪的经过；监狱里的生活状况；为什么他选择了改变自己的人生，他是如何做到的；以及最后一个问题，他现在在做些什么。

那时，我和诺埃尔已经是老搭档了，但为了保持新鲜感，我总是试着问一些过去没有问过的问题。有一次，我问了一个问题，让他大吃一惊，我问他在监狱里有没有进行过同性间的性行为——他没有。有一次他让我大吃一惊，他说自己的童年英雄是电视剧《格林码头的狄克逊》（*Dixon of Dock Green*）里的警察。

虽说有这些小插曲，但我们还是遵循着一贯的提问模式，让学生们能跟真正的罪犯进行交流，而不是听一个教授讲解自己的研究成果，以此来促进学生对会议主题进行更深入的思考。作为一名罪犯，他在接受法律惩罚时，有怎样的感受？他觉得自己是"天生"的罪犯吗？还是童年的经历使他走上了这条道路？

有一周，我们在伯明翰和曼彻斯特做了会谈，然后来到了伦敦。观众席里有 1000 多名学生。诺埃尔走上了台，如往常一样，用自己的人生故事和坦诚的态度，牢牢地抓住了大家的注意力。有几名学生在做笔记。当他讲到自己抢劫银行的经历时，有一两名学生惊得倒吸了一口气。当他说自己老老实实找个工作说不定能挣更多钱时，大多数学生笑了起来。

目前看来，一切都很顺利。

接下来，我开始问起 2001 年在怀特沼监狱里发生的事，好让他谈起自己申请去格兰登监狱，并在那里接受心理治疗的事。这部分故事，诺埃尔和我一起讲过几百遍了。

"诺埃尔，当你在怀特沼监狱的时候，发生了一件事，这件事改变了你的人生轨迹。你能跟大家讲讲吗？"

"没问题。"诺埃尔答道，然后他陷入了沉默。

整个剧院都沉默了。大家都在等着他继续讲自己的故事，但我发现诺埃尔哭了。刚开始他只是默默地流泪，然后哭声越来越大，最后他完全失控地大哭起来。在场的每个人都爱莫能助。所有人都不知道该怎么办，虽然我心里想要给他一个拥抱，给他一些安慰。我知道他的故事，知道他即将要说到自己儿子的死。我傻乎乎地冲着麦克风嘟囔了一些话，让他"慢慢来"，但事实是这样的事从未发生过，我真的不知道该说些什么，做些什么。

连时间都仿佛静止了。

最终，诺埃尔从口袋里拿出了一张纸巾，擤了擤鼻涕，擦去了脸上的眼泪。

"我最小的儿子乔……"他继续讲起他的故事。

那天下午会谈结束时，学生们都站起来给他鼓掌，那是我听过最热烈的掌声,但他看起来精疲力竭,而且情绪还很不好。他签了几个名,和学生拍了几张班级合影,然后就走下了台。

我知道刚刚发生的一切有多么重大的意义。不论是跟诺埃尔,还是跟与我一起工作过的其他精神病态者,我都没有经历过这样的事。这件事如此意义重大,不仅是因为诺埃尔讲过几百遍这个故事却从未哭过,更重要的是,这一次,当他试图描述自己儿子的死亡时,他有了真实的感受。这一次,他明白了台词真正的含义。他所说的话和他的内心产生了真实而深层的联系,这不再是肤浅的情感。他仿佛是头一次完全理解了自己描述的这件事的意义,而这让他痛彻心扉。一道心理堤坝崩溃了。

我冲进后台,但还没来得及开口,诺埃尔就为自己的崩溃道了歉。我看着他,内心仍搜索着合适的话语,但我最后只说了一句:"诺埃尔,刚刚发生的事,就是共情。你没什么好道歉的。"

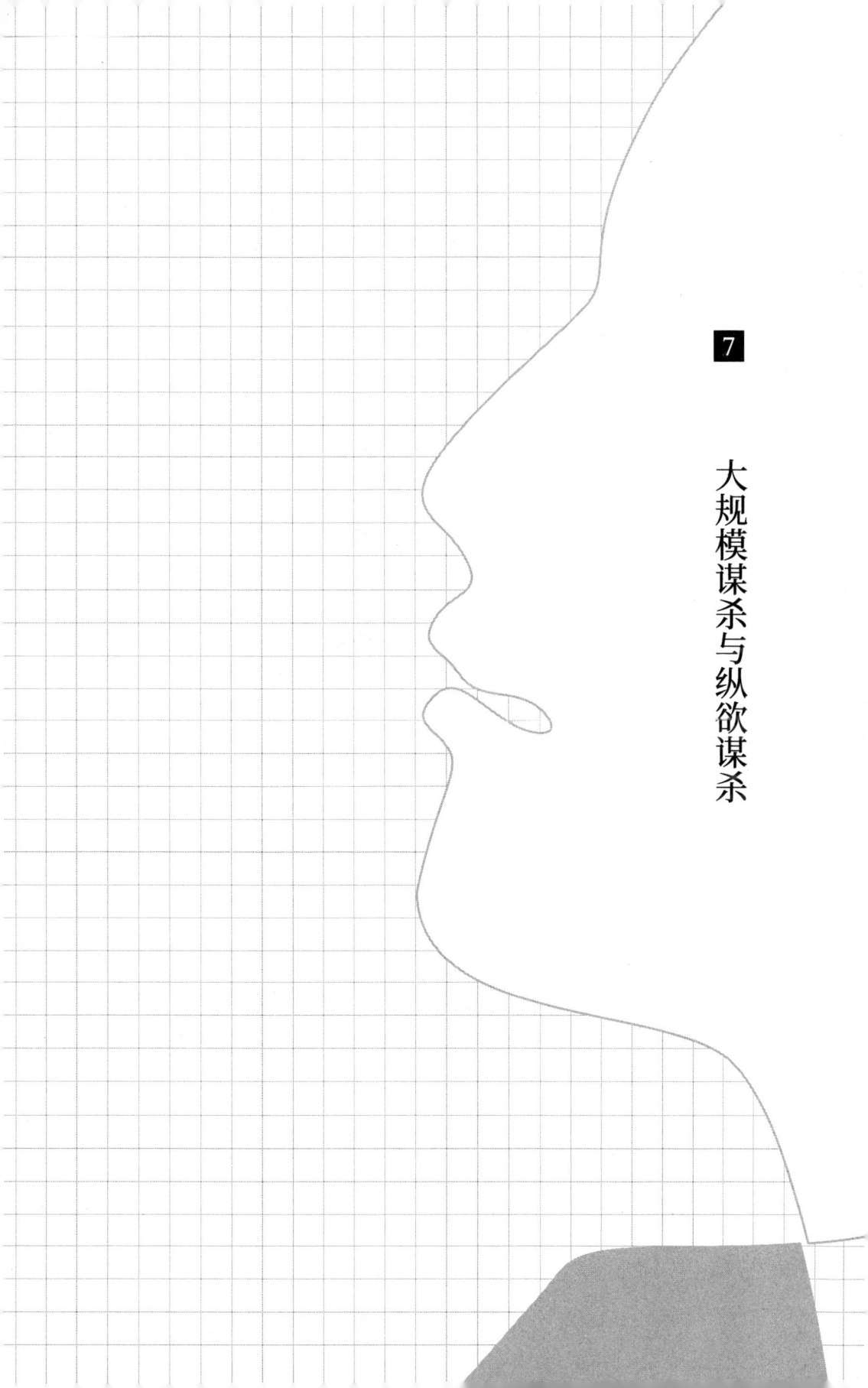

7

大规模谋杀与纵欲谋杀

"这位未来的杀手把自己最初的耻辱感转化成了愤怒。这将他和自己的未来捆绑在了一起。它锻造了与善永恒统一的瞬间感觉。"

——杰克·卡兹,《犯罪的诱惑》
(Jack Katz, *Seductions of Crime*)

邓布兰惨案——持枪杀害16人，伤17人

3月份，天格外冷，我在路上开了350英里之后，终于到达了酒店，真是感谢上天。前台后面的接待员敲了敲电脑显示器，脸上带着温暖的微笑，欢迎我来到邓布兰，并递给了我一把房间钥匙。

"要来一块热饼干吗？"她问道。

"不用了，谢谢。"我答道。因为下周要开始拍一部新纪录片，所以我在控制自己的体重。这是老上电视要付出的代价。正当我准备转身离开时，我突然想到她也许可以帮我一个忙。

"哦，还有一件事，"我说道，"你能告诉我纪念花园怎么走吗？我想向死去的孩子表达一下我的敬意。"

她脸上的笑意顿时消失了，站在她身边的主管面露指责，瞟了电脑显示器两眼，似乎在看是否能认出我的名字。

这都是几秒钟之内发生的事，很快他们就恢复了自己的职业礼仪，给我指明了去纪念花园的路。然而，接下来的四天里，我发现这短暂的不快其实很能说明问题。这里20年前发生过一起可怕的大规模谋杀案，我在20周年纪念之际来到这里，希望能弄明白整件事的来龙去脉，但我很快发现，"邓布兰大屠杀"是一件不能被提及的事——尤

其是在邓布兰。

这也很好理解。1996年发生的惨案给当地社区造成了巨大的创伤，如果那些孩子还活着，现在也该大学毕业了，或者在当地开始工作、生活了。我明白，即使是出于完全合理的、犯罪学上的原因，想要研究这里发生的屠杀，但我也不能因此而忘记一个事实：许多儿童失去了生命，他们父母的生命也永远地被改变了。

我希望我在酒店前台的行为不算太没心没肺。1996年，托马斯·汉密尔顿拿着四把有证的手枪进入邓布兰小学，开枪打伤了17人，打死了16名儿童和老师，随后自杀。2016年，惨案20周年纪念之际，我来到这里，希望能弄清楚这次大规模谋杀发生的原因——这是英国近代史上规模最大的一次谋杀案。时至今日，这件案子被提起时仍令人胆寒，这也许是因为关于案件的有些问题从未获得解答，而这也是我这次回到苏格兰的原因。邓布兰是个普通无比的小镇，汉密尔顿为什么要选择在这里实施这起如此可怕的谋杀呢？他连续杀害了这么多人然后举枪自尽，动机是什么？

我总是试图把暴力或者谋杀事件放在相关的背景下进行研究，所以我想要弄清楚，是怎样的环境导致并促使了这起大规模谋杀案的发生。我还想要更深入地了解汉密尔顿这个人。向这个毫无防备的社区宣战的他，是一个局外人，一个形单影只的捕食者？还是说他其实和这个社区相处得十分融洽？这个问题十分重要，因为我们要记住，对杀人犯来说，使用暴力是很好理解的事——不论在我们看来，他们的罪行有多令人难以置信。

想要了解汉密尔顿可不是件容易的事，尤其是他在杀完人之后选择了自尽。然而，在一个人自杀之后，一般都会有一场"心理尸检"。尸检过程包括和死者的家人、朋友还有同事进行谈话，并且对死者留下的信件和其他文件进行分析，以弄清他们死前的心理状况到底如何。这样，我们可以对死者的行为、想法，还有情绪做出一些推测。

在20周年纪念之际，我想要做一个比心理尸检范围更广的检查。我想对以前发生的事情做一个"犯罪学尸检"，把汉密尔顿的自杀放在一个更广的背景下进行考察。对我来说，理解大规模杀人犯的心理社会状况是十分重要的，只有这样，我们才能试着去弄清为什么他们想要杀害自己的家人，或朋友，或邻居，或同事，而且杀得越多越好。我的研究对象不局限于邓布兰惨案的罪魁祸首托马斯·汉密尔顿，而是历史上、全世界范围内的所有的大规模杀人犯。

在这里，我们需要先区分一下"大规模"谋杀和"纵欲"谋杀。

纵欲谋杀指的是在几小时，甚至几天的时间范围内，杀害至少四个人。纵欲杀人犯有可能在不同的地点实施谋杀，边杀人边四处躲避警方的追捕，但重要的是，他们和连环杀人犯不同，他们杀人没有"冷却期"。

大规模杀人犯则是一次性大开杀戒，杀死至少四个人。

因此，邓布兰惨案属于大规模杀人案，凶手是托马斯·汉密尔顿，我所做的犯罪学尸检，主要关注点也是他。

为此，我从汉密尔顿在斯特灵郡的家开车前往邓布兰小学，试着想象他在路上的这20分钟里在想些什么。我走过邓布兰的街头；在当地酒吧里喝酒；和少数几个愿意与我搭话的人聊了聊天；去纪念花园缅怀了死去的孩子和老师；我反复地读着卡伦勋爵的调查报告——案发后，政府立刻对此展开了公开调查。

调查急于把汉密尔顿刻画成一个反常的人，仿佛他是变态的花衣魔笛手[1]，不知从何处来到了邓布兰，然后突然用谋杀的形式，偷走了这些孩子。他是个"单独行动的枪手"，是个疯子，是个"怪人"，几乎没有朋友，所以没什么人认识他。卡伦的调查报告还指出了一些政府系统的错误和失败，比如允许汉密尔顿合法拥有枪支。然而，在大多数人看来，汉密尔顿就是个与众不同、反常、奇怪的人，一个病态的人。如果有人讨论起这起惨案，这就是他们的解释。又或许根本没什么人会讨论这件事。

而我通过犯罪学尸检得出的结论则与前述大相径庭。不仅汉密尔顿的形象跟卡伦报告里的很不一样，而且他跟邓布兰社区的关系也不像报告里所说的那样。在惨案发生之前，他已经在这个社区里生活了将近20年。

我们经常会把可怕、暴力、残忍的行为归因于某一个人的病态，社会心理学家菲利普·津巴多称之为"急于寻找性情上的原因"。换句话说，我们喜欢说行凶者是"疯子""怪人""脑子不正常"，或者说他"突然发疯"。我们希望像汉密尔顿这样的暴力罪犯和我们有本质上的区别。但这样的理论根本经不起推敲。把一切责任都推给汉密尔顿固然轻松，但这忽略了他的罪行涉及的一些背景因素，包括男子气概、枪支文化，以及当时监护儿童的官方手段。

对邓布兰惨案的解释过于集中在凶手的性情和精神问题上，就忽略了一件事，那就是汉密尔顿是这个社区不可分割的一员。既然如此，

---

[1] 花衣魔笛手：源自德国民间故事。故事发生在1284年，德国有个村落名叫哈默尔恩，那里鼠满为患。某天来了个外地人，自称捕鼠能手，村民向他许诺，能除去鼠患的话会给付重酬。于是他吹起笛子，鼠群闻声随行至威悉河中淹死。事成后，村民违反诺言，不付酬劳，吹笛人便愤而离去。过了数周，正当村民在教堂聚集时，吹笛人返回，他吹起笛子，众孩子亦闻声随行，结果被诱到山洞内活活困死。

他为什么要大肆谋杀儿童,以此来报复这个社区呢？在枪击案发生时,汉密尔顿绝不认为自己是"疯了",而且他从未有过任何可能会造成暴力倾向的精神疾病。相反,汉密尔顿认为自己做事总是有清晰合理的目的。

我知道会有很多人认为我的这番论调非常令人厌恶,也许我应该再强调一遍,这起惨案令我感到十分痛苦。我并不是在为他的谋杀找借口。再次审视邓布兰惨案,也许可以帮助我们在日后预防这类事情再次发生,我相信这是所有人的愿望吧？

汉密尔顿——经营男孩俱乐部的恋童癖

让我们回顾一下部分已知的事实。

汉密尔顿本来在童军里工作,刚 20 出头就被辞退了。从 1981 年开始,一直到 1996 年,他在邓布兰高中经营一间男孩俱乐部,这个俱乐部有一些可疑的历史。

1983 年夏天,他在学校内部经营这间俱乐部的许可被收回了,部分原因是有传言说他被童军辞退,是因为他恋童。

汉密尔顿向政府的申诉专员进行了申诉,有 70 多人在请愿书上签名,对汉密尔顿和他的男孩俱乐部表示支持。请愿书上写道:"有汉密尔顿先生来管理我们的儿子,我们都感到很骄傲；他非常能干,有很好的领导力,为人正直,对孩子们很有奉献精神,最重要的是,他对他们非常关心。"由于这些当地人的支持,汉密尔顿得以继续在镇上运营他的俱乐部,直到他死去。

除了邓布兰的俱乐部以外,他在苏格兰中部的各地先后开过至少十间俱乐部，且都是在当地的学校内部。

男孩子们需要付一小笔钱才能加入俱乐部，但其实它更像是一个"亏本销售"的策略，这是为了鼓动他们去参加汉密尔顿组织的夏令营，这样他就能挣更多钱，而这也是他跟这些男孩子单独相处的绝佳机会。这些男孩可以在俱乐部里踢球，有时候还能射击，但最主要的活动还是体操。他们被要求光着上半身，下身穿着汉密尔顿提供的、不太合身的游泳短裤。当他们穿着这一身运动时，他会给他们拍照，拍视频，他说自己这么做是为了确保他们使用的是正确的肌肉。

枪击案发生后，警方在他家里找到了 37 卷录影带，445 张幻灯片，542 张照片，4260 张底片——其中大多数是光着上半身的男孩，以及一堆游泳短裤。

汉密尔顿在 1988 年 7 月组织的那次夏令营出了状况，因为此事，我们得以瞥见夏令营里的生活。他带着一群 9 岁的孩子在罗蒙湖上的恩奇穆安岛上野营，由于其中一名孩子感到非常不开心，家长不得不赶来把他接走。

至此，对夏令营的诸多投诉才引起了其他家长的注意，同时也引起了斯特拉思克莱德警方的注意，因为恩奇穆安岛当时属于他们的辖区。按照程序，警员乔治·古恩和多娜·邓肯于 7 月 20 日来到了野营地。古恩警员后来表示，野营地十分脏乱，孩子们的睡袋摸起来是潮湿的，所有的食物都是罐头制品，或者是要冲食的粉末。古恩警员认为在场的 13 名男孩看起来都很冷，很不舒服，但重点是，当他提出自己可以把他们送回家时，没有一个人搭话。汉密尔顿在问讯中承认自己打了一两个孩子，因为他们很"调皮"。

然而，没有家长投诉汉密尔顿，汉密尔顿反而投诉了古恩警员。他认为——而且是错误地认为——古恩过去当过童军的队长，因此他怀疑古恩对自己有偏见。警方对他的投诉进行了调查，但他还不满意，又对这次投诉调查进行了投诉，这就是为什么我们能知道夏令营里发生的这些事，这些信息也包含在卡伦的调查报告里。古恩警员对汉密尔顿的骚扰忍无可忍，最后不得不威胁说要逮捕他，并且告他诽谤罪。

关于恩奇穆安岛上发生的事，还有另一个信息来源。多琳·哈格是参加夏令营的一名男孩的母亲。她在听到儿子的抱怨后，决定亲自来看看夏令营里的状况。她发现汉密尔顿一个人要忙所有的事，于是同意留下来帮忙。她对自己看到的状况甚是不满，后来她在法庭上作证，说汉密尔顿要孩子们帮他往身上抹防晒油，不过她并没有亲眼看见整件事。但她的所见所闻令她非常不安，以至于在回去的路上，她费尽心思地希望大家能注意到汉密尔顿其实根本不适合管理这些孩子。1989年5月16日，多琳在她的朋友珍妮特·莱利（珍妮特也在营地帮忙）的陪同下，拿防晒油和一些其他的东西袭击了汉密尔顿。当时汉密尔顿刚刚在林利斯哥中学开完俱乐部的例会。

多琳希望自己能被告上法庭，以此吸引公众的注意，她还安排了一名记者和一名新闻摄影师来见证她对汉密尔顿的袭击。但令她恼火的是，汉密尔顿没有起诉她。

汉密尔顿是个恋童癖。他想通过管理这些男孩来驯服、侵犯他们。那时，恋童并不是一件广受关注的事，吉米·萨维尔也还是那个备受喜爱、能"搞定"[1]小孩的公众人物。那时，恋童被认为是件并不会真正发生的事，尤其不会发生在邓布兰，或者英国广播公司。萨维尔在

---

[1] 吉米·萨维尔是英国广播公司著名主持人，曾主持一档叫《让吉米来搞定它》的节目，后被曝出曾性侵多名未成年少女。

伪装自己这方面做得游刃有余，成功地避免了被贴上"恋童癖"这个标签，也避免了自己的行为被看作性侵犯。汉密尔顿也像萨维尔一样，成功确保了自己不被坐实这些恶名。

汉密尔顿的秘诀就是到处投诉，他投诉过的机构有：警方（比如古恩警员的那一次）、童军、几所学校、地方政府，他还会给家长写信投诉。那时候还没有电子邮件，汉密尔顿要想宣传自己的俱乐部和夏令营，就只能亲自在社区里投递宣传的信件，或是让学校代为送出。也许有人察觉到他这个人很奇怪，但这不足以让人谴责他举办的这些活动，也不足以让人怀疑他在实施犯罪行为，更不足以让整个社区避开他和他的俱乐部、夏令营。

我们在这里应该使用的词是"沉默"。这一方面指的是大家拒绝指出汉密尔顿的真实意图，拒绝给他贴上这些标签；另一方面则指的是各种组织虽在私下里对汉密尔顿感到担忧，但拒绝把这些担忧公开，拒绝直截了当地告诉公众，汉密尔顿不适合管理这些儿童，不应该合法拥有枪支。这种官方的沉默随处可见，比如说童军，比如汉密尔顿加入的那些枪支俱乐部，比如学校和负责管理这些学校的地方政府，还有给他枪支许可证的警方。

只有多琳·哈格试着把自己的担忧公之于众，但由于汉密尔顿拒绝起诉她，她被"静置"了，就像古恩警官也被汉密尔顿"静置"了一样。

这些私下的担忧在卡伦的报告中一一浮现了出来，但为时已晚。

惨案发生时，汉密尔顿的俱乐部已经走向了穷途末路。邓布兰的俱乐部里只剩下了五名男孩，而汉密尔顿位于毕晓普布里格斯的俱乐部也在月初被人投诉。班诺克本的俱乐部也在1996年1月垮掉了，逼得汉密尔顿不得不给当地小学的校长写信抱怨，说有人到处散播关于他的流言蜚语。在信中，他尤其提到邓布兰小学，说"就连清洁工"都在"散播那些恶毒的话"。邓布兰的人最了解他，也最不信任他。

由于俱乐部状况堪忧，那年的夏令营看起来也很成问题，而汉密尔顿的信用卡刚刚到了透支的极限，欠下了6000英镑的债务。银行拒绝给他贷款。他的人生渐渐失控了。3月6日，汉密尔顿给童军总部打电话进行投诉，第二天还异想天开地给女王写了一封充满自恋的信，希望女王能够管一管，帮他"重新在社会上树立尊严"。

自恋的人很少在行为上表现出被动，所以就在一周之后，汉密尔顿用一种残忍、强硬的方式重新找回了自己的尊严。他把枪口对准了那些他认为破坏自己声誉的人，因为正是这些人使他无法继续驯服、调教那些男孩。

现在，20多年过去了，从邓布兰的惨案中我们似乎再也找不到任何可以吸取的教训。时代变了，世界进步了——尤其是在通信方面。在卡伦的调查报告中，只有三处提到了手机，一处提到了互联网。1996年时，学校里只有一条电话线；当枪击案发生时，手机信号很快就因拥堵变差；只有"图书馆里有一条网线"。整个网络就这样被局限在了屋子的一角，屋子还上了锁。汉密尔顿写的信件则在报告里被提到了16次，而且那时还没有社交网络，没有推特（Twitter）和脸书（Facebook）。

"我才是世界的救世主！"

我们再来看看挪威的大规模杀人犯安德斯·布雷维克[1]。在布雷维克大开杀戒之前，他的"宣言"就已经在网上传开了，一直到案发后仍是如此。布雷维克非常擅长在社交网络上营造自己的个人形象，左右其他人对自己的看法。虽说表面上，尤其是技术层面上，两起案件有许多不同之处，但我认为，邓布兰惨案在很大程度上预示了后来的那些大规模谋杀案和纵欲谋杀案，甚至可以说，汉密尔顿是"祖师爷"，挪威的安德斯·布雷维克，英国怀特黑文的德里克·伯德，还有那些北美的大规模杀人犯和纵欲杀人犯，都是他的"传人"。

汉密尔顿迫切地希望世界能按照自己的意愿运转，以此来获得权力——甚至让自己成为万能的人。他认为这样的权力是自己应得的，但其他人总是错误地指控他，躲避他，不把他当回事，使他得不到这样的权力，这令他非常沮丧。

他认为这是一场阴谋，目的就是阻挠他过上超凡卓越的生活，阻挠他成为一个"人物"。

在汉密尔顿身上，我们看到了所有大规模杀人犯和纵欲杀人犯都有的特质，其一是病态的自恋，其二是迫切地想要引导其他人用自己的逻辑思考问题。在美国的纵欲杀人犯艾略特·罗杰[2]身上，我们也

---

[1] 安德斯·布雷维克：Anders Breivik，2011年7月22日发生的挪威爆炸和枪击事件行凶者。该恐怖袭击包括引爆了一颗位于挪威奥斯陆市中心首相办公室附近的汽车炸弹，造成9人死亡，30人受伤，以及这之后在附近的于特岛的屠杀，目标是挪威工党青年营的参与者，最后共造成77人死亡。

[2] 艾略特·罗杰：Elliot Rodger，2014年加州伊斯拉维斯塔枪击事件的凶手。事件发生在太平洋时间2014年5月23日，他先在公寓内刺死3人，后驾车到伊斯拉维斯塔社区冲撞行人并且开枪，造成该社区3人死亡、13人受伤，他后来在与警方交火过程中自杀。

可以明显地看出这些特质。艾略特是个年轻男子,他这辈子都迫切地想要变成一个很酷的人,他开始"幻想自己变得特别强大,然后让所有人都不再性交"。2014年,罗杰在网上发表宣言,解释自己在加利福尼亚州纵欲杀人的行为,从他写下的这个问句中,我们尤其能看出他的这种心理特质:"婊子们,你们看现在谁才是最牛的男人?"

当然了,这也只是他们"保存颜面"的一种途径。他们用这种方式来控制自我意识,来维持自己在别人眼中的形象。从这个角度来看,大规模杀人和纵欲杀人是一种变态的、体现自己性别特征——那毒害人心、致人死命的男子气概的方式。

罗杰、布雷维克,还有那些更晚出现的大规模杀人犯和纵欲杀人犯也许会使用社交网络,他们会在网页或者Ins[1]上更新状态或者写下宣言。案发后,大家都会在其中努力搜寻他们的犯案动机。但汉密尔顿经常在晚上亲自送出的信件,正是这些网络信息的前身。汉密尔顿的做法虽然早已过时,但是他首先创造了这张充满死亡的毁灭性蓝图。他想要改善自己的生活,想要成功,而只要有一把枪在手,他就成了上帝,能对谁对谁错做出彻底的裁决,能重新决定这个世界运转的秩序——一个有利于自己的秩序。

事实上,这么多年来,大规模杀人犯和纵欲杀人犯的心理并没有发生太大改变,他们的动机一直非常相似。改变的是他们犯案的速度和强度,导致这一改变的原因正是网络,从图书馆里的唯一一条网线,到如今已经遍布世界的每个角落。

有了网络的帮助,大规模杀人犯和纵欲杀人犯不仅能更快地传播他们的宣言——或者说他们作案的借口,而且,由于长期浸淫在社

---

[1] 即Instagram,一款免费提供在线图片及视频分享的社交应用软件。

交网络中，他们对自己生活的失望感会加剧，这也就导致了他们暴力行为的升级，结果往往就演变成了我们在电视上看到的那些全国性的悲剧。毕竟，我们已经越来越沉迷于自己的虚拟表现，我们的现实自我和虚拟自我的边界日渐模糊。这是非常不好的兆头。

好消息是，由于邓布兰惨案，我们找到了一种方法，可以减少未来大规模谋杀和纵欲谋杀的发生：如果那些私下的隐忧能被公开的话，也许汉密尔顿就不会有机会大开杀戒。

和蔼谦虚的人的"反击"和"报复"

话说到这里，我主要都在讲英国的大规模谋杀，那么最新的一起纵欲谋杀又是怎样的呢？

它发生在邓布兰惨案14年之后，就在邓布兰以南150英里的地方。我在想，自己在邓布兰的这些发现和这起案子有可比性吗？当地的人又是如何应对这起悲剧的呢？

2010年6月，德里克·伯德，一名52岁的出租车司机，枪杀了12个人，打伤了11个人，然后开枪自尽了。当地报纸的报道中使用了"杀戮狂潮"和"在科普兰德肆意施暴"等字眼。科普兰德由西坎布里亚郡的6个地区组成，主要是小镇和比较大的村庄，包括戈斯福斯、锡斯凯尔、埃格勒蒙特、圣比斯和怀特黑文。

伯德使用的两把枪都是合法的，一把是猎枪，另一把是点22口径步枪，上面安装了望远镜瞄准器。

杀戮从凌晨就开始了。伯德驱车前往自己双胞胎兄弟大卫的家里，朝他打了11枪。《卫报》（*The Guardian*）称他杀人的原因是"臆想出家庭内部的不公平，因而决定实施报复"，并说伯德有"被害妄想症"。接着，他来到他们的家庭律师凯文·康芒斯家中，并杀害了他。此时已经是早上，伯德开车前往怀特黑文的一个出租车候车站，并在那里枪杀了出租车司机达伦·鲁卡斯尔。二人一直以来都有过节，伯德曾指控鲁卡斯尔弄坏了自己的轮胎。他继续开着车，在候车站里又杀死了三名的士司机。对此，《卫报》在报道中说："出租车站里的气氛一直非常紧张。据其他司机说，怀特黑文有很多出租车司机都是给自己打工，伯德就是其中一员，他觉得有些司机抢了他的生意，所以和他们闹掰了。"就在同一周，伯德还跟其他的司机起过争执，原因是"有些司机排在队尾就接客人，而不是让他们去搭乘队伍最前面的出租车"。

有一名受伤的司机叫保罗·威尔逊，事后，他说自己当时以为伯德射出的是空弹，以为伯德只是在"犯傻"，在"恶作剧"。他还说道："当我拐过街角之后，我看见德里克的车在左侧车道，朝着我的方向行驶过来。我也没多想，继续朝着警察局走去。他在我边上停下了，喊了我一声。我转过头看着他，然后往前走了几步，弯腰从副驾驶的窗户望着他，就在这时，他开枪了。他把我叫过去，然后冲我开了枪。"

伯德在这次屠杀中反复使用了这种手段：把人叫到出租车边上，然后冲着他们的脸开枪。

伯德开着车在怀特黑文来来回回，更加随机地射杀着遇到的人。他还开进了周边的村子里——埃格勒蒙特、桑希尔、卡尔顿、威尔顿、戈斯福斯和锡斯凯尔，打死、打伤了不少人。

最后，他顺着一条山谷里的路开了下去，和迎面而来的车辆相撞，然后又撞上了一堵石墙，接着他拐进一条写着"此路不通"牌子的小路，来到了布特镇的医生桥。因为出租车的一个车胎掉落了，他才不得不停车。他扔下车，走进了附近的树林里，然后举枪自尽。

公众渐渐意识到这件事的严重性，当地报纸的一篇社论也努力地想要描绘出这件事是如何史无前例，大家又是如何震惊不已。"昨天早上大家醒来，准备做他们该做的事，却没想到几个小时之内，他们的世界就天翻地覆、分崩离析。谁能想到，在我们这个平静、团结的社区里，会发生这样可怕的惨剧？"这篇社论的标题是《西坎布里亚郡的大屠杀》（Carnage in West Cumbria），文中还把此案和邓布兰惨案进行了对比："这是自 1996 年邓布兰惨案之后最可怕的大规模枪击案。"

我想要仔细考察这两起案子的不同之处。于是，就像之前在邓布兰所做的那样，我开车来到了怀特黑文，在镇上走了走，去当地的餐馆吃饭，去酒吧喝酒，和愿意与我搭话的当地人聊聊天。我还在镇上租了一辆出租车，去看了看伯德自杀的地方。在去往埃斯克代尔山谷的 45 分钟车程中，我一直在想象伯德当时在想些什么。最后，我去拜访了达伦·鲁卡斯尔的家人和朋友为他创立的纪念地。

很快我就注意到，与我在邓布兰的经历不同，这里有许多人都愿意和我聊聊 2010 年发生的这起惨案。但有一点是相同的，那就是两地的人们对此事都有非常情绪化的反应。因为这两个镇子都非常小，大家都互相认识，都了解彼此在做些什么。这种环境有很惬意的一面，就像在怀特黑文一个人对我说的，"你边打着桌球边喝着啤酒，你知道迟早会有个路过的人认出你，跟你打招呼，这给我一种回到过去的感觉，有种怀旧之情。"

我认为发生在西坎布里亚郡的这起案子属于"纵欲谋杀"，伯德是一名"纵欲杀人犯"。纵欲谋杀和大规模谋杀不一样，这也是此案和邓布兰惨案在犯罪学理论上的区别。伯德的整个作案过程长达 7 个小时，而且并非在同一个地点，他的作案地点多达18个，整个过程可以分为三个阶段。他对自己的兄弟和家庭律师的谋杀是第一个阶段；他在怀特黑文的出租车站杀害了达伦·鲁卡斯尔，并且对其他出租车司机进行了射杀，这是第二阶段；最后一个阶段则是在离开怀特黑文之后，他一边迂回一边随意射杀，最终在布特镇自杀。

伯德杀害的12个人中，有9个都是陌生人，而开出租车的经验使他能更好地躲避警察的追捕。一名警察后来说道："德里克·伯德是个出租车司机，因此他对当地的情况十分了解。他下了决心要尽可能杀更多的人，所以他选择的路线和地形……让我们非常难以找到他。"

我在上文已经间接地提到过，案发之后，立刻有不少人想要弄明白这件惨剧发生的原因，接着，验尸官也开始调查这起案件，再然后是一周年纪念时，大家仍在继续探究着。这种"探究"无非从两个角度出发。一个角度是用伯德病态的人格来解释惨案的发生，另一个角度则是探寻更广、更普遍的社会文化原因，而不是仅仅把责任都推给伯德。

要真把一切都怪罪到伯德头上，我们会立马就遇到困难，那就是怀特黑文所有认识他的、和他共事过的人，都再三强调他是个"安静的人"，或者说他是个"很正常的人"。马克·库珀是伯德的朋友，也是一名出租车司机。他说伯德"有自己的房子和车。轮到自己请客喝酒时从不含糊。他就跟我们一样。我从没见他冲谁发过火，也没见他生过气"。伯德的两个儿子举行了新闻发布会，他们说自己的父亲是"你见过最好的人。他是个慈爱的父亲，最近还刚刚添了孙子……他是个善良、快乐的人。在他生活和工作的地方，大家都很了解他"。

杰里米·西布鲁克后来写过一篇长文评论此事。他说伯德"和蔼、谦逊、总是面露微笑"的形象之下，可能有"更加复杂的情况"。随着许多记者调查的深入，情况的复杂性确实开始渐渐显露。尤其是两件事情吸引了大家的注意：其一是对伯德精神健康状况的猜测，其二是他似乎很愿意参加泰国的"性旅游"活动。

首先说第一点。很多人说伯德"疑神疑鬼"，而且"有妄想症"，尤其是在涉及他的经济问题时。在验尸官的调查中，伯德的医生出示了相关证据，表示他内心"充满了怨恨、愤慨，而且十分抑郁"，这导致他"展开了自己暴力复仇的幻想"。后来经过调查发现，伯德在大开杀戒之前的几个小时，刚刚看过史蒂文·西格尔的电影《绝地战将》[1]（*On Deadly Ground*），这使"复仇的幻想"一说更加可信，因为这部电影讲的就是一个形单影只的枪手复仇的故事。然而，随着调查的继续，我们得知，伯德从未去过当地的精神健康服务机构寻求帮助，他根本就很少去看医生，这点尤其值得我们注意。大家总认为"精神问题"是导致这类悲剧发生的原因，这实在是一种陈旧的刻板印象。其实我们应该记住的是，有精神疾病的人更有可能伤害自己，而不是伤害其他人。

当时我就向媒体提出，伯德纵欲杀人，实则是一种"出于自我厌恶的自虐行为"。

是琼·史密斯首先提出了纵欲杀人与性别之间的关系问题。史密斯不明白"为什么这一小部分男人应对事情的方式是……杀人"。史密斯特别指出，伯德对受害者表现得十分残忍，而且"最重要的是，他一贯是个色魔"。她这种说法的来源是《太阳报》进行的一次采访。

---

[1]《绝地战将》：又名《极地雄风》，主要讲述了在美丽的阿拉斯加，艾吉斯石油公司的钻机不但破坏了爱斯基摩人的宁静生活，也破坏了当地的环境，继而因此受到当地人的抗争的故事。

采访对象是泰国芭堤雅市的一名酒吧老板。老板说伯德在酒吧里对一名22岁的泰国女性"着了迷"。史密斯说伯德的行为体现出他需要"感觉自己掌握着控制权,因为他每天都会受到轻视,甚至侮辱,这是他幻想的找到补偿的一种方式"。她还提出"西方社会的男性普遍急切地想要从文化上让性旅游业正常化",尽管这句话似乎可以被理解为在针对整个西方的性旅游业,但史密斯在结论中说道:"像伯德这样的男人有很严重的问题。"有一点在这些分析中很少被提及,那就是伯德遭受的日渐加剧的经济压力。原因之一是他认为自己正在被英国税务海关总署调查,同时他工作上的压力也越来越大。这点和汉密尔顿的情况很相似。

《卫报》引用了怀特黑文另一名出租车司机的话:"镇上出租车站的内部气氛越来越紧张,因为司机的人数越来越多,但是工作越来越少。"这名司机还表示"新加入的司机人数太多了,但是根本没有那么多工作。有人为价格的问题吵过架,还有人说有普雷斯顿和黑潭的司机跑来抢生意"。伯德的朋友尼尔·雅克说,在案发的前一天,伯德想谈谈"他经济上遇到的问题。他觉得自己陷入了大麻烦,被要缴而缴不上的税钱搞得心烦意乱。他开出租车开了十五六年,从来没有缴过税"。

案发前一天,伯德跟另一个朋友说"怀特黑文将要变得跟邓布兰一样有名了",镇上还有一名居民表示,伯德那天和所有出租车司机一一握手,并跟他们说"明天有人要在街上闹事",但大家都"笑了起来,没有人把他的话当真"。

我在镇上想和人搭话,首选的话题之一就是达伦·鲁卡斯尔的纪念牌。每当我问起这件事,他们就立刻和我聊起来,没有一次失败过。大多数人都有故事和我分享,他们都很乐意谈起自己对伯德,对

2010年那天事情经过的记忆。他们之所以这么愿意欣然开口，也许是因为过去从没有人问起过他们。邓布兰惨案获得了国际上的关注，而这起案子则没有。我住的酒店的招待员告诉我，我是第一个问起枪击案的人。后来在酒吧里，由于我在电视上出现过，我被人认了出来，他问我："你是那个犯罪学家，对吧？你来怀特黑文干吗？"枪击案才过去7年，他们看见一名犯罪学家来到这里，却没有立刻把两件事情联系起来。所有跟我讲述过这件案子的人看起来都十分泰然、坦诚，以至于我都没有想过要问他们是否接受了心理辅导——怀特黑文似乎并没有遭受重创。我们或许可以用"适应性强"来形容，但这和我在这里的经历又不完全相符。也许我应该说他们有一种精神，一种态度。这种态度也许是由于，从地理位置上来说，怀特黑文靠海。这里是尽头，而不是开端。

我觉得，要想完成这项犯罪学尸检，我必须在镇上搭一次出租车，所以就叫了一辆。司机的名字叫约翰，我给了他70英镑，让他带我去布特镇上伯德自杀的地方。我想要坐在出租车里，和当地的出租车司机聊 聊怀特黑文惨案，毕竟伯德就是开出租车的，要弄清惨案发生的心理社会背景，这次旅程是不可避免的。在路上，约翰给我大致介绍了一下伯德其人，他的心理状况，以及怀特黑文出租车司机的内部文化。同时，我也开始意识到这个地方有多美丽，多与世隔绝。约翰有时会和伯德一起钓鱼，他说自己和伯德是朋友，也正是他的故事给我提供了最丰富的信息。

约翰讲述了有一次伯德和他的朋友们在当地饭馆吃饭的事。有一个人中途去了趟洗手间，然后拿了一小块厕所消毒剂放在伯德面前。他说那是薄荷糖。伯德就拿起来放进了嘴里，嚼了几秒钟后才吐了出来。

所有人都哈哈大笑,但伯德没有。

这个镇子很小,大家都互相认识,伯德知道这件事将会被大家一遍又一遍地提起,直到他自己忍无可忍为止。他相信了朋友的恶作剧,他觉得很丢人,觉得被羞辱了。就像约翰所说的:"在伦敦,你可以混入人群中消失不见,但在这里不行。如果有人坐了我的车,不付钱就跑了,总有一天我还会再碰见他搭我的车。大家都互相认识。虽说不是所有人都彼此知根知底,但那不重要,这个圈子实在太小了。"

跟我聊过的人中,还有不少人都说过类似的故事,都说伯德感觉自己被家人、朋友还有顾客们欺负。另一名出租车司机跟我说,有一次一个人搭了伯德的车,没给钱就想跑,最后还把伯德的牙打掉了。

随着出租车渐渐向乡间驶去,我们经过了不少徒步旅行的人,还有四个宿营地。我问约翰为什么伯德没有射杀更多的人。约翰回答说,他觉得伯德只是"子弹打光了",也就是说伯德射出的子弹中,有一部分也许只是逮着机会才射的。我们又经过了一些徒步的人,约翰开了个玩笑说:"他们看见这是辆出租车就纷纷给我让路,心想:'上一次有出租车经过这里时,司机手里可拿着枪!'我都奇怪他们怎么没有四散奔逃找掩护呢。"

我问约翰,有没有觉得伯德可能是在表达某种观点。也许他是想报复那些他认为坑过自己的人。约翰答道:"我不觉得他是想达到某种目的。我觉得他就是疯了。他脑子里有一张清单——这张清单一直没被找到,他是在针对自己的兄弟、律师、达伦和其他几个出租车司机。"

很多人跟我聊天时都是第一次说起这件事,约翰也不例外。所以我们得原谅他的分析里那些自相矛盾的地方。比如,他说伯德并没有特定的目的,又说他是在针对特定的人,这两者就自相矛盾。约翰还说怀特黑文的人都"很友善。如果我跟他们打招呼,他们也会跟我打招呼。我们这里的人都比较平和"。他完全没有意识到这话有多么讽刺。

自相矛盾的地方还有不少。比如说，约翰认为伯德是个"独来独往的人，但他也和不少人打交道"，还说"我觉得他犯的这事真是罪大恶极，但在此之前，他是个很正常的人"。他对伯德的结论是"他就是个普通人，突然发了疯"，所以"他让怀特黑文臭名昭著，但其实我们这里并不是这样的"。

最后，约翰对警方也有些自己的看法。"警察不想抓他，他们害怕了。我们这里是个小镇，没有合适的武装来对付这种事。我们这种地方怎么会出这样的事呢？当地的警察跟我们一样都是普通人，我们都认识他们。"

我对怀特黑文惨案进行的这次犯罪学尸检，不论是关于怀特黑文这个地方，还是关于伯德本人，都充满了自相矛盾的地方。伯德是个独来独往的人，但又会和别人一起去酒吧喝酒；伯德是个普通、正常的人，但却参加了去泰国的性旅游。怀特黑文这个地方，圈子很小，但大家又并不真正了解对方；骗自己的同事吃厕所消毒剂被看作开玩笑，而不是霸凌行为；人家都有很多故事想说，但却从没有人问过他们；这里是个平静的地方，但发生过一起恐怖的纵欲谋杀案。

这些矛盾都和邓布兰的沉默形成了鲜明的反差，而由于当地的人并不想过多谈起此事，于是他们似乎对整件事给出了一个确切的答案。他们急于把一切都归结于性情上的原因，所以创造出了一个清晰明确的答案来解释惨案发生的原因——托马斯·汉密尔顿。谁都别想对这个结论进行深入的探讨，因为这会导致其他的可能性出现，那么我在怀特黑文察觉到的这些自相矛盾之事，也可能会发生在邓布兰。

但两件案子也有不少其他的不同之处。比如说，怀特黑文这个地方从没被伯德的纵欲杀人案所定义。媒体称此事为"坎布里亚枪击案"，而邓布兰这个地名，则和那桩惨剧紧密地联系在了一起。还有，伯德行凶的方式是碎片化的，是纵欲杀人；而汉密尔顿则是在同一地点进行大规模屠杀。

还有，汉密尔顿下手的主要目标是儿童，伯德杀害的则是成年人。

那么，伯德和汉密尔顿又是怎样的人呢？我们从他们身上，能了解到大规模杀人犯和纵欲杀人犯的什么特质呢？

首先，他们俩都是用合法的枪支杀人的，两个人都没有什么特别奇怪的表现，所以他们的猎枪证也没有被撤销。

伯德和汉密尔顿都没去过任何精神健康服务机构。同时，值得注意的是，英国的枪支管制法律本来就很严格，在邓布兰惨案发生之后，1997年出台了《火器法修正案》，进一步加强了管控。其次，汉密尔顿和伯德都是在自己所属的社区里犯案，他们都和当地的人和机构发生过冲突，这些冲突在一定程度上引起了惨案的发生。他们不是什么闯入邓布兰或怀特黑文的"外人"，而是当地社区不可或缺的成员。

我认为这些冲突正是事情的关键。

汉密尔顿和伯德想要改善自己的生活，想要成功，这跟后来的那些大规模杀人犯如出一辙，但他们（尤其是伯德）遭受过不少挫折，或者至少他们自己这么认为。而这些挫折产生的原因，正是他们自己的无能。

但有了枪，一切就不一样了。

有了枪，他们就能像上帝一样，对谁对谁错进行彻底的裁决；有了枪，他们就可以报复自己仇恨的这个社区；有了枪，他们就可以挽回自己的颜面。

他们会认为自己的屠杀是正义的，是为了让这个世界变得更好，是为了让自己得到应得的东西，比如地位和尊重。

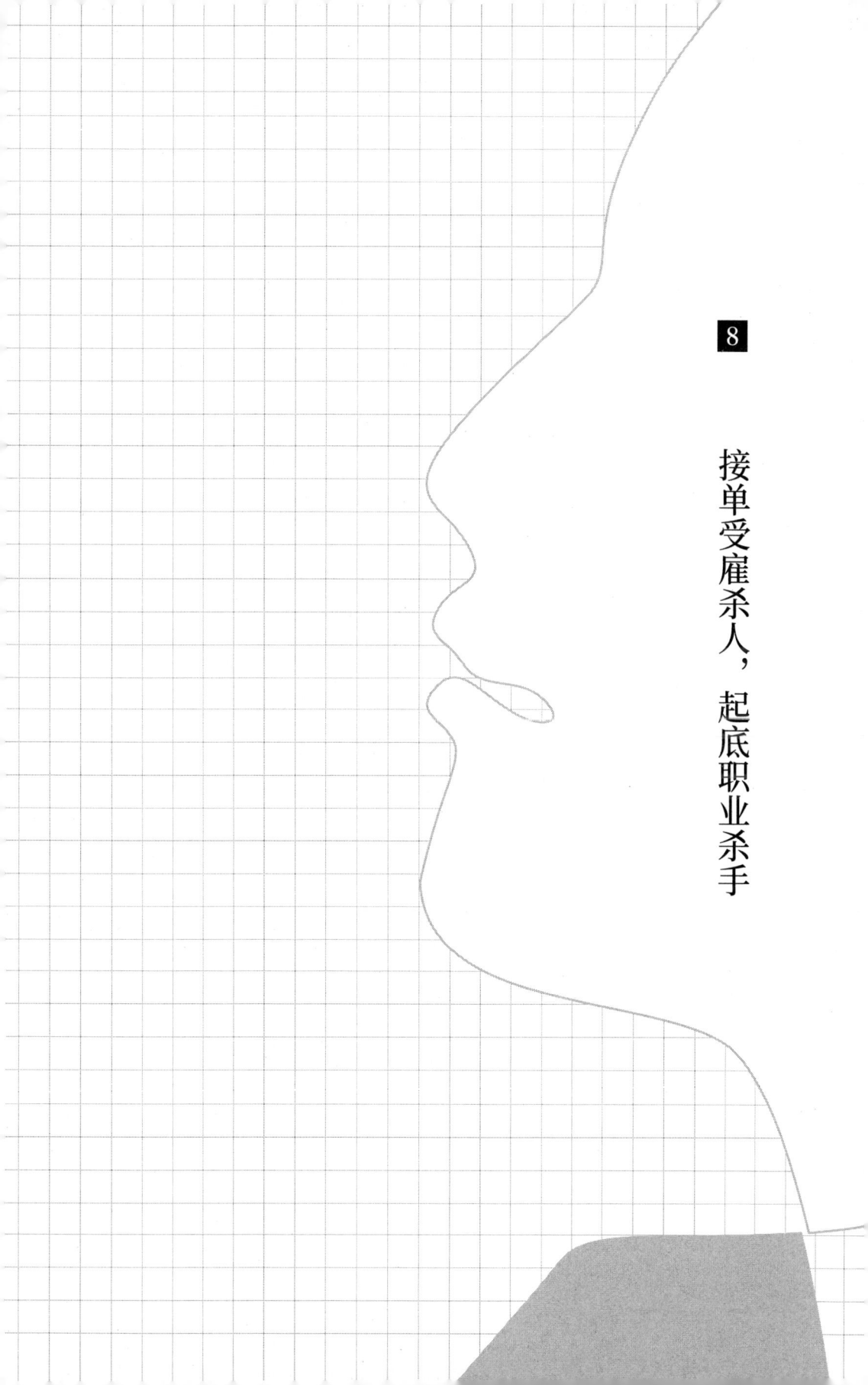

8

接单受雇杀人，起底职业杀手

"杀手们有自己的秘密世界，地下的世界，在那里，他们和那些想做'出格'的事的人做交易。"

——劳里·卡尔霍恩,《国际人权杂志》2002年第9期（Laurie Calhoun,*The International Journal of Human Rights*,2002:9）

与"杀手中的杀手"对谈

我正在咖啡馆里喝茶。茶非常浓,我每次把杯子送到嘴边,都禁不住皱眉。

大多数人路过这间咖啡馆,估计都会选择走过去,而不是进来坐下。与其说是馆,倒不如说就是个小铺子。这个咖啡铺给人的印象并不怎么好,虽说不上是在拒人于门外,但让人觉得,如果你走进来坐下,可能会给自己惹什么麻烦。所以,我就成了店里唯一的顾客。我来这里是为了和即将要采访的人碰头,这个地方当然也是他提的。

他迟到了,我开始担心他到底会不会出现。

我再一次把那杯茶送到嘴边,但只是装了装样子,没有真的喝。店主朝我这边看了过来,我有点担心,他可能看出我没有真的喝下去。我又把杯子放回了桌上。

为了安排这次采访,我花了好几周的时间,打了上百个电话。在电话里,从头到尾,我不得不再三赌咒发誓,保证自己只是个学者,想问他几个关于杀人的问题。仅此而已。最重要的一点是,我必须保证自己不是警察,采访里说的所有话都是私下的,不会有正式的记录。

我没有问学校的道德委员会我可不可以进行这次采访,因为我几乎可以肯定他们不会答应。事前的许可难以获得，事后的原谅也许会容易一些，我是这么想的。

我从窗户往外望，希望采访对象能赶紧出现。我低头看了看表，决定再给他十分钟。

面前的那杯茶似乎幸灾乐祸地看着我。

接着，一个人异常突然、毫不客气地在我旁边坐下了。我吓了一跳。我根本没看见他进门，直到他拖着椅子来到我桌边，我才看见他。后来我才意识到，这体现了他有多专业。干他这一行，这都是必须掌握得炉火纯青的技巧。

"再来杯茶？"他问道。

"谢谢。"我答道。我害怕自己的拒绝会冒犯到他。

他望向店主，喊道："德尔，再给他来杯茶行吗？"德尔点点头，很快就端来两杯茶，跟之前的那一杯一样，浓得让人下不了嘴。

我的线人开口了："所以，你想知道为什么总在门前的台阶上下手？"

就这样，我这辈子做过最有意思的采访开始了——对一名杀手的采访。

的确，我想知道为什么大部分刺杀事件总是发生在门前的台阶上。有什么心理学上的原因吗？还是只是因为门口是最好下手的地方？门前台阶是我们常说的"中间地带"——它存在于两个世界中间，一边是内部、私人的家庭世界，一边是外部、公开的社区和世界。门前的台阶处于这两个世界的边界，因此带有一种含糊的意味，让人弄不清这起刺杀是私人原因导致的，还是想传达什么更加公开的信息。

接下来的一个小时里，我上了一堂关于选择刺杀地点的大师课。虽然不能录音，但一个小时后，我潦草的字迹和墨迹填满了一整本笔记本。在坐火车回去的路上，我一边试图辨认自己的笔记，一边回忆我们的谈话。

我们是从门前台阶这个话题聊起的。

戴　维：为什么有些杀手选择在大街上下手，而有些人选择在目标的家门口下手呢？为什么要在门口动手？为什么不等他们进屋之后在屋里动手？

杀　手：这个问题很容易回答。在家门口正准备进门时，你是背朝着大街的。当一个人在自家门口翻找着钥匙，注意力都集中在开门上时，偷偷凑到他身后是很容易的事，然后你冲他的头开两枪，转身走人就行了。如果你进屋去，可能会留下法证，但是在大门口，砰！轻松搞定。就像吉尔·丹多[1]被谋杀一案：一枪爆头，然后走人。活儿都是这么干的。因为在大门口是一个人唯一真正放松的时候。这是他们的家，他们每天都会像这样，在门口找钥匙开门，而不会注意自己身后的事情——这是最完美的下手时机。在街上下手主要是做给别人看的，是有人想以此杀鸡儆猴。

戴　维：所以说在大门口下手风险比较小？

杀　手：肯定，那是肯定的，因为你不是在大街上，特别是如果这个人住在居民区，偷偷溜到他们身后是很容

---

[1] 吉尔·丹多：Jill Dando，英国著名记者，常年供职 BBC，1999 年 4 月 26 日上午在伦敦富勒姆的住所外被枪杀。

易的事。你在大街上跟着他们，直到家门口，溜到他们背后……砰砰两下。一切搞定了。你明白吧？然后你得赶紧走开，因为可能有人会听到声音，以为是汽车回火，或者是车胎爆了什么的。在门口下手是因为他们那时很放松，毫不警觉，除非你跟我一样，我在家门口时都会四处张望，但那是我干这行的经验。所以原因就是这个：在门口下手又快又容易，而且他们在专心做别的事情；他们不会很警觉，会觉得很安全，因为他们就在自己家门口。

戴　维：你提到了吉尔·丹多，她是脑后挨了一枪，而不是两枪。你觉得这个细节重要吗？

杀　手：我觉得很重要。如果你问我对此的解读，我会说是因为开第二枪时枪出了问题，子弹没打出去。杀手使用的子弹很特殊，是自制的。所以我觉得杀手本来是准备开两枪的……因为……那就是……那个……事情都是这么办的，两枪。

戴　维：你认为杀害丹多的是个优秀的杀手吗？

杀　手：我认为是，嗯。

戴　维：你为什么这么觉得？

杀　手：因为杀手是在她家门口下手的，我之前解释过，杀手都这么干。而且她是头部中枪。因为……如果是业余的，一般都会朝身体开枪，挺忐忑不安的，所以先朝身体开一枪，看看接下来会怎样。杀丹多的人之前是杀过人的。他走过去，开了枪，很有可能还试着开了第二枪，但没成功，所以就走了。我是这么看的。我在监狱里遇见过其他杀手，还有一些之前实施过刺杀的人，他们大多数都挺专业的。那些开着车、拿着机关枪扫射的人才是真正的笨蛋。

戴　维：你认识的那些杀手，为了干这一行，都经过了怎样的训练呢？

杀　手：有各种各样的训练。必须从比较年轻的时候开始。如果你想做杀手的话，一般都是这么做的。你在监狱里的时候，有人可能会雇你行凶。价钱不高，有时候也不一定是要取人性命，可能只是让那个人重伤。在帕克赫斯特和其他一些监狱里，最流行的方式是等别人洗澡的时候下手，一帮人带着尖东西进去，能捅多少下就捅多少下。我们管这叫吊茶包——不是我们平常说的吊茶包[1]。我们这么叫是因为被捅的人身上到处都是洞，就跟茶包一样。如果你在监狱里替一个毒贩捅了人，按理说，你被放出来之后，你和他互相知根知底，大家又口耳相传，说你愿意为了钱杀人，接下来一切就顺理成章了。这就是你的训练——在监狱里。我认识的大多数杀手都是这样走上这条路的。他们变得越来越可靠；他们保守秘密；他们懂得如何销毁证据，因为在监狱里，你捅了人之后得想法处理凶器，销毁留下的证据还有衣服什么的。所以你要有关系网，你把衣服给别人，他们拿走撕成碎片，扔出窗外，让它们

---

[1] 吊茶包：性俚语，指一种口交的方式。

挂在监狱的铁丝网上——搞定。刀则冲进下水道什么的。所以说……我想说的是监狱……如果你在监狱里干了这种事，而且干得很好，那么你被放出来之后，就可以在外头继续干——明白我的意思吗？

戴　维：为什么有些杀手会把枪留在现场？

杀　手：因为这样你就追查不到他头上了。如果你留着这把枪，再被捉到，那你就跟这件案子脱不了干系了。这就是为什么如果你想抢劫，要买枪，卖枪的人会问你："要干净还是不干净的？"他是问你是不是想要一把使用过的枪。如果你没有不在场证明的话，其他人用这把枪犯下的事可能会被算到你头上。干净的枪则要更贵一些。打个比方，你搞到了两把左轮手枪，其中一把被用在六起枪击案中，如果你被抓到，这把枪在你手里，你就是那六起枪击案的嫌疑人，除非你有非常好的不在场证明。这就是为什么他们会把枪留在现场。枪最好用一次就扔掉，因为这把枪可能已经被用过太多次了，所以你就扔掉吧。没有必要为了省钱而把枪留着，一把枪也就500英镑，留着它可能一辈子都搭进去了。所以我们都会把枪扔在现场！如果你带着枪被抓到，你就玩完了。

我自己都没有想到，就在这一个小时之内，我能知道这么多关于受雇杀人和杀手的事。

那么我是怎么开始研究起杀手的呢？

电影里的杀手与真实的杀手

我们永远都不知道自己的人生道路将通向何方，而这一次，确实是因为一条路让我研究起了杀手，确切地说，是"意大利面路口"[1]。我每天开车去伯明翰城市大学的路上，都会经过臭名昭著的M6公路6号路口。当我沿着公路出口的螺旋道路往下行驶时，能看到在这迷宫一样盘旋交错的众多道路中间，树立着一块广告牌，其地理位置保证了最大化的曝光率。2007年有好几个月，这块广告牌上都在给一部叫作《杀手》（*Hitman*）的电影做宣传，电影的主演是蒂莫西·奥利芬特。

因为每天都会经过"意大利面路口"，所以我日复一日地看着那张电影海报，但除此之外，我对这部电影一无所知，甚至都没听说过蒂莫西·奥利芬特这个名字。

我的好几名学生都去看了这部电影，当我问起时，他们告诉我说，这部电影是根据一款同名的丹麦电子游戏改编的——他们中大部分人都是因为是这款游戏的粉丝，才去看的电影。游戏和电影的主角都是杀手47，奥利芬特扮演的正是这个角色。他在影片中的人物形象在那块广告牌上十分显眼。

正是这个形象引起了我的注意。它显然是被故意夸大过的：杀手47穿着一件黑色西装，戴着黑色的皮手套，穿着一件很正式的白衬衣，还戴着一条红色领带。这个角色是个秃头（或者是把自己剃成了光头），眼睛是蓝色的，目光十分犀利。他戴着手套的双手各拿着一把枪。这样的设计让他看起来既专业又充满魅力——这个男人知道怎么做好

---

[1] 伯明翰附近的一座立交桥，是M6公路的6号路口，有许多公路与铁路经过这里，使路口看起来就像一盘意大利面。

自己的工作，而且风格独特。

我忍不住怀疑，杀手们真是这样的吗？

他们真的像杀手47这样专业而且受过训练吗？他们是否像电影里经常刻画的那样，负责替犯罪团伙——当然也可能是替政府机构——犯罪，冷酷无情地追杀自己的目标？他们是否像加拿大骑警一样，总能"捕获目标"[1]？

毕竟，这种形象并不少见。杀手经常出现在犯罪电影、电视剧、流行小说和电子游戏中——简直到处都有他们的身影。他们在烟雾缭绕、常有罪犯出没的房间、酒吧和赌场里执行任务，和我们普通人的生活几乎完全隔绝。我想知道现实与这种虚构的形象之间有多大出入，所以我开始在真实世界中寻找那些可以被雇用的杀手。

很快，我就遇到了一系列困难。

正如美国哲学家劳里·卡尔霍恩所说，杀手有"自己的秘密世界"，所以，如果有学者想要研究这类型的犯罪及其活动的环境，恐怕会遇到很多困难。也许正因为如此，关于杀手和雇凶杀人现象的学术研究相对较少。

但这并没有让我退缩。我知道这类型的谋杀一定存在。许多犯罪学家对英国集团犯罪的研究都表明，暴力现象——包括致死的暴力现象和非法交易网络之间是有联系的。话虽如此，我的任务确实十分艰巨。因此，我和自己在伯明翰城市大学的一些博士生及同事一起，开始探究雇凶杀人现象（现在警方称之为"针对性攻击"）在英国的现状。

我们的第一个任务是定义"杀手"这个词。在经过一番讨论之后，我们认为，杀手是指那些接到命令去杀人的人，而且这些命令并非来

---

[1] 好莱坞在20世纪中期拍过许多关于加拿大骑警的电影，塑造了骑警们无往不利的形象。

自公众认可的权力机构,因此不是"正当杀人"。

这个定义给我们免去了一场哲学上的辩论,我们不用去计较士兵和死刑执行者算不算杀手。这样的辩论虽然有很重要的意义,但在这里会阻碍研究的进行。这个定义还表明了,被害者和凶手之间的关系比较远——在普通的谋杀中则不是这样的,大多数时候被害者和凶手都互相认识。

在研究中,我们在英国只发现了一位"女杀手",所以尽管"杀手"[1]这个词字面上专指男性,我们还是决定继续使用,不做更改。

在确定了定义之后,下一步就是翻阅报纸,找到那些被定义为"杀手"的人,那些受雇杀人并因此被定罪的人,或者那些企图犯下这类罪行但未遂的人。最终,我们列出了一张清单,清单上是英国1974年到2013年间发生的27起雇凶杀人案,共涉及36名杀手(有些杀手有同伙)。

尽管这样做学术研究也许会产生道德上的争议,但我们还是利用了自己广大的关系网,通过认识的罪犯、有前科的人、曾在刑事司法系统中工作过的人,来寻找那些对雇凶杀人有直接了解的人。我和这些线人进行了一系列非正式的采访,以此来对我们收集到的信息进行三角校正[2]。

我们的研究结果是基于那些被抓到过的杀手,对那些逍遥法外的凶手可能并不适用。还有一点必须记住,那就是我们的调查范围仅限于英国内部,在别的国家,情形可能完全不同,杀手的类型、特点也可能完全不一样。

---

1 杀手的英文是hitman,其中"man"是男人的意思。
2 三角校正:指用多种方法来研究同一现象。

如无特殊说明，以下的研究结果都只针对英国的案例，同时我们把北爱尔兰排除在外。

我们在研究中遇到了很多困难，研究结果中也包含了许多"假如"和"但是"，但总而言之，整个研究过程非常激动人心。我们觉得自己仿佛是一群探险家，正在竭尽所能为一个尚未被发现的全新领域勾勒形状。

我们还试图找出这些谋杀背后的动机。然而，不论我们怎么仔细研究手头的案例，仍然很难确定每件案子的动机。但在我们能确定的动机中，大部分似乎都是因为生意上的分歧，尤其是为了搞掉厉害的竞争对手。还有一些其他动机，包括：不同"犯罪组织网"（俗称帮派）之间的分歧；为了提高自己在帮派里的地位；离婚夫妇之间的家庭纠纷；认错了人；"荣誉谋杀"[1]。当然了，杀手们基本上不会透露自己的雇主是谁，也不会说出自己被雇用的原因。

所以说，我们到底有什么新发现呢？

总体来说，媒体塑造的杀手形象是十分不真实的。他们并不会在烟雾缭绕、罪犯聚集的房间里下手，而是会选择开阔的地方，比如人行道。他们有时候会趁着目标在遛狗或者购物的时候下手，部分行人目睹了整件事的发生，被吓得目瞪口呆。案发的地点一般都是在城郊住宅区，而不是像虚构的故事里写的那样，在罪犯们的窝点里。大多数时候，杀手都和被害人住在同一片区域，事实上，缺乏流动性是导致杀手们被逮到的最主要原因。

---

[1] 指凶手谋杀家庭成员，以达到挽回家族荣誉的目的。

杀手里的"青铜"与"王者"

在把这些调查结果汇总之后,我们试着概括出英国杀手的不同类型。这些类型能帮助我们研究雇凶杀人的现象,但概括的过程却是困难重重。不同的类型之间几乎总是有一些相互"渗透";不同的学者面对同一份材料,有可能给出不同的分类;而且我们还要做好心理准备,如果有新的证据出现,我们总结出的类型有可能也要跟着更新。我们希望这个类型系统能被看作一个起点,日后相关的研究能在此基础上继续发展。

我们根据收集到的信息,把杀手分为了四类,在经过深思熟虑之后,决定给他们起名为:新手、业余者、老手和大师。

为了使这些标签能准确体现出杀手们在技巧和经验上的不同,我们思考了很久。我们也知道,这些描述性的词语——尤其是大师——听起来似乎是在美化杀人犯。但这并不是我们的本意。我们使用这些词语,是因为它们能表现出不同案件、不同犯罪手法的规律和特征。我们还注意到了一点,那就是许多案子的凶手都是第一次被雇杀人,我们认为他们应该是新手。新手是指那些还在训练中或刚刚开始行凶的杀手,但这并不意味着他们没有能力成功实施谋杀。

我们来仔细看看一些新手的例子。我们在研究中碰到的最年轻的杀手就是一个新手。2010年,15岁的桑特·桑切斯·盖尔为了2000英镑的薪酬,杀害了古丽斯坦·苏巴西,但他最终只拿到了200英镑。他接下这桩任务,是为了向所属帮派的成员证明自己。

桑切斯·盖尔仔细地策划了这次谋杀,现场也未留下任何证据。他搭乘一辆出租车去到受害者住的地方,实施了谋杀,然后坐着出租车回了家。出租车司机说他在杀完人回家的路上看起来很"正常"。

负责这起案件的高级调查人员表示，警方一开始认为这起案件的凶手是"专业的"。这也许是因为桑切斯·盖尔对犯罪世界并不陌生——他同母异父的两个哥哥都因谋杀而入狱，而且二人各自犯下的谋杀之间并无联系。他自己则加入了一个叫作"肯萨尔格林男孩"的帮派，他在街头还有个绰号，叫"暴乱"。

事实上，桑切斯·盖尔还向自己的朋友们吹嘘这件事，随后他的朋友们报了警，警方这才抓住真凶。他因此被判处监禁至少20年。

我们在研究中发现的唯一一名女杀手，也属于"新手"这个类别。特·兰吉玛利亚·恩加里姆是一名住在伦敦的毛利人，她受雇杀害了屋顶承包商格雷厄姆·伍德哈奇。这起谋杀的动机似乎是生意上的冲突。她拿到了1500英镑的报酬，虽然雇主一开始说要给她7000英镑。当时伍德哈奇刚做完手术，还在伦敦北部的皇家自由医院住院。恩加里姆在事发前一天就去了医院，准备动手，但没有成功。第二天，她乔装打扮成男人再度来到医院，这次成功了，然后她立刻逃去了新西兰。虽然警察当时觉得她这一举动十分可疑，但没有任何证据能证明她有任何嫌疑，所以没有逮捕她。

在新西兰时，恩加里姆去了一趟教堂，随后，她不顾律师百般劝阻，决定回英国自首，然后被判处了终身监禁。

恩加里姆会说几种语言，有好几个学位，还是个虔诚的基督徒，一直遵纪守法，所以她到底为何答应受雇杀人，我们至今都不得而知。但她跟桑切斯·盖尔一样，都没能拿到他们本来和雇主商定好的报酬，这体现了他们在这方面还十分稚嫩。

接下来，我们来看看"业余者"。他们在策划、执行谋杀的时候，年龄一般要比"新手"们大很多，而且他们选择受雇杀人的原因多种多样。业余者并不一定有犯罪史，也不一定属于一个帮派或是替政府机关做事。他们受雇实施谋杀,似乎只是为了解决某种个人危机。"业余者"虽然偶尔涉猎受雇杀人这个领域,但对此并无多大热情,也没有什么技巧。

"业余者"的典型代表非奥维尔·莱特莫属。莱特过去在牙买加当过法律文员。一个叫特蕾莎·皮特金的女人的旧情人给了莱特5000英镑,让他杀了特蕾莎。于是莱特戴着滑雪面罩,挥舞着一把刀,闯进了特蕾莎在伦敦北部的公寓,然而,在跟特蕾莎交谈过之后,莱特意识到自己实在下不了手。在庭审时,法官形容他是"临阵退缩的杀手"。莱特无法完成谋杀,这说明他作为杀手第一计划不周,第二能力不足。这也是为何莱特只被关了两年半。从以上这些信息中我们可以推测,莱特本来是准备用刀来对付受害者的,而在我们的样本里,大多数杀手都是用枪。杀人手法不同,是因为"业余者"没有途径搞到枪支。

保罗·克莱恩和莱特一样,也是一名业余杀手。克莱恩因杀害沙伦·伯奇伍德,于2010年被判处终身监禁。在这之前,20世纪90年代,因为拿到了50万英镑的保险金,克莱恩一直在泰国过着富裕的生活。然而,这些钱最终被他挥霍一空。他当时还是另一起雇凶杀人案的嫌疑人,在取保候审期间,他欠下了1.1万英镑的债务。就在这时,他通过泰国侨民社区认识了沙伦·伯奇伍德的前夫格雷厄姆,并接下了杀害沙伦的任务。沙伦死后,她的前夫能继承47.5万英镑的遗产,克莱恩则能拿到3万英镑的报酬。于是克莱恩飞回英国,在沙伦家中残忍地勒死了她,留下了她"被胶带和电线捆得牢牢的"尸体。克莱恩在很多年前被逮捕过,所以警方有他的DNA记录,这次又在现场留下了证据,因此警方很快就锁定并逮捕了他。

最后来看看理查德·奥斯汀和顿·阿尔维兰加的案子,以帮助我们进一步理解业余杀手。2006年3月，他们二人通过黑帮关系网接到了任务，一辆车载着他们来到了大曼彻斯特区的索尔福德市，停在了黄铜把手酒吧外。他们要杀的两个人正坐在酒吧里看球。后来，一名目击证人说他们"不太愿意进酒吧"，但最终还是进去了，两人各带着一把手枪。新闻上说，奥斯汀开了六枪，有五枪都打中了目标。其中有一把枪卡住了，于是酒吧里的人们迅速夺过了枪，朝他们俩射去。奥斯汀和阿尔维兰加"踉踉跄跄地走出酒吧，倒在了地上"——两人均因枪伤身亡。

这三个案例均能体现出业余杀手的低成功率。他们一般都没能成功杀死目标；他们使用的方法很"不寻常"，主要是因为他们没办法弄到枪；就算他们能弄到枪，枪也会出问题；他们会"临阵退缩"；而且他们最终总是会被抓住。

"老手"和"业余者"有一些共同之处，因为他们的技艺都不太精湛。然而，"老手"并非全无优点，他们能力不错，经验较足，办事可靠。有时候，这意味着"老手"比"新手"和"业余者"要难抓得多。约翰·蔡尔兹就是个"老手"。蔡尔兹是我们找到的杀手中犯案次数最多的，但据我猜测，没有几个人知道他是谁，对他的供词，我们也无法查证，只能选择相信。1974年到1978年间，蔡尔兹犯下了六桩谋杀案——在我印象中，没有哪个连环杀人犯能在杀害这么多人之后而不引起公众注意。

从很多方面来说，蔡尔兹在我们的研究对象中都是个特殊案例。我们只发现了一起被害者为儿童的雇凶杀人案，这起案件就是蔡尔兹干的。1975年，他不仅杀害了自己的目标，还杀害了那个人的儿子，因为他担心那个男孩会指认他为凶手。蔡尔兹还有一点和其他研究对象不一样，那就是在他犯下的罪行里，受害者的尸体从未被人发现，所以这些人到底是怎么被杀的，我们也只能听信他的一面之词——也或许他们根本就没有被杀。也许出于某种个人原因，蔡尔兹虚报了他杀人的数量，也许他是为了夸大自己作为罪犯的名声。蔡尔兹自己的解释是，他会把被害者的尸体搬到伦敦的家里，然后进行肢解、焚烧。1980年，他因多次抢劫运钞车和银行而被捕，最终被判终身监禁。

大卫·史密斯和罗杰·文森特这个杀手二人组也可以算是"老手"。史密斯和文森特因杀害大卫·金而分别被判25年和30年监禁。大卫·金的绰号是"劳力士·大卫"，他是"有名的黑社会，有不少敌人"。

史密斯和文森特的作案方式属于典型的"老手"，一切都经过精心策划，办事有条不紊。警方认为金的死和犯罪组织的活动有关。2002年，金因涉嫌进口14公斤海洛因而被警方调查，但后来这件案子被撤销了，因此有人怀疑金成了警方的奸细，于是想置他于死地。2003年10月3日，史密斯和文森特埋伏在一辆偷来的标致拳击手小客车里，在当地一所健身房门口等金出来。文森特拿着一把AK-47突击步枪，朝着金射出了100发子弹，金当场毙命。

枪击发生后，史密斯和文森特逃离了现场，烧毁了车，搭乘着另一辆事先安排好的车继续逃跑。正是这次换车导致他们犯了一个错误，而这个错误又导致了他们最终被捕。警方在第二辆车里发现了一个塑料手套，通过识别手套上的掌纹，他们锁定了史密斯。接下来，警方追踪了十万余通电话，收集了1200多份证词。在法庭宣布审判结果时，法官说这是"一次精心策划的、冷血无情的刺杀"。

这个案件有许多特征，使我们认为史密斯和文森特属于"老手"类的杀手。首先，他们使用的武器是枪，而且是我们搜集到的案例中威力最大、最野蛮的枪支之一。第二，作案过程是经过筹划的。他们知道自己的目标会在哪里出现，并且确保自己能顺利逃离现场，同时尽可能避免留下证据。被害者在当地的犯罪组织中十分有名，因此雇凶杀人的人的动机，一定和集团犯罪有关。值得我们注意的是，史密斯和文森特的被捕，要归功于对当地社区信息的收集、带掌纹的手套的发现和一名目击证人的证词。

我们发现的最老的杀手，是63岁的大卫·哈里森，我们认为他也属于"老手"类杀手。2010年夏天，哈里森来到斯塔福德郡，前往铁废料箱出租公司的老板理查德·迪金斯的家中，趁他熟睡之际，朝他的胸口和腿上各开了一枪。因为房子里的贵重物品都还在，警方很快就排除了入室抢劫的可能性，并怀疑起了"脖子粗短、没有牙齿的职业罪犯"哈里森。哈里森最终被抓住，是因为他自己在犯罪过程中犯下了一系列错误。比如说，案发前有三个早晨，他的电话记录定位都在案发地或是附近；还有，警方在他另一处住所发现了2.6万英镑的现金，都是在案发后两周内被取出来的，警方认为这正是他完成谋杀的酬金；在进一步的搜查中，警方还在他家里找到了关于此案的新闻剪报。

在哈里森被判终身监禁之后，皇家检察署复杂案件工作小组的一名律师说道："这是一场重要的诉讼。一名职业杀手和他的司机被判有罪，因为他们冷血地实施了一场精心策划的谋杀，使两个孩子失去了父亲。"

哈里森的案子，就像文森特和史密斯的案子一样，都体现了"老手"型杀手犯案的特点。首先，他们实施谋杀的手段和我们预想的一样，使用的是枪支，虽然用来杀害迪金斯的短管霰弹枪一直都没有找到。其次，犯罪现场是经过处理的，几乎找不到任何遗留的证据。这一谋杀的动机尚不明确，警方目前也无法给出一个准确的答案。最后一点是，哈里森过去参与过犯罪活动，还曾涉嫌用十字弓杀害了另一个人。

终于，我们要说到"大师"级的杀手了。这个类型还是个谜，因为我们目前还没有发现任何人属于这个类别，这也表明"大师"级杀手是非常难抓到的。不过，我猜测那个在本章开头和我碰面的人是"大师"级的。当然，这也只是我的猜测，现在，我们只能研究研究"大师"级杀手杀人的手法了，而2000年5月在苏格兰发生的弗兰克·麦克菲被杀案就是个很好的例子。麦克菲就是大家常说的"黑帮老大"。他在自己位于玛丽山的家门口，被一把带有望远镜瞄准器的点22口径步枪一枪打中头部——案发地点离玛丽山警察局只有500码[1]。我们认为是有人想阻止麦克菲参与北爱尔兰的贩毒生意，因此雇杀手杀死了他。警方没能查出这名杀手是谁，分析这样的案例也不能帮助我们找到他，但却能让我们更好地理解"大师"级杀手的特征和行凶方式。

通过与几位线人的交谈，我可以肯定"大师"级杀手确实是存在的，他们一般都有军事或者准军事背景，但我们无法对这一点进行核实。这些"大师"非常懂得如何躲避法律的制裁，他们生活在阴影里，如同鬼魂一样，所以我们无法对他们的形象做出有理有据的归纳总结，无法像介绍另外三种类别那样，概括出他们犯案的特点。

这些"大师"级杀手能躲过法律制裁的主要原因之一是，他们会潜入自己目标所在的社区作案，然后立刻离开。这意味着，警方收集到的当地信息里，几乎没有什么能帮助他们理解这些案子的发生，或者锁定杀手的身份。这一点非常重要，因为在我们找到的案例中，大多数杀手被捉拿归案，都是得益于收集到的关于当地社区的信息。

从某种意义上说，我们的分类法是建立在失败的杀手身上

---

[1] 约合457米。

的——我们能准确描述的类别，都是那些被抓住并定罪的杀手。我们也不知道这个分类法对那些逍遥法外的杀手适不适用，但有一点几乎是可以肯定的，那就是他们作案的方式要复杂、精密得多——也许有些杀手的技艺会精湛到警方对被害者的死因都不会产生怀疑，认为被害者是自然死亡。这些猜测虽无法被验证，但既然理论上可能成立，那么我们便很难判断雇凶杀人的现象是在增加、减少还是没有什么变化。

都是生意，视目标为金钱

我们在探讨中发现的另一个关键因素，是动机。杀手们作案的动机大多是金钱，但有一小部分杀手是帮派或犯罪交易团伙的成员，因此他们可能会通过执行杀人的任务来建立自己精明可靠的名声。然而，帮派或者犯罪交易团伙的存在，都是为了挣钱。对杀手来说，如果想尽可能多挣钱，就要尽可能做得专业。毕竟越专业，越不容易被抓住。这是杀手和连环杀人犯之间一个重要的不同之处。杀手是在外在原因的驱动下犯案，连环杀人犯则是由内在原因驱动。明白了这一点后，我开始意识到，成功的杀手可能会在心理上把自己的目标看作"钞票"或者"钱"，而不是一个有血有肉的人。倒在他们枪下的并不是人，不是"受害者"，而是"目标"。当我在咖啡馆里采访那名"大师"级杀手时，我向他问起了这件事。他只是笑笑，呷了一口茶，说道："都是生意。"正如史蒂夫·霍尔所说，成功的杀手是"犯罪企业家"，或者"犯罪承办人"，他们可以不把自己的受害者当人来看待。

既然如此，我们能否把"新手"和"业余者"称为"犯罪企业家"

呢？他们的声望是在监狱或社区内部建立起来的吗？还是他们获得声望的途径和动机都不相同？他们也能像"老手"和"大师"一样，从心理上不把受害者当作人来看待吗？思考这些问题，能帮助我进一步走进这些杀手的内心世界。

我想知道我们研究的那些"新手"和业余杀手——桑切斯·盖尔、恩加里姆、莱特和克莱恩有没有对受害者进行这种心理上的重建。我想知道，他们有没有在行动方式上做出调整，过滤掉受害者人的特质，把他们变成"目标"或者"钱"。

为了探讨这个问题，我们可以来对比一下莱特和桑切斯·盖尔的案子。莱特，一个"临阵退缩的杀手"，显然没能把皮特金女士仅仅看作是钱——当他开始与她交谈时，一切都破功了。莱特和皮特金女士待了一段时间，在这个过程中，莱特开始对她这个人有所了解。而桑切斯·盖尔则有着近乎完美的专业手法，如果那名出租车司机的话可信的话，桑切斯·盖尔的确是铁石心肠。而且他是趁受害者进家门的时候下的手，这也是专业杀手的标志之一。如果他没有向自己的朋友吹嘘这件事，也许他日后会成为一名"大师"级杀手，也未可知。

恩加里姆和克莱恩的案子也能帮助我们探究杀手的心理重建过程。唯一的女杀手恩加里姆在回到新西兰后，无法保持把受害者不当人看的心态。她在故乡重新找回了自己的信仰，但同样重要的是，她离开了过去的旧环境，也正是这个旧环境促使她一开始接下了杀人的工作。她无法再说服自己只不过是为了挣钱而完成了一份"工作"，无法再忽略自己杀害了一个人的事实。

这样看来，这种心理上的调整并不是一劳永逸的，杀手们需要长期对其进行控制。如果恩加里姆想做到这一点，她得继续进行受雇杀人的工作，直到这样的调整成为工作的一部分，成为她"专业"精神的一部分。

至于克莱恩，他虽然成功实施了谋杀，但使用的手法——勒死说明他对枪支十分不熟悉，或者他没有渠道弄到枪支。他行凶的方式大大降低了抓捕他的难度。然而，看起来他似乎成功地把受害者看成了一个非人的、能挣到钱的"目标"。

看起来，只有桑切斯·盖尔有犯罪背景，而且有意识地进行过心理调整。莱特和恩加里姆都没有犯罪史，克莱恩在很久以前犯过一次法，所以国家DNA信息库里才会有他的DNA。有一点很明显，他们每个人犯案的原因都是为了挣钱。但莱特并没有完成任务，因为他和要下手的目标交谈了起来，导致他无法完成心理调整。结果就是，他的受害者很快就从"能挣钱的工作"变成了一个独立的人。

再继续深入思考，我们会发现，英国的杀手们并不是都存在于一个秘密的地下犯罪世界中，甚至一大半都说不上。大多数时候，他们下手的地点就在自己所属的社区之内，这是杀手们会被警察捉住的最主要原因。

我们的样本里有不少很不专业的谋杀。尤其是"业余者"们，他们经常变卦，经常临阵脱逃，有时候，在极端情况下，还会在自己的目标手下丧命。

"老手"们可以在很长一段时间内做得很成功，但谢天谢地，他们最终还是会被抓住——警方会从他们犯下的案子中慢慢收集信息，而且法医鉴定学也在不断发展进步，还有，警方的线人们也功不可没。

这么来看，雇凶杀人其实并没有那么非同寻常，其实它很常见，也很普通。同理，有些人雇凶杀人的原因也很琐碎。说实话，那些给的钱不多的谋杀，原因一般都出奇地无聊，而且还带有厌女的色彩。比如丈夫和妻子闹翻了，或者想提前拿到对方的人寿保险金，而且大多数时候都是男性想杀自己的妻子或伴侣。再比如生意伙伴想散伙；生意没谈成；年轻的男性帮派成员想要在老一些的男性成员面前逞能。

就我所知，普通杀手们的生活可比杀手47的平淡无奇得多。

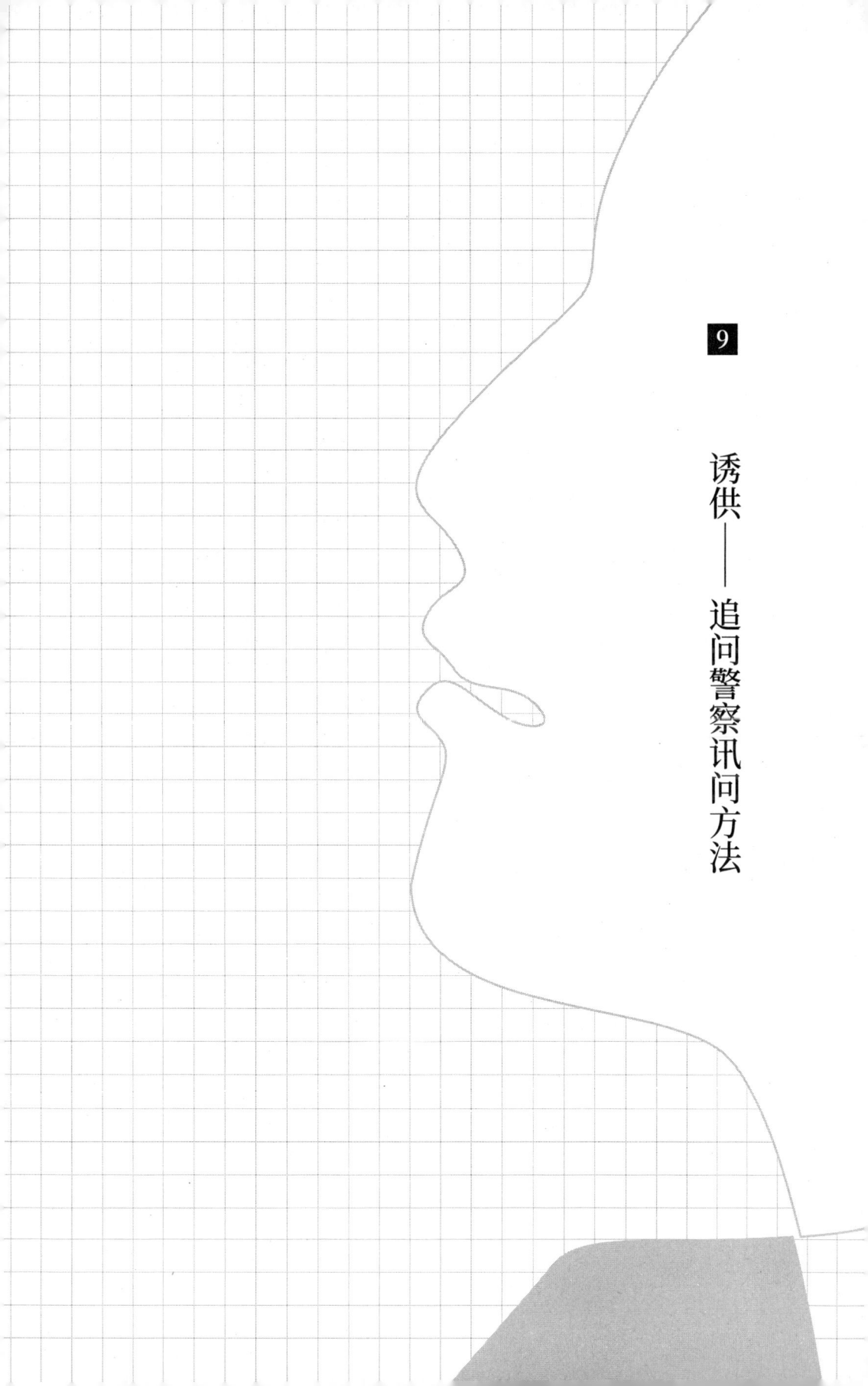

9 诱供——追问警察讯问方法

"真正的共情能力，（我说的是）真正的，而不是装出来的，不是指用昵称来称呼人，或者跟人握手，或者给别人泡杯茶冲杯咖啡这种让人感到放松的标准程序。这些程序不是不重要，但必须还要有真正的共情能力。虽然你们也许很难相信，但真正的共情是不带主观判断的。他们（像他一样的连环杀人犯）看待这个世界有自己独特的视角，你必须去发现这个视角。"

——摘自美国连环杀人犯泰德·邦迪最后几次警察讯问的其中一次

审讯专家的独家秘籍——莱德审讯技术

在布里斯托的科尔斯顿音乐厅，观众们正迅速地涌进来。与此同时，我和迪恩·斯特朗，还有杰里·巴汀正坐在后台吃着蔬菜沙拉。当史蒂夫·艾弗里于 2007 年因涉嫌谋杀而被起诉时，斯特朗和巴汀是他的辩护律师。他们并没有成功地让史蒂夫脱罪。由于一部叫作《制造杀人犯》(Making a Murderer)的纪录片，这起案子引起了公众的关注。艾弗里曾因被错判而被关了将近 20 年，后来被赦免并释放，但他又一次被控与自己的侄子一起谋杀了特蕾莎·哈尔巴赫，尽管斯特朗和巴汀竭尽全力为他辩护，艾弗里还是被判处有罪。

当那部系列纪录片在网飞上播出后，每个人似乎都对艾弗里是否有罪有自己的判断，而斯特朗和巴汀为艾弗里辩护的坚决态度和最后的无功而返，使他们俩出人意料地成了这部纪录片中的明星。

现在，斯特朗和巴汀想要利用自己的知名度来讨论艾弗里一案以及它所展现的更加普遍的错判现象和美国司法系统的失败之处。为了让这样的讨论被更多人听到，他们做起了巡回讲座，而我则为他们当了几次主持人，并和他们混得很熟。当来到布里斯托时，我们已经制定好了讲座前半场的内容，后半场则交给观众提问。我计划好了一系列问题来抛砖引玉，让他们打开话题，同时还加入了一两个尴尬的问题，主要是说那部纪录片是如何不够客观的。

其中一个是关于警察对布兰登·达西的讯问。

达西是艾弗里16岁的侄子，他性格内向，因智商较低，在当地高中的特殊教育班上就读。尽管如此，在警方对他的审讯中，有四次都超过了48小时，而且既没有代理律师在场，也没有成年监护人的陪同。在这样的煎熬下，达西最终向当地警察汤姆·法斯宾德和马克·维格特供认，他和自己的叔叔一起杀害了特蕾莎。后来他撤回了自己的供词，并对母亲说，是因为法斯宾德和维格特让他"昏了头"，自己才会认罪的。但那时说什么都已经晚了。

我一般会把这个问题交给斯特朗来回答。

"迪恩，在纪录片中，警方对布兰登·达西的审讯给大家留下了深刻的印象。在美国，这种讯问的方式常见吗？"

我很喜欢这个问题，因为它能开启好几个方面的话题，比如：英国警察和美国警察审讯技巧上的区别；供词和对供词的使用；虚假供词导致的司法不公；以及一个更为广泛的问题——我们如何判断一个人说的话是真是假。

我认为，用英国的术语来解释的话，达西的供词是"在胁迫下的供词"，因此在英国法庭上不作数。而且，因为法斯宾德和维格特在审问时既没有代理律师，也没有监护人在场，所以达西的供词没有法律效力。综上所述，我认为达西被判有罪，是一次错判。

跟迪恩和杰里不一样，我们不太相信艾弗里是无辜的。尽管纪录片里没有提到，但艾弗里有犯罪史，而且经常做一些不道德的事情。

"没错，戴维，"迪恩回答道，"你能从审讯中看出警方使用了莱德审讯技术。"

约翰·莱德曾是芝加哥的一名警察，在20世纪40年代成为测谎专家。他相信自己能让最桀骜不驯的嫌犯开口，而且不是屈打成招（有时被称作"第三级"审讯）——虽然当时这样的情况十分普遍，而是依靠他自己发展出来的一套技巧和自学的心理学知识。现在，这套技巧在美国被看作审讯犯人的最佳手段，所有警察都需要学习。

莱德的审讯技术分为两个阶段。第一个阶段是对嫌犯进行讯问，警察通过判断这个人是在说谎还是在说真话，以此来确定他是否与案件有关。

第二个阶段则涉及莱德的九步审讯法。这九个步骤不一定要按顺序来实施，也不一定全部都要用上。这九个步骤为：

- 直接、正面的对峙
- 展开审讯主题
- 阻止嫌犯对所控罪行的"否认"
- 攻克嫌犯的异议心理
- 引起并且维持嫌犯的注意力
- 应对嫌犯的消极情绪
- 列出选择问题
- 让嫌犯口述犯罪细节
- 把口头供词变成书面供词

这九步中的第一步，就体现了美国与英国审讯技巧最重要的区别。莱德审讯技术从一开始就带着指控的意味，而不仅是调查真相。因此，美国警察在审讯一开始，就会亮出案件细节和对嫌犯不利的证据。最重要的是，这些证据不一定必须是真的——美国警察可以在审讯中撒谎。他们可以说自己在犯罪现场找到了嫌犯的 DNA 或者指纹，或者说有目击证人指认他就是凶手，但这些都不一定是真的。

第二个步骤是"展开审讯主题"。这时警察会提出嫌犯犯案的可能的动机，尽管嫌犯有可能根本就是无辜的。随着审讯的深入，他们会用这些动机来为嫌犯的行为找借口，比如可能经常会说"我们知道你不是故意的"，或者"你忍受了太多，于是你突然爆发了"。

这个过程可以长达几个小时，直到最后嫌犯崩溃并"认罪"，虽然他可能根本就没有犯下这桩罪行。嫌犯在书面供词上签了字，通常是因为他们不想让审讯再继续下去，他们也许认为日后撤回供词就能解决问题，但大多数时候并不是这样。

虚假供词分为三种：自愿做出的虚假供词；在胁迫下认罪的供词，正如上文的例子；在胁迫下内化的虚假供词，这是指让本来清白无辜的嫌犯相信自己确实有罪，尽管自己根本就不记得犯罪过程。

清白的人可能会因为各种各样的原因主动提供虚假供词：想要让自己变得臭名昭著；有精神方面的问题；或者为了替真凶顶罪。出人意料的是，这样的虚假供词经常出现，所以英国警方不会向嫌犯透露所有的犯罪细节，这样当嫌犯"认罪"时，他们可以以此来判断他的供词是否真实。

在胁迫下认罪的供词，则是指当嫌犯知道自己没有犯罪，但为了逃避继续被审讯所带来的压力而选择认罪。提供这种供词的嫌犯，一般在权威面前都十分顺从听话，所以很容易在警方的劝说和操纵下认罪，错误地相信日后真相会大白。他们在当时不顾一切地想要终止审讯，疲惫到无法思考这样做会带来什么后果。

在警方对布兰登·达西的审讯中，我们能看出他们使用了莱德审讯技术，我认为正是这种审讯导致达西做出了胁迫下认罪的供词。

那时，达西还是个不成熟的青少年，感兴趣的事情只有动物和一档叫《摔角狂热》[1]（*Wrestlemania*）的电视节目。他从学校里被警察带走，不断被警方施压，要对他们的问题给出"正确的答案"。我认为，由于达西不知道他们口中的正确答案是什么，所以在审讯过程中，他叙述的事情经过变来变去。显而易见，警察们问的问题都很有指向性，而且向达西旁敲侧击，导向他们想要听到的答案。以下就是个典型的例子：

法斯宾德：他（达西的叔叔史蒂夫）有没有说他为什么想让你这么做？

达　　西：没有。

维　格　特：你用的哪把刀？

达　　西：他用来捅她的刀。

法斯宾德：捅了多少次？

达　　西：一次。

法斯宾德：你确信？

维　格　特：所以史蒂夫捅了她一次，然后你割了她的喉咙？（达西点点头）你还对她的头做了什么？

法斯宾德：这很重要，你必须回答这个问题，我们才能相信你。

维　格　特：快点，布兰登，你还做了什么？

（停顿）

法斯宾德：我们都知道，我们只是需要你说出来。

---

[1] 摔角狂热：世界摔角娱乐（WWE）每年一度的摔角赛事，是一年中最重要的大赛，每年约在三到四月间举办。

达　　西：我只记得这么多。

维 格 特：行，我就直接问你了。谁朝她头上开了一枪？

达　　西：是他。

法斯宾德：那你为什么不告诉我们？

达　　西：因为我不记得了。

在这段审讯中，两名警察想让达西描述特蕾莎头部的伤势。达西先是说特蕾莎的头发被剪了，她的头被打了。这些都不是正确答案，所以维格特才近乎恼怒地告诉达西，特蕾莎头部中了一枪。再一次，遵循莱德审讯技术，当达西口头重复了犯罪细节之后，这句话出现在了他的书面供词中，仿佛这个让他看起来有罪的细节是他自愿提供的。

被错判的案件

英国警察的审讯流程受到1984年《警察和刑事证据法》(Police and Criminal Evidence Act，PACE)的监督。它是由1981年的一份报告产生的，里面新增了许多对审讯流程的要求，以监督审讯的进行，加强对嫌犯权利的保证。当时许多警察都对它十分厌恶，因为他们已经发展出了一套自己的方法，来保证嫌犯"认罪"，这些方法包括压迫性的讯问、欺凌、欺骗，甚至武力。PACE提出的保护性措施有：对所有审讯进行正式的录音；嫌犯有权要求律师在场；嫌犯有权向警方保持沉默。

这一切都是为了根除虚假供词。在那之前的几十年里，虚假供词数不胜数。比如说，许多供认替临时爱尔兰共和军放置炸弹并被判有罪的人，在20世纪80和90年代都被释放了，他们的案子因此成为当时最有名的几起被错判的案件。他们的证词都是在PACE出台以前获取的。同时期，布里奇沃特案[1]的四名罪犯也上诉成功。所有这些案件中，嫌犯似乎都对罪行"供认不讳"，尽管他们其实是无辜的。

  我对虚假供词的了解，来源于1988年在格兰登监狱的急性精神科（APU）和斯蒂芬·基什科打交道的经历。当时格兰登监狱的这个部门是作为国家资源存在的，专门应对那些有精神疾病，但又不一定能归入《精神卫生法》管辖的犯人。APU的日常管理由医院主任斯坦·史密斯负责，是他建议我跟这位刚从韦克菲尔德监狱转来的犯人"私下谈谈"。斯坦认为"有什么地方不对劲"。

  1976年，斯蒂芬·基什科因谋杀了11岁的莱斯利·莫尔塞德而入狱。1975年10月，莱斯利从她位于罗奇代尔的家中失踪，三天后，她的尸体在里斯沃斯沼地被发现。她被残忍地捅了12刀，而且凶手在她的衣服和尸体上都留下了精液。

  莱斯利失踪的时候，斯蒂芬只有23岁。在被捕之后，他两次承认自己杀害了莱斯利——一次口头上，一次书面上。他体重严重超重，没有朋友，和他的妈妈住在一起。他过去没有任何犯罪记录，曾经做过税务文员。斯蒂芬最骄傲的东西就是自己那辆希尔曼复仇者的车，车是他妈妈买给他的。他还有个不寻常的爱好，就是收集车的注册号。大家都觉得他是个怪异的人。在没有律师在场的情况下，斯蒂芬在被审讯了三天之后认罪，但他后来说自己是在欺凌之下不得不选择认罪的。后来我们得知，警方认为斯蒂芬符合嫌犯的心理画像，因此他们搜寻了可以"证明"他有罪的证据，忽略了所有把嫌疑指向其他人的

---

1 下一章会有详细讲述。

证据。这叫作证实性偏见——调查者会把可以证实自己想法的证据放在首位，弱化甚至忽视跟自己想法不符的证据。

这种证实性偏见和仇外情绪也有一定的联系。斯蒂芬和他的家人都来自东欧。大家总是更容易想象犯下这等罪行的是一个"外来人"，而不是当地社区内部的成员。

斯蒂芬很快撤回了自己的供词，在庭审上表示自己无罪，直到审判结果出来之后，他仍然坚称自己是无辜的。但为时已晚。因为罪名是杀害了一名孩童，斯蒂芬在监狱里的日子非常不好过，经常被其他犯人攻击。他大部分时间都在单人监禁中度过。他还有了个绰号"奥利弗·劳雷尔"，因为他的形体像奥利弗·哈迪，声音像斯坦·劳雷尔[1]。因为有性腺功能减退症，他的声音非常尖细。这种病的病因是身体没有分泌足够的睾丸素，而睾丸素在男性的青春期成长中起着重要的作用。由于这一疾病，斯蒂芬不仅声音尖细，而且身体无法产生精子。警方在当时的调查中已经发现了这件事，但他们把这条证据压了下去，因为在犯罪现场发现的精液里是有精子的。在庭审时，有四名女孩提供的证词被法官极其重视，因为她们说就在莱斯利被害前的几天，她们看见斯蒂芬朝她们露出了性器官。

斯坦去开斯蒂芬的牢门了，我坐在桌边，快速地读着他的档案，上面的记录着实奇怪。

斯蒂芬开始幻听，他相信英国广播公司2号电台正当红的DJ吉米·杨，在通过无线电波和自己沟通。他还说巴瑞·曼尼洛[2]正在录制自己写的歌。这些症状导致他被转到了APU，同时也给我们提供

---

[1] 奥利弗·哈迪（Oliver Norvell Hardy）和斯坦·劳雷尔（Stan Laurel）均为美国喜剧演员，两人合作了多部影片。
[2] 巴瑞·曼尼洛：Barry Manilow，美国创作歌手，音乐家，编曲家，唱片制作人，指挥家。

了背景信息，使我们能理解、评估他坚称自己无罪的行为。

档案上说，除了性腺功能减退症，他还有克氏综合征，也就是说他天生就比正常男性多了一条 X 染色体。正常男性一般有两条不同的性染色体（X 和 Y），女性则有两条相同的性染色体（X 和 X）。从档案上来看，斯蒂芬依然坚称自己无罪，以至于另一所监狱的精神病医生说他可能有"无罪妄想"。

说实话，我不知道如何去解读这些信息，也不知道斯蒂芬本人会有怎样的期待。但我相信斯坦的判断，所以也很乐于看看自己有什么能帮得上忙的。

斯坦敲了敲门，在他的陪同下，一个大块头的男人拖着脚步走了进来。斯坦向我介绍说他就是斯蒂芬。我示意他坐下。斯蒂芬喘息着坐下了，好像要哭。他看起来状态很不好。我问他怎么样，他的妈妈有没有来探望他，因为他的家在罗奇代尔，从那儿到这儿可比去韦克菲尔德监狱远得多。斯蒂芬摇了摇头，然后斯坦问起了莱斯利被杀一案，斯蒂芬再次用轻柔尖细的声音，否认了自己和这起案子有任何关联。

我不知道该做些什么。

"这样吧，斯蒂芬，我去问问监狱里的精神病医生，看看他有什么建议。"

斯蒂芬没什么反应，说实话，我也不知道精神病医生能帮上什么忙。

"我再让斯坦安排你跟你妈妈通个电话。"

我望向斯坦，他点了点头。斯蒂芬看起来十分开心。

斯蒂芬起身准备走，正当他快要出门时，我说道："你想不想留在格兰登监狱？我们有专门应对性犯罪者的小组。这是不是要比回到韦克菲尔德监狱去好一些？"

斯蒂芬看着我，好像又要哭了。我又加了一句话，现在想来，是这句话把事情弄得更糟了。我说道："日后我们也许能批准你假释，但前提是你得承认自己的罪行。"其实，我当时指的并不是他杀害莱斯利的事，而是他向那四个女孩露出性器官的事，我觉得这件事好像被很多人忽略了，那四个女孩的证词在庭审时可是得到了法官相当的重视。

斯蒂芬只是摇了摇头，就和斯坦一起离开了。

我确实找了监狱里的一位精神病医生来跟斯蒂芬聊了聊，但他只是确认了上一位精神病医生的诊断："无罪妄想"，而且这个诊断已经被记录在案了。我之前当然也碰到过宣称自己无罪的犯人，但我相信斯坦，而且我看着这些当年给斯蒂芬定罪的证据，越看越觉得不安。斯蒂芬犯下的罪行和他坐在我跟前坚称自己无罪的行为，放在一起来想，怎么都觉得不对劲。

我感到很无助，很困惑。我当时手上没有关于此案的全部信息，所以我不能确定斯蒂芬一定是无罪的，但我的的确确想要帮助他。

和斯蒂芬的见面激发并且坚定了我要研究那些可能是含冤入狱的人所面临的问题的兴趣。这些囚犯陷入了两难的境地，如果他们想要获得假释，就不得不承认自己并未犯下的罪行。我们一边给他们提供获得释放的机会，一边威胁他们，如果不认罪的话，可能会在监狱里待更长时间。政治学家把这叫作"威邀"——一边提出威胁，一边提供邀请。

经过对这方面更深入的调查，我认为监狱里也许有一千名犯人都身陷这样的境地。

当时，一名嫌犯被起诉并定罪之后，就没有别的渠道来撤回这个决定了。在我看来，仿佛整个刑事司法系统是铁了心要让这样的错误一犯再犯。斯蒂芬坚称自己无罪，只被看作他自己扭曲的臆想，因此需要我们的帮助和管控。我邀请他留在格兰登监狱，本意是以此来表达我的善意和支持，因为在格兰登监狱的生活比在韦克菲尔德监狱的单人监禁要好。但最终，我也只是成了又一个维持这不公平现状的公职人员。

经过他母亲和律师坎贝尔·马隆的不懈斗争，斯蒂芬终于在1992年的一次上诉中获胜，并被释放。当年在庭审时作证的、给法官留下了深刻印象的四名女孩，承认她们为了"好玩"而捏造了证据。第二年，警司迪克·霍兰和一名已退休的法医科学家被起诉妨碍司法公正。两人中一个是当年负责调查此案的长官，另一个则是负责此案的法医。他们被起诉的具体罪行是，压下了能证明斯蒂芬清白的证据。斯蒂芬说自己的供词是屈打成招的，霍兰殴打了他，并且不断地说"不论用什么手段，我一定要让你把真相说出来"。霍兰还向斯蒂芬透露了一些只有警察和真凶才应该知道的信息，就像那些美国警察对布兰登·达西所做的一样。这样一来，斯蒂芬后来的供词才能让陪审团觉得可信。

针对这两名警官的案子最终被撤销了，因为时间已经过去了太久，现在已无法对二人进行一场公正的审判。

真凶是一个名叫罗纳德·卡斯特里的出租车司机。1976年，就在斯蒂芬庭审的前几天，他因为绑架并且性侵了另一名女孩而被捕，但只被罚款25英镑。两年后，就在莱斯利家附近，他再次绑架并且猥亵了一个7岁的男孩。那次，他被罚款50英镑。2006年，莱斯利衣服上精液的DNA被发现和卡斯特里的DNA吻合，这也证明莱斯利确实是被他绑架并杀害的。2007年，卡斯特里因这起谋杀而被定罪，但他现在也坚称自己无罪。

遗憾的是，对斯蒂芬来说，这一切都来得太迟了。在被释放时，他说自己想四处旅游，然后安定下来。但 18 个月之后，他就去世了，享年 41 岁。

正是这样的案子导致了 PACE 的诞生，这无疑是一项非常重要的新措施。然而，在新的录音被采用的几年里，一些政府资助的研究表明警方在这方面依旧非常无能，尤其是对那些否认自己犯罪行为的嫌疑人。他们似乎仍然将精力主要放在让嫌疑人认罪上。他们会在审讯刚开始时就向嫌疑人提供警方知道的信息，希望以此来让嫌疑人供认自己的罪行。这样的方法虽然偶尔也能成功，但只有当警方的证据已经十分确凿时才有效。如果证据不够确凿，而警方又在审讯开始就亮出了底牌，那么如果嫌疑人真的犯下了罪行的话，他就能知道警方到底对案情掌握了多少，并据此来策划自己下一步的行动。PACE 有效地阻止了警方使用不恰当、不合法的手法审讯嫌疑人，但却没有给他们提供更有效的替代方法。

因此，20 世纪 90 年代初期，一场全国性的警察审讯培训项目展开了。该项目是根据心理学原理设计的，为期 5 天，其宗旨是让警方审讯的重心不再是如何让犯人认罪，而是调查事实真相。这需要警方在审讯前尽可能多地收集信息，根据手上的证据来准备审讯时的问题，并且在审讯时认真听嫌疑人说话。事实证明，相比那些欺凌、威胁嫌疑人的警察，能在审讯中和嫌疑人建立融洽关系的警察更容易获得成功。警方应该像询问证人一样审讯嫌疑人。

为了帮大家记住这个注重调查、注重搜集信息的新审讯流程，我们将其首字母缩写成 PEACE（和平）。PEACE 是指：

Preparation and Planning（准备和计划）

Engage and Explain（交流与解释）

Account（案件描述）

Closure（结束）

Evaluation（评估）

这几个步骤代表的意思都很好理解，但如何利用这几个步骤，以达到像询问证人一样审讯嫌疑人的目的，就不是那么好理解了。研究数据表明，大多数嫌犯都是保持着礼貌以及配合的态度的。你也许很难相信这点，尤其是如果你接受了媒体所塑造的嫌犯的形象的话。但如果警察以负面的情绪来面对他们，比如对他们进行指控，或看起来有敌意，或有攻击性的话，嫌犯的态度也会发生转变。

虽然听起来十分不错，但 PEACE 这个审讯技巧还是存在问题的。最显而易见的一点是，有些嫌犯也许能跟警察建立融洽的关系，但那些有精神病态人格的嫌犯则不一定会买账。监狱里大约 1/4 的人都是精神病态者，因此警察和监狱工作人员比其他人更容易在日常工作中碰上他们。根据我采访精神病态者的经验，和他们建立融洽的关系是根本不可能的，他们在接受问话时最常见的做法，就是行使自己什么都不说的权利——对自己犯下的罪行，他们保持缄默，拒绝沟通。

尽管我采访过的大多数连环杀人犯和杀人犯都"保持缄默，拒绝沟通"，但这并不意味着他们不爱说话。他们喜欢谈自己感兴趣的话题，而不是我想了解的问题。丹尼斯·尼尔森是个例外，他真心实意地想探讨自己犯下的罪行，我认为导致他如此的原因之一，是他自己也在试图弄清自己究竟为什么再三杀人。其他杀人犯和连环杀人犯虽然精于遮遮掩掩，混淆视听，但他们仍然很乐于成为我注意力的焦点。综上所述，只靠从审讯中收集来的信息，一般都不足以在法庭上给嫌犯定罪。因此，我们必须尽可能从各种不同渠道收集信息，越多越好。

不专业的 FBI 读心术

然而，还有最后一个问题需要考虑。如果嫌犯决定和你沟通，你怎么确定他说的是不是真话呢？

许多人都没有注意到，也没有问过，为什么莱德审讯技术有两个阶段。

大部分人只注意到了第二阶段，也就是九步审讯法。第二阶段程序上的技巧性似乎使许多人都忘记了第一阶段的内容。其实第一阶段非常重要，我们不应该忘记它。第一阶段要求警察们用自己的常识来判断嫌犯是否在说真话，但这些常识往往都是错误的臆断。

第一个阶段中，进行审讯的警探要根据嫌犯受审时语言或肢体透露的一些线索，来试着评估他是否与此案有关。比如说，有罪的人不会看着警探的眼睛，被问问题时会转移视线，会坐立不安，会做出一些整理衣衫之类的修饰性举动，以此来安抚自己。

许多学生都跟我提到过这些线索，他们认为这是判断一个人是否在说谎的有效手段。我听过有人激烈地争论，目光向下、向左，还有笑的时候嘴咧得太大是否是心虚的表现；我也听过有人笃定地表示，握手时有力说明这个人很诚实。我参加过许多新闻发布会，每次都会有记者表示"显然××在说谎"，或者"××在说实话"，他们坚信，这些线索和迹象能泄密，让自己看出一个人是不是骗子。要不就是跟这正好相反：我听到有人说自己本能地相信那些"好看的人"，而不信那些"长得丑的人"、超重的人、黑人、穆斯林。我希望我们已经不再有意识地用这些因素来判断一个人是否有罪,但媒体却一再提醒我,我是错的。

我希望真相不会让你们太吃惊,但事实是,这些手势、线索、迹象,都不能作为判断一个人是否诚实的依据,有些动作也许仅仅是因为紧张才做出来的——大多数人在被警察正式讯问时都会紧张。

而且,也不是所有人在紧张或者说谎时,都会表现出这些迹象。有些人并不觉得撒谎是一件很困难、很有压力的事——没错,有些长得很好看的人也会这样。就算大家都相信这些线索,就算许多美国警察都接受了相关训练,也没有任何语言或非语言的线索,能够让你看出一个人是不是在说实话。线索也许会有,但在不同的人那里、在不同的情况下,这些线索也不一样。

总而言之,要看出一个人是否在说实话,是件很困难的事。这使我的工作变得更加困难。说实话,我也希望有一套放之四海而皆准的手势、线索和迹象解读指南,让我不论在什么情况下,不论讯问什么人,都能够使用。

PEACE——讯问的正确发展方向

那么,你到底该如何判断一个人说的话可不可靠呢?首先,许多研究都表明,说谎话比说真话更考验人的记忆力。说真话时,你只需要从记忆里找出一件过去发生的事,并把它复述出来。但说谎时,你需要编造一个全新的故事,或者至少把已有的记忆添油加醋一番,以此来给你的谎言提供相关背景。这个故事必须得可信,不能跟你之前说过的话,或讯问你的人已知的信息相矛盾。这会加重你的记忆负担,你要维持这个谎言的时间越长,负担就越重。行业术语把这叫作"认知负荷"。因此,我说这些的重点是,如果一个人在说谎,那么他回答问题会变慢,说话时会迟疑,甚至会出现错误,然后再纠正自己的回答。

这也是为什么提问的人应该致力于寻找新的信息,而不是在同一个问题上反复纠结。这是我的第二个建议。当提问者反复问同一个问题时,回答的人只会一遍遍重复自己的答案,那么这个答案不论真伪,都会被牢牢地刻在被讯问者的脑海中。另外,调查性的审讯方式能挖掘出新的信息,如果被讯问者说了自相矛盾的话,或者说了与已知的事实不相符的话,提问者就可以对此提出质疑。出人意料的问题往往能让被讯问者感到紧张,如果他们在说谎的话,这样能动摇他们的自信心。而当他们不那么自信的时候,就更容易在回答问题时露出马脚。

要想让问题出人意料,可以从新的、令人意外的角度来提问题。在这点上,我学习历史的背景帮上了大忙。历史学家们都知道如何在毫不相关的信息来源之间找到关联,或察觉信息之间的出入,或找出一眼无法看出的、较为宽泛、普遍的联系。除此之外,还有两样东西也很有帮助,一是好记性,二是记录下所有问题和回答的好笔记。40年来,我一直有写反思日记的习惯。我会记下部分对话、对某次会面的描述、被讯问者使用的某些词语,还有采访的时间、日期和地点。如果看了我的这些记录,也许有人会感到诧异,因为我经常记下采访当天的天气如何。这不是因为英国人都对天气感兴趣,我也不是随手一写而已。我这么做,是方便自己在下一次见面时,问对方上一次见面时的天气如何。这个问题虽然简单,但出人意料地,往往能让你对对方说话的可靠性有一个了解。

第三点，掌控对话的能力也十分必要。

我指的是，提问者要让被讯问者回答自己的问题，而不能让他离题万里，不能让被讯问者聊自己想聊的事情，不然的话，就是在浪费时间。他们会"一边向你解释，一边遮遮掩掩"——这个描述来源于连环杀人犯弗雷德·韦斯特[1]。要想很好地掌控对话，常用的方法是，在讯问刚开始时，就明确你想要讨论的话题，并在被讯问者开始跑题时予以提醒。在这种情况下，如果被讯问者还是选择混淆视听、东扯西拉的话，那就十分可疑了。

最后，我会使用一个叫作"战略性使用证据"（SUE）的技巧，这种技巧提倡在讯问的尾声再出示收集到的证据，而非像莱德审讯技术说的那样，在讯问开始时就出示证据。许多研究也表明，这种技巧十分可取。它可取的原因有许多，最显而易见的一点是，如果一开始就直接出示证据，而被讯问者决定说谎，那么你就给了他时间编造更加可信的谎言。说谎技巧高超的人，可以迅速把你提供的信息编进自己的故事里。另外，如果你真的想全心投入调查之中，那么你要认真听被讯问者说的话，然后再看有没有证据能证实或推翻他的话。这需要时间，还有你的同理心，不论嫌犯犯下了怎样的罪行。

讯问结束之后，你必须权衡刚刚发生的一切，并且得出某种结论。

我采取的方法之一是，将被讯问者所说的话和其他有类似经历的人所说的话进行对比。不同的谋杀犯的人生经历，往往有许多类似的特征。当然了，这样的结论带有不少主观色彩，但我认为这些经历之

---

[1] 弗雷德·韦斯特：Fred West，与其妻子罗斯玛丽·韦斯特一起被视为英国最令人发指的连环杀手夫妇。

间很有可比性，而且我所听过的杀人犯的人生故事中，有许多相似的地方。

比如说，他们大多有许多被羞辱的、丢脸的经历，而实施谋杀是他们重获自主权的一种方式。有一小部分人的故事则更令人不适，他们认为自己实施的是"正义的屠杀"，或认为自己杀人，是为了重塑这个让他们备感无力、备受忽视的世界。当然了，这些经历的具体人生背景也因人而异。有些人生背景充满了酒精和毒品，有些则充满了性幻想、厌女症和存在缺陷的所谓的男子气概。而有时候，背景只不过是心智上的不成熟，导致他们做出了可怕的选择，最终酿成悲剧。最后，还有一个相似之处，那就是我们之前说过的人格障碍、精神病态，以及它们导致的冒险、混乱和不负责任的行为。

我是通过这些方式来判断一个人是否在说谎，而不是依赖嫌犯的供词。

嫌犯提供虚假供词的情况如此层出不穷，美国的执法机构真应该好好想想，是否还应该继续使用莱德审讯技术。据估计，美国的无辜者拯救项目[1]就发现了300多起由虚假供词导致的冤假错案，可想而知这种情况有多么普遍。莱德审讯技术刚诞生时，跟之前的方法比，也许是一大进步，但它现在已经明显过时了。美国警探们在进行讯问时，应该重在调查真相，而不是指控嫌犯，不然的话，虚假供词的数量只会继续增长。不论是对被冤枉定罪的人，还是对受害者，这都是不公平的。更令人担忧的是，这会让真凶逍遥法外，并极有可能继续犯罪。

---

1 无辜者拯救项目：是从1980年起，美国各地展开的旨在对刑事错案进行纠正、救济的项目。

话虽如此，要察觉一个人是否在说谎仍然十分困难。有些人实在太会撒谎了，也许他们自己都分不清哪些是真实的，哪些是虚构的。他们说出的谎言也许已经被牢牢地刻进了记忆之中，于是报纸和杂志上那些大受欢迎的、识别谎言的技巧，也就更不可能发挥作用了。

《制造杀人犯》这部纪录片引发了社会对此案狂热的猜测，这些猜测也存在着同样的问题，它们把这个案件变成了一个肤浅的娱乐游戏，没有让大家关注到此案真正的重点——警方一团糟的调查过程、有缺陷的讯问技巧和判断一个人是否有罪的方法和流程。

那么我们应该做些什么呢？

从警方的讯问技巧上而言，PEACE 显然是正确的发展方向。即使如此，冤假错案还是会偶尔发生——我们都是会犯错误的，但与英国过去和美国现在的状况相比，数量上会大大减少。我们还应该减少对"供词"的依赖。随着法医鉴定技术的不断发展，我们应该依据收集到的犯罪证据来确立案情。

将近 40 年的时间里，我都在讯问各种各样因暴力案件而被起诉的犯人。我很清楚，自己这种使用同理心的调查性讯问手法，并不总是能挖掘出真相，但我仍然相信这是最好的方法。每一次讯问我都会使用这种方法，并且尽量让自己不被对方的魅力或威吓所影响。但在采访一名已被定罪的杀人犯伯特·斯宾塞时，我用上了这些年来积累的所有经验，使尽了浑身解数。

10

逍遥法外的嫌疑犯

"你不能相信精神病态者会对你说实话,你必须仔细阅读他们的档案资料,以此来对他们说的每一句话进行确认。如果发现他们在说谎,你必须指出来,看他们做何反应。坐在离出口最近的椅子上吧——万一你把他们惹恼了呢。"

—— 肯特·基尔,《精神病态者的科学》(Kent Kiehl, *The Psychopath Whisperer: Inside the Minds of Those Without Conscience*)

背上谋杀的黑锅

事情的开始非常简单。我收到了一封来自作家西蒙·戈尔丁的邮件，他希望我能为他的新书《背上谋杀的黑锅！》(*Scapegoat for Murder!*)作序。这是一本讲述真实犯罪案件的书，副标题很有意思，是"卡尔·布里奇沃特被杀的真相"(The Truth about the Killing of Carl Bridgewater)。13岁的卡尔·布里奇沃特在送报纸时，被近距离一枪打中头部。虽然只有一些年纪比较大的人才记得这件案子，但这个标题本身就十分吸睛了。

1978年9月，卡尔在斯塔福德郡的紫杉农场被杀，此案迅速引起了全国性的轰动，斯塔福德郡和相邻的西米德兰兹郡的警方也因此感受到了巨大的压力，想要赶紧找出凶手。

1979年2月，四名嫌疑人因涉嫌谋杀卡尔而被起诉，这四人后来被称为"布里奇沃特四人"。1997年，通过上诉，这四人的罪名被推翻，但那时四人中的其中一个人帕特·莫洛伊已经死于狱中。

自此之后，没有人因卡尔的被杀而被定罪，此案至今仍然是悬案。

当年，斯塔福德郡警方在调查此案时，最初认定的嫌疑人之一是一个叫伯特·斯宾塞的人，他是当地的一名救护车司机。他的车是一辆蓝色的沃克斯豪尔 Viva，卡尔被杀当天，有人曾看见这样一辆车出现在紫杉农场。因此，警方讯问了他好几次，但他有铁一般的不在场证明。他说卡尔被杀当天，自己一整天都在医院里工作，他的秘书芭芭拉·里伯德可以证明。也许当时农场里是有一辆蓝色的沃克斯豪尔 Viva，但肯定不是他的。

但除了车以外，还有其他事情能把斯宾塞和这起谋杀联系起来。他收集并且销售古董，而这起谋杀显然是一起出了岔子的室内抢劫；他有一把猎枪；他有时在紫杉农场工作，因此对这里十分了解；他们一家人曾经和卡尔做过邻居。也许卡尔在送报纸时撞破了一起入室抢劫，并且认出了凶手？

不管怎么样，斯宾塞的确有铁一般的不在场证明，因此他的名字也渐渐从调查中消失了。警方不再把他当作嫌疑人，尤其是当他们逮捕了"布里奇沃特四人"，并从他们口中获得了两份"供词"之后。但这两份供词是在可疑的情况下获得的，如果日后此事再度浮出水面，那么对他们四人的起诉将会分崩离析。

然而，他们等了近 20 年，才等到自己罪名被洗清的那一天。1979 年 11 月，在严重的错判下，布里奇沃特四人被斯塔福德皇家法院认定有罪。警方抓到了人，看起来，正义得到了伸张。

结案。

可就在审判结果公布几周之后，另一起谋杀使警方大吃一惊。案发地点是与紫杉农场相邻的霍洛韦农场。案发当晚，农场里正在开派对，斯宾塞也在场。他杀害了自己的朋友兼雇主休伯特·威尔克斯。那位上了年纪的农场主也是头部中枪，和卡尔一模一样。1980 年 6 月，斯宾塞被认定有罪，但他一直坚称自己完全不记得当晚发生的事情，也不知道自己为什么会想杀一个对自己而言"如友如父"的人。虽然他自己这么说,但他还是在监狱里服了14年刑才被释放,但我从未在监狱里碰见过他。

令人难过的是,谋杀实在是太普遍了。这么多年来,其他臭名昭著的案子一次次占据着头条,直到布里奇沃特四人被释放之后,也仍是如此。渐渐地,卡尔被杀案成了案件错判历史中无足轻重的一件,我甚至怀疑,除了他的家人和朋友之外,都没有几个人记得这名早早失去生命的年轻的童子军,当然也就更没人记得伯特·斯宾塞,以及他是否跟卡尔的死有任何关联。

这种现状被斯宾塞自己故意打破了。他已经70多岁,从监狱里被放了出来,住在诺福克。斯宾塞决定揭开旧伤疤,和戈尔丁谈一谈此案的经过,他似乎并不想此案被人遗忘,恰恰相反,他希望大家都记住这件案子。他对戈尔丁说,这么多年来,他一直背着卡尔被杀案的黑锅,这给他的一生都蒙上了阴影。

他说,涉嫌谋杀儿童的恶名是很难甩掉的,尽管当时除了一小撮人之外,几乎没有人真正讨论过这件案子。

当然了,我对卡尔被杀案知之甚少,但从我知道的情况来看,斯宾塞不像是背了黑锅。相反地,我认为他的不在场证明里有许多问题,需要他进一步澄清。因此,我认为警方当初进行的调查也是存在问题的。这些疑点使我认为,斯宾塞需要对此案进行解释,而且他并不像自己所说的那样背了什么黑锅,警方执意要给四名无辜的人定罪,他才是受益者。这些话我都对西蒙说了,我表示自己可以考虑给他写序,但前提是我必须对斯宾塞有更深入的了解。

"好啊,"西蒙回复我说,"要不你采访一下他,这样你自己能得出结论?"

我同意了,但有一个条件——我想把采访的过程全部录下来,以此来让这件陈年旧案获得更高的曝光率。

尽管如此,我知道对斯宾塞的采访不会是小菜一碟。这么多年来,我已经熟知杀人犯们喜欢玩的那一套把戏,不论怎么说,斯宾塞的的确确是个被定了罪的杀人犯。有些杀人犯非常懂得如何在重要的事情上保持沉默,但在不起眼的事情上大做文章;他们有的善于欺凌、威胁,有的则通过阿谀奉承来掩人耳目;有些极其自恋,有些则能摆出一些浮于表面的情绪,但又显然不是真情实感。总而言之,他们精于操纵人心,精于坑蒙拐骗,十分阴险狡诈。

不论怎么说,这是研究斯宾塞是哪种杀人犯的大好机会,我肯定不会错过,而且通过我们的对话,也许还能发现一些卡尔被杀案的新线索。

他看起来纯良无害

在与斯宾塞最初的交涉中我表示,我会根据自己对案情的理解得出诚实的结论。我会参考他对自己不在场证明中疑点的解释以及我自己对警方收集的证据的进一步研究。我还向他保证,我会"像男子汉之间"那样,坦诚地告诉他我的结论。我准备将自己调查性的、有同理心的讯问方式付诸实践。

戈尔丁的书名到底应该以感叹号结尾,还是以问号结尾,很快,我就能自己做出判断了。

在我们安排采访期间,英国第四频道同意把这次采访拍成一部纪录片,最终定名为《采访一名杀人犯》(*Interview with a Murderer*)。最开始时,这部纪录片的片名还没有确定,斯宾塞提议叫它"斯宾塞的影响",以此来致敬杰森·伯恩系列电影[1]。选择录制这次采访是存在风险的,比如说,我们都希望这次采访会演变成我和斯宾塞之间的一场心理博弈,但这个希望很有可能会落空。在我和他初次见面之后,他可以轻易地拒绝接受采访,但直觉告诉我,他不会。我认为摄像机的存在会激发他的表现欲,也就给了我更加仔细审视他的机会。

几周后,纪录片的导演大卫·霍华德开车载着我,开向了斯宾塞的家。当车开进村子时,不用任何人告知,我一眼就认出了斯宾塞的家。

"就是那里。"我说道。

大卫看着我,露出了微笑,仿佛以为我突然有了通灵的能力。所有与斯宾塞有关的资料都显示这个人十分自恋,因此他家门口的花园在街上一定十分惹人注目。

其他的花园都十分简朴,只是一片整洁的草坪,而他家门口则堆满了各种陶瓷动物,还有一些看起来像是陶瓷的天使,花园里还有一辆被他涂成了白色的婴儿车、一座小木桥,地上还零零散散地放着一些锅碗瓢盆,里面都种着各种各样的植物。

这个花园似乎在说:"看看我,看看这间房子里住的这个人。"

有时候,犯罪现场能体现出施暴者的性格,而有时候,花园也可以。

我认为他的花园显然是对话的要点之一,但我一提起这个话题,斯宾塞就显得十分恼怒,在纪录片播出以后更是如此。对于他的愤怒,我思考了很久。他为什么对这件事如此生气呢?毕竟,在那么多可能会让他生气的事里面,花园算是非常微不足道的了。也许是因为所有人在看到他的花园之后,都可以做出自己的评判,也就是说,这不是斯宾塞自己能控制的事情,除非他改换花园的布置。又或许是因为他

---

[1] 即《谍影重重》系列电影。该系列每一部电影的英文片名格式都是"伯恩的××"。

从没意识到，花园能体现伯特·斯宾塞潜藏的真实性格，因此在我提出这样的观察结论之后，他觉得被我打了个措手不及。

斯宾塞一定是看到我们的车开进了村子里，因为当我从大卫的车上下来之后，他和他现在的伴侣克莉丝汀正等着我们。斯宾塞和克莉丝汀站在前门的花园边上，穿着同款绿色巴伯夹克衫，好一副田园居家的模样。我感觉自己好像来到了安布里奇[1]。我认为这正是斯宾塞想要给我们留下的印象。

"啊，你是戴维吧，真年轻！"他说道，一边紧紧抓住了我的手。

"没错，"我说道，"谢谢你同意接受我的采访。"

"我听说过不少关于你的事，"斯宾塞回答道，然后又加了一句，"其中有些是好事！"

斯宾塞带着我走进屋子，一路上一直开着玩笑，装出一副十分热情友好的样子。克莉丝汀跟在我们后面，在她身后则是摄像机和其他工作人员。他家是一座一居室的平房，有一间厨房和一间客厅，在客厅十分显眼的位置摆了一台电视机。屋里摆满了斯宾塞多年来收集的一些小玩意儿，墙上挂了不少他自己画的画，其中一幅是一只咆哮的老虎，色彩十分鲜艳。他在后花园里种了不少蔬菜。

我十分确信，斯宾塞的确听说过不少关于我的事，事实上，他说不定费了好大力气调查过我的情况。我认为他为这次采访做过精心的准备。不过呢，我也是。能找到的所有关于布里奇沃特案的资料，我都反复阅读过，我很清楚自己想要问哪些问题。但最重要的是，关于布里奇沃特案，我深思熟虑后，确定了自己要问的第一个问题是什么。

但首先，根据我自己的习惯，我想了解斯宾塞的童年生活。这也

---

[1] 英国知名广播剧《阿切尔一家人》中虚构的地点，被刻画成一个典型的英国乡村。

算是建立我们之间融洽关系的一种尝试，但我怀疑，斯宾塞是那种无法跟任何人有真正融洽关系的人。这样的融洽关系需要双方有真正的沟通和联系，需要双方对彼此产生同理心，但鉴于斯宾塞对威尔克斯的所作所为，我不认为他有产生同理心的能力。事实上，我认为斯宾塞是个典型的精神病态者。

我问他童年经历的主要目的，是想看他的这种行为是否跟他父母对他的教养有关，是否被他跟父母、兄弟和朋友的关系所影响；还是说，他的暴力倾向是天生的，是由遗传、生理、医学和心理因素导致的。另外，谈论他的童年还能增加他的认知负荷，同时能帮助我给他的语言和非语言反应建立基线，因为这个话题不会给他造成太大压力。

好消息是，斯宾塞很爱聊；这场博弈开始了。

斯宾塞属于那种很爱絮叨的杀人犯，虽说这正中我们的下怀，但阻止他东扯西拉地跑题，便成了一大难事。我掌控对话的能力再三受到考验。有好几次，我都不得不把他拉回我一开始提出的问题，因为他滔滔不绝地讲起了一些令人费解的奇特故事，而且他讲这些故事，仿佛就是在故意逃避我的问题。所有这些都是他混淆视听的方式，是他布下的烟幕，如果我想知道真相，就必须拨开这些烟幕。

在这场初次的会面中，斯宾塞给我讲了一个很有意思的童年故事。显然，这件事至今都让他十分愤怒，在我看来，这件事揭露了许多关于斯宾塞的真相，具有十分重要的意义。

斯宾塞很小就进了一间名叫"巴纳多医生之家"的收容所，住在那里的宿舍里。他说那里的生活十分糟糕，有一次，他早上起床去洗脸之后，和他同宿舍的几个男孩子把他的床垫和另一个男孩的床垫对调了，而那个男孩夜里尿了床。他因此受到了惩罚，至今都对自己遭受的不公愤愤不平。

他讲起这件事时，仿佛一切都发生在昨天。虽然他满腔激愤，但我却觉得这不像是真话。这个故事仿佛是为了给听众留下某种印象而专门编出来的；他想用这个牵强的故事，来呼应他后来的人生中发生的事。

我就这一点质疑过斯宾塞，问他是否确定床真的不是他自己尿的，并且保证这并不是什么丢人的事。斯宾塞坚称，是宿舍里年龄比他大的男孩子，把又小又弱的自己的床垫给调换了。不论我质疑他这个故事的可信度多少次，他都坚决不改口。这是个有关被冤枉的故事，而斯宾塞是受害者。

从本质上说，这就是斯宾塞想塑造的形象：一个受害者，一个被欺负的人，一个被冤枉、受了委屈的人，而不是始作俑者。他是个无辜的人，而不是一个被定罪的杀手。

后来我想到，他至今仍然表示，他记不清自己杀威尔克斯的那晚究竟发生了什么，也许这就是原因——如果他直面自己犯下的罪行，那么他想要展现的这个个人形象就会受到破坏。他坚定地沉浸在自己绝不会做错事、绝不会做不该做的事的幻想之中，而他杀了人的事实则会动摇这个幻想。因此，虽然他杀害了农场主威尔克斯，并且被法院判定有罪，但他声称自己那晚在派对上喝醉了，或者被下了药，或者灵魂出了窍。他对此事的描述最终发展成为威尔克斯对他当时的妻子珍妮特心怀不轨，而他杀人是为了保护自己的妻子。后来，我还采访了珍妮特，这段采访也成了纪录片的一部分，但当我和斯宾塞第一次见面时，我还不知道珍妮特最终会答应接受我们的采访。

关于卡尔被杀案，第一个问题要怎么问，我仔细考虑了很久。

我没指望斯宾塞会承认自己杀了卡尔，如果直接问"是不是你杀害了卡尔·布里奇沃特？"，我知道他的回答会是什么。

斯宾塞被问过这个问题上百次，到现在，他一定已经形成了一套固定的回应方式。我需要从另一个角度下手，问一个出人意料的问题。我想看看，斯宾塞是如何回忆卡尔被杀那段时间发生的事，而且我得找到一个几乎没有人问过的问法。

拍摄已经进行了好一会儿，我们已经喝了几杯茶，吃了几个三明治，眼看着时机渐渐成熟，终于，我问道："伯特，第一次听说卡尔·布里奇沃特被杀的时候，你当时人在哪里？"

"我在家，"他说道，然后他立刻改口了，"不，我在工作。"

这个人声称自己一直为这起案子背黑锅，这件事影响了他的一生，但当我问他是在哪里第一次听说卡尔被人谋杀了时，他却记不清！从那一刻开始我就肯定，斯宾塞是个骗子——他犹豫的回答和迅速的改口，让我把他看得一清二楚。

如果那个时刻如此重要，为什么他会记错自己当时身处何处呢？

也许那个时刻并没有那么重要，因为他不需要别人告知他卡尔被杀了，也许他早就知道卡尔死了，也许他就是凶手？

在后面的几次采访中，我越来越确信，斯宾塞的话没有几句是能信任的。所有对他不利的事，他都让它们看起来无足轻重，在许多重要的细节问题上，他故意混淆视听，让人搞不清到底是怎么回事。斯宾塞想尽力给自己塑造一个好形象：在他心目中，自己保护女人，拯救儿童，热爱动物，努力工作，对朋友和家庭十分忠诚。当我指出他杀害了对自己而言"如友如父"的休伯特·威尔克斯时，他表现得十分不悦。我还发现了警方的一些报告里面写着他殴打过自己的前妻，以至于她为自己的生命安全感到担忧。

接着，他承认自己有过婚外情，后来又说那只不过是"玩玩的"，我不得不提醒他，这些他同意接受的采访之所以会发生，正是因为仍有很多人怀疑他杀害了一名儿童。

第一天的录制结束后,我们道了别,走向了斯宾塞家所在的那条路尽头的小停车场。我头晕脑涨,但大卫想让我对着摄像机总结一下这一天的进展。在摄制组准备的几分钟里,我抓紧这宝贵的时间,整理着自己的思绪。

摄像机对准了我的脸,我正准备开口,讲讲自己对第一天采访的看法,但我冲着摄制组身后的方向指了指,说道:"你们看!"

他们都转过身。

是斯宾塞。

他跟着我们来到了停车场,但他不是孤身一人。他抱着一只温顺的大狗,他说这狗走丢了,他准备把它送回它的主人那里去。这是奇特的、给我们看的表演。我们也像心怀感激的观众一样,专心地看着斯宾塞把狗放在车座的后面,然后驶进了夜幕之中,大概是要把狗送到小镇的另一端去。

我不再担心自己要怎么总结这一天的采访了。"那就是斯宾塞,"我说道,"一个爱狗的人,一个爱孩子的人,一个杀人犯。"

一句谎话暴露了一切

我教的部分硕士生和博士生组成了一个小组,来协助我对斯宾塞和布里奇沃特谋杀案进行研究。他们和我一起,认真地翻阅着各种各样的文件、报纸的报道、法院记录、来自警方的文件,试着弄清卡尔被杀的那天到底发生了什么。在这些文件中,我们还发现了一件看起来不起眼的事,那就是斯宾塞过去的犯罪记录。在杀害农场主威尔克斯之前,他还曾被定过一次盗窃罪。他闯进一个朋友的女友的办公室,偷走了一个钱箱,为此他被罚款 25 英镑。

在后来的一次采访中我问他,他犯下这桩盗窃罪时是多大年龄。他的回答使我对他本人以及他想给自己塑造的形象有了更深入的了解。

"我当时 18 岁。"斯宾塞向我保证。

"18 岁?"我问道。

"没错。"他答道。

我又问了一遍,他仍旧给了我同样的回答。

这本是一项严重的犯罪行为,但对一个 18 岁的人来说,这几乎可以看作男孩子恶作剧玩过了火,是年轻人做事轻率一时糊涂,归根到底是因为不成熟,并不能真正体现他一生的行为习惯。

这显然是斯宾塞希望我相信的版本,但他不知道的是,我和法院确认过这件案子发生的时间是 1964 年末。那时,斯宾塞已经结婚,有一个孩子,并且已经 25 岁了。由于他那时已经有了家庭,所以说他不太可能真的弄错了自己犯罪时的年龄。同样是盗窃罪,一名 25 岁的犯罪者和一名 18 岁的犯罪者,从犯罪学的角度来看,有着天壤之别。如果犯罪者是 25 岁,这说明他能发现犯罪机会,并且做好准备,在时机成熟时下手,不论被捉住后会有怎样的后果。斯宾塞再一次为了自己的利益试图塑造出虚假的个人形象。这跟那个尿床的故事本质上是一样的。

伯特·斯宾塞撒的这个小谎,坚定了我对他的看法:他肤浅,爱操纵人,自恋,不诚实。

这让我再一次思考起了卡尔的案子。其实,当拍摄进行到那个时候时,这件案子几乎从未离开过我的脑海。卡尔被杀案的真凶,也是一个能发现并抓住犯罪机会,而且不计一切后果的人。

当然了,也许有人会说,他在偷钱箱时的年龄上撒的谎,还有他在别的地方说的假话,也许都是因为他已经70多岁了,所以记性不好。因此我想对斯宾塞做个P检测。这个检测全名是"精神病态检测"(Psychopathy Scan),我在格兰登监狱任职时接受过训练,知道如何使用检测工具,并且已经实施过上百次这样的检测。P检测的原理是,根据警方及其他相关报告、犯罪史和其接受过的采访,来给一个人打分。被测试的人并不需要在场。就在我结束第一天采访回到酒店之后,也就是斯宾塞救下那只走丢了的狗之后的半小时,我就对斯宾塞进行了P检测,但直到最后一次采访,我才把检测结果告诉他。检测花了我一小时,我就不公布他具体的得分了,但他的分数处于"高分区"。

这意味着什么呢?

虽然P检测的高分并不意味着精神病态的临床诊断,但足以引起重视。这个分数意味着,精神病态的许多显著特征,甚至大部分显著特征,这个人都会有。他可能会很以自我为中心,毫无同情心,冷血,有掠夺性,冲动,不负责任,喜欢处于主导地位,爱操纵人,并且没有同理心,对不正常的社会行为和犯罪行为也没有负罪感或悔恨感。这个人往往只关心自己,关心如何对他人行使权力,如何控制他人。这类人为了得到自己想要的东西,可能会动用暴力,进行威吓,但他们的暴力行为和其他人的又不同,因为他们的行为并不带有感情色彩。

虽说这个分数有很重要的意义,但它并不能说明斯宾塞一定和卡尔·布里奇沃特之死有关。然而,让我们仔细想想这些描述,想想它们是如何适用于斯宾塞,适用于这个因一起谋杀而被定罪并涉嫌犯下另一起谋杀的人。当我带大家回到当年斯宾塞和卡尔一家做邻居的日子时,请大家记住这些描述,并且观察斯宾塞的行为方式和习惯。

我们还要记住一件事，那就是在卡尔死的那一天，斯宾塞有铁一般的不在场证明。然而，令人意想不到的是，斯宾塞竟然带着我去见了那个给他提供不在场证明的女人。

狡黠、蛮横、操控与辩解

卡尔被杀案发生的那段时间，斯宾塞在科比特医院工作，他的秘书是芭芭拉·里伯德。是芭芭拉数次给警方提供证词，说斯宾塞那天一整天都待在医院里。芭芭拉的话十分重要，因为这给斯宾塞提供了不在场证明——如果他一整天都在医院，那么卡尔被杀的时候，他就不可能在紫杉农场。

在学生们的帮助下，我找到了芭芭拉提供的每一份证词。在最后一份证词中，她承认斯宾塞经常会午休，一般是在下午一点左右，但有时候会更晚一些，也就是说，斯宾塞有可能在午后离开过医院。当然了，谋杀发生在下午，也就是说，即使斯宾塞那天午休时真的离开了医院，他离开的时间也不一定和谋杀发生的时间重合，但这依然是我想弄清楚的疑点之一。可我没想到自己会有机会联系上芭芭拉。在这部纪录片中，许多事情都是在机缘巧合之下发生的，也正是因为机缘巧合，我才得以见到这位关键的证人，并且和她聊了聊。

大卫安排我们回华兹利拍摄，因为斯宾塞和他的前妻、女儿曾经住在这里。

那时，布里奇沃特家跟斯宾塞家住得很近，芭芭拉·里伯德也住在那儿附近。斯宾塞一家刚搬来时，卡尔·布里奇沃特只有5岁，5年之后，他们搬到了附近另一间房子里。斯宾塞和布里奇沃特两家的孩子关系不错，有时候会一起在街上玩。

这趟和斯宾塞一起的旅程，是能让我进行犯罪学尸检的大好机会，我想亲自看看他和卡尔一家曾经住得有多近。大家可以想想自己的邻居，如果你住在他们隔壁5年，你可能会对他们的生活、对他们的孩子有不少了解，尤其是在华兹利这种小地方。然而斯宾塞却表示，自己一向是通过后门进出，因此从来没见过孩子们在门口的街上玩耍。这一听就是捏造的谎话，但当我指出这一点时，斯宾塞再次坚称这样不合逻辑的话就是事实。他说自己其实从没真正认识过卡尔，所以当然记不得他。虽然不太可能，但就算这话确实是真的，也不代表卡尔不会记得并且认出斯宾塞。

我们还去了霍洛韦农场，也就是斯宾塞杀害休伯特·威尔克斯的地方，然后又去了紫杉农场，也就是卡尔被害的地方，但现在那里已经被改建成了公寓。在外面的小路上，斯宾塞背诵了几句祷词，说自己和卡尔的名字是怎样联系在了一起。我当时有些吃惊，于是问他："如果卡尔能回答的话，你觉得他会说什么？"斯宾塞不知如何回答，嘟囔了几句，然后问我觉得卡尔会说些什么。我说："他也许会说你杀了他。"斯宾塞对此甚是不悦，如果眼神能杀人的话，这部纪录片当场就到此为止了。

尽管我已经知道了P检测的结果，但我还是认为这一切会让斯宾塞感到有些痛苦。毕竟，这是在卡尔和威尔克斯的案子发生之前他居住的地方，现在故地重游，他感到紧张、不安也是很正常的事。但恰恰相反，斯宾塞显然乐在其中，而且他看起来尤其喜欢在路上边走边拍摄，身后跟着摄像机和一大群工作人员。必然会有路过的人盯着我们看，也有人在自己家里扒拉着窗帘，想看清外面到底发生了什么。我们的拍摄惊动了不少当地的人。

我向斯宾塞表示，自己对他的优哉游哉感到十分惊讶，毕竟他是重回到了自己当年和布里奇沃特一家做邻居的街上，而且他自己声称，这件案子和他的联系极大地影响了他的一生。斯宾塞的回答是，这一片看起来比过去好了很多，改善了很多，他为此感到高兴。这时，他的手势和姿态变得越发夸张，说话的音调也明显地提高了。

接着，一件意想不到的事发生了，让整件事的发展发生了戏剧性的转折。

我被人认了出来。

一个男人从自己家里走了出来，说道："打扰了，威尔逊教授，我只想告诉你，我真的很喜欢你的节目。"

我向他表示了感激，接着我们简短地聊了聊他看过的我所主持的节目。在这个过程中，斯宾塞一直站在我身边，用好听一点的话说，他看起来十分不开心，因为当时我成了被关注的焦点。显然，他不想有任何事来影响自己"领衔主演"的地位，毕竟他给纪录片想的名字是《斯宾塞的影响》——这是他的纪录片。我认为，在他眼中，只有一个人能是明星，而这个明星就是斯宾塞。他要如何夺回控制权呢？他要如何让大家的注意力重新回到自己身上呢？

斯宾塞打断了我和这位偶遇的观众之间的对话，建议我们应该试着去找一下芭芭拉。我自然是惊讶万分。当斯宾塞一家搬走，不再和布里奇沃特一家做邻居后，他们便住到了芭芭拉家所在的那条街上。

"她还健在吗？"我难以置信地问道。

"去看看呗。"斯宾塞答道。于是我们出发了。这下有意思了。但在我看来，这是斯宾塞重新获得控制权的手段，而且这能让摄像机的镜头再一次对准他。

斯宾塞记得芭芭拉的门牌号比自己的"翻了一番"——他当时

的门牌号是42，也就是说芭芭拉住在84号。我们一起沿着街道走着，我内心仍难以置信，斯宾塞居然正带着我们去他前秘书的家里。这个人可在当年提供了关键性的证词。难道斯宾塞没有意识到这次会面的重要性吗？我们到了84号，车道里停着一辆车。

"家里有人。"斯宾塞说道。

他敲了敲门，一名年轻的女性开了门，斯宾塞认出她是芭芭拉的女儿朱莉。斯宾塞解释了我们是谁，到这里来的原因，并问道："你妈在家吗？"

她在家。

我们被请进了屋。

我实在难以相信眼前发生的事，转过身对大卫悄声说了一句："我的天哪！"

芭芭拉走到过道里迎接我们，但马上又坐回了自己的椅子中。这时，她的身体已经十分虚弱了，但思维仍十分敏捷。她和斯宾塞开心地回忆着往事，我则站在客厅的角落里，消化着眼前的一切。

"哦，伯特，"她说道，"不会又要重新来一遍吧？"

"别担心,芭芭拉。这次不一样了。我写了一本书,好让他们看看,为什么他们对我的指控都是错的。"他回答道。

但这显然不是事实。书是西蒙·戈尔丁写的，虽然确实讲的是斯宾塞的人生，但却不是一部自传。斯宾塞的解释已经足够让芭芭拉觉得，她可以对卡尔被杀那天发生的事畅所欲言了。尽管如此，我还是不得不叫斯宾塞不要插话，让芭芭拉自己回答我的问题。我认为，他这样打岔，是为了引导芭芭拉说出他想要的回答。这也许是我头一次对斯宾塞表现出坚决的态度，我让他不要说话，让我问问题。

斯宾塞转向摄像机，做了一个给嘴拉上拉链的动作。这表示我可以开始提问了。

我坐在芭芭拉身边，问道："芭芭拉，你的证词里提到了一句话，我想让你就此澄清一下。你说卡尔被害那天，你不知道斯宾塞有没有回家吃午饭。你说他一般在中午12点到下午1点半之间吃午饭。斯宾塞那天到底有没有回家吃午饭？"

"我觉得……这都多少年前的事了啊，"她答道，"我一般在1点到1点半之间去吃午饭。他经常在各种各样的时间消失不见。他那天有可能回家吃午饭了。没错。"

我转向斯宾塞，没有理睬那句"他经常在各种各样的时间消失不见"，而是问道："所以你那天到底有没有去吃午饭？"

斯宾塞：我不知道。

戴　维：你不知道？你不知道？你为这件案子背了这么多年黑锅，但你却不记得卡尔被害那天，你有没有回家吃午饭？

斯宾塞：你听我说。我没有固定的午饭时间。我到处在忙。我的电话一直都响个不停。

戴　维：如果你没有固定的午饭时间，而且你又在到处忙，那么你下午四五点时有可能在那里！

斯宾塞：你能不能听我说？我没有回家吃午饭。你必须得相信我的话。你没法证明我说的不是真的。

这段对话被摄像机录了下来，并在纪录片中播出。你能看见我渐渐被斯宾塞混淆视听的话激怒，也能看出我感到越来越担心。芭芭拉·里伯德让整个摄制组进到她的家里，而我现在却几乎要吵起来，吵架的对象还是芭芭拉显然十分敬重的斯宾塞。我感到很尴尬。

但有一件事是再清楚不过的——斯宾塞并没有铁一样的不在场证明。我只是问了提供不在场证明的人，斯宾塞那天有没有吃午饭，这个不在场证明就被摧毁了。这着实是个激动人心的时刻，更有意思的是，斯宾塞随口就说自己不记得那天有没有回家吃饭，然后立刻又改口，并说无论如何，我只能相信他的话，因为我没法证明他说的"不是真的"。这又一次体现了他话语中的犹豫和错误。

与芭芭拉的对话虽然十分令人惊叹，但我们对此案关键人物的采访并没有到此结束。通过我们的研究，还有纪录片工作组的辛勤劳动，我们后来还采访了斯宾塞的女儿詹妮尔。她不愿在电视上露脸，但她在录音中承认，她一直觉得卡尔被杀那天，她的父亲去过紫杉农场，但她没有什么决定性的证据。她还说，她曾听自己的父亲和农场主威尔克斯讨论过入室偷窃的事。

最后一次采访

关于这起谋杀，我通过研究找出了许多信息，而斯宾塞又没有了不在场证明，在这种情况下，我决定对斯宾塞做最后一次采访。我仔细考虑了自己想说的内容，并与大卫和里克一起拟了一份大纲，以此来引导最后一次采访的走向。最重要的是，我必须记住自己想要以什么顺序来让斯宾塞面对这些信息。我把它们总结成了 A、B、C、D 和 P。

A 是指不在场证明（Alibi），尤其是芭芭拉对我说的话。

B 是指扭曲（Bending）事实——斯宾塞对我多次撒谎。

C 是指斯宾塞与卡尔、休伯特·威尔克斯、入室盗窃、古董之间的联系（Connections），根据是詹妮尔对我说的话。

D 是农场主威尔克斯之死（Death）以及被相同手法所害的卡尔。

P 则是必须提及的 P 检测。

后来我们才得知，纪录片中，我对斯宾塞最后一次采访的片段是被反复观看次数最多的。除了这个大纲之外，我还准备给斯宾塞看看当年犯罪现场的照片，看会不会激起他的一些反应，但这些照片不会被拍摄下来。我对这个策略并没抱太大希望，毕竟斯宾塞是个救护车司机，他肯定见过不少类似的场面。但这能提醒他，我们过去几个月里讨论的内容，关乎一个活生生的人，以及这个人是如何被残忍地杀害的。

我们最后一次采访的地点是林肯郡的斯托克·罗奇福德酒店。大厅十分华丽，但与我们拍摄的氛围格格不入。斯宾塞和克莉丝汀头一天开车来到这里，并准备在拍摄结束后在这里住几天。

在我们最后彻底摊牌之前，斯宾塞和我一起拍了一些照片，用来给纪录片做宣传。有一点我说得非常清楚，那就是我不想拍和他握手的照片，我对摄影师说，我想出现在斯宾塞的肩膀后方，好像我是他的良知一般。

拍摄最后一次采访之前的时间非常难熬，我要仔细考虑许多道德上的问题。斯宾塞根本不知道我将会说些什么，因此我几乎无法跟他和克莉丝汀闲聊——我总觉得自己仿佛是要突然袭击他们，虽然我已经跟斯宾塞保证过，要"像男子汉之间"那样，告诉他我的结论。斯宾塞则看起来十分开心，当处于大家关注的中心时，他一向都很开心。但如果我告诉他，我认为警方有足够的证据来重新调查这件案子，我不知道他会做何反应。我认为他根本没有背黑锅，恰恰相反，他需要对此案进行解释。

当我们终于面对面坐下时，我尽量让自己镇定下来，按照背下来的大纲开始提问。

"伯特，我首先想感谢你在过去 6 个月里，不止一次接受了我的采访。我们总共交谈了有 30 个小时。我还想感谢你邀请我到你的家里去，感谢你让我和你一起去了米德兰兹，去了你过去居住的地方。在这一切刚开始时，你对我说，你不会逃跑，也不会躲避，对此我向你表示敬意。当然，你让我接近你的生活，为此你付出了一些代价，我知道我有好几次都惹恼了你，尤其是我对你的花园的评价。"

直到这时，斯宾塞对我说的话都十分满意，但我随即话锋一转。

"你还说你不会对我撒谎。这点我不太认可，你在多个场合对我撒过谎。你的这些谎言，还有芭芭拉·里伯德对我说的话，还有我通过研究收集到的信息，使我对你和卡尔·布里奇沃特的被杀案，得出了自己的结论。"

随后我就顺着大纲说了下去，斯宾塞只是一直盯着我，直到我说完 P 检测的结果。我向他解释了处于高分区的检测结果意味着什么，然后我看着他的眼睛，对他说："这些都和你完全相符。"斯宾塞立刻反驳道："和你也完全相符，傻瓜。"许多人都觉得他的反应很好笑，但这也体现了斯宾塞的精神病态——他只是在重复我说的话；他窃取了我的语言。因为他自己没有真情实感，也就无法用语言表达这不存在的情感，所以他只能用我说过的话。

我坚持继续说了下去："这是你，伯特。你不是什么慈祥的老爷爷那样的人物。那是你的噱头，我已经看穿了。而且，当芭芭拉说她无法确定你在卡尔被害那天的行踪时，你也在场，也就是说你已经没有不在场证明了，我认为这些证据足以让警方重新调查这件案子。"

我们继续说了几句，但这次大摊牌已经完成，我表示会把这些证据呈现给警方,然后就走出了房间。在我走之后,斯宾塞转向摄像机,说道:"这个精神病态需要一个拥抱。"

然后他露出了微笑,仿佛他既是个魔鬼,又是个小丑。

然而,我根本用不着担心在摊完牌之后,斯宾塞会有怎样的反应,因为他和克莉丝汀及摄制组的其他成员们,在餐厅里一起愉快地享用了晚餐。随便你怎么形容这种反应——缺乏洞察力,情感肤浅,没有悔恨之心,无法为自己的行为负责,精神病态——但不论如何,我说的话似乎对他几乎没有半点影响。他只想在大卫和里克的陪同下整夜狂欢。

这最后的摊牌本该是纪录片的尾声,但斯宾塞的第一任妻子珍妮特突然同意接受采访。她仍然用着斯宾塞的姓。我们在影片筹备初期就和珍妮特联系上了,她十分有礼貌,却坚定地拒绝了我们采访的请求。现在,就在纪录片即将进入剪辑阶段时,她突然改变了主意。

我们不知道到底是什么让珍妮特改变了想法,但她在摄像机前说,自己选择接受采访是因为"已经太久了",她想要说出自己这部分的故事。我则猜测她是不是通过小道消息得知了斯宾塞在为自己开脱,得知了自己的女儿詹妮尔在录音中说的话。

珍妮特说她相信斯宾塞杀害了卡尔,并且现在希望警方能重新调查这件案子。在一番对话之后,她才痛苦地、缓慢地公开说出了这样的结论,但在对话过程中,她透露了一些从未被公开过的私人证据,这些证据实在非同小可。

珍妮特说,斯宾塞向她承认过,自己那天并不是一整天都待在医院,因为他"胃不舒服"。她还说自己那天下班回家之后,看见斯宾塞在清洗一件绿色的毛衣——她之前从未见过这件衣服。当时他正把这件衣服晾到晾衣绳上,也就是说他当天一定穿过这件衣服。斯宾塞从不自己洗衣服,所以当时珍妮特觉得十分奇怪。她说她再也没有见过这件绿色的毛衣。她还说,斯宾塞告诉她,在卡尔被杀的第二天,他就丢掉了自己的猎枪,而且他还在普雷特斯伍德附近藏了一袋偷来的古董。他后来警告珍妮特不许对任何人提起这件事,她也照做了——直到现在。

珍妮特还说,在卡尔被害的那天晚上,斯宾塞"情绪十分低落",不像他"往常那样和善快活",而且,在这件案子被新闻报道之后,珍妮特当面直接问过他。当时斯宾塞早早地上床了,后来,珍妮特爬上楼梯,走进卧室,斯宾塞还没有睡着。珍妮特告诉我说:

> 我问他:"天哪,告诉我你跟那起谋杀没有关系,好吗?"
> 斯宾塞答道:"没有。但你不觉得他们会找我的麻烦吗?这事已经把我卷进去了。"

这个回答让珍妮特十分不安。她提出也许斯宾塞的同事可以为他的行踪担保,但斯宾塞说自己并不是一整天都待在医院里,因为他胃不舒服。

我问珍妮特,根据她知道的这些信息,她是否认为斯宾塞杀害了卡尔。我看着她带着一丝迟疑,慢慢地想着那件毛衣、那些偷来的古董、那支被扔掉的猎枪,想着斯宾塞并不像自己后来坚称的那样,一整天都待在医院,她答道:"唔,这个,很难说,但内心深处,嗯,我大概……是的,我是这么认为的。"

采访结束之后,我的心情十分复杂,难以用语言描述,但我更多的还是松了一口气。在我看来,我们好几个月的努力工作终于有了收获。卡尔案发生的那段时间,珍妮特就在斯宾塞身边,而我只是一个局外人，过了这么多年之后，才开始重新研究这件案子，而我们得出了同样的结论。对于珍妮特在摄像机前说的这些话，我们必须给斯宾塞一个回应的机会。

在那个时候，斯宾塞已经不和我说话了。事实上，他在竭尽全力毁坏我的声誉。在他的众多指控中，我最喜欢的一项是，他说我吸毒成瘾，因为我吃得很少，而且我每次跟他说话时，瞳孔都是放大的。

由于他对我的敌意，只好由大卫、里克和团队里的其他人再一次驱车前往他家，告诉他珍妮特说的话。斯宾塞气急败坏。他威胁说要对珍妮特采取"神风特攻队[1]一样的行动"，说要拉她"一起完蛋"，因为当时那四个无辜的人之所以被送进监狱，她也逃不了干系。

他说："听着。我永远不会为卡尔·布里奇沃特之死背黑锅，不论你和那些蠢货怎么指控我。"

纪录片大获成功，广受好评，还获得了好几个奖项的提名，其中第一个是广播奖。在颁奖当晚，我们都十分紧张，倒不是因为颁奖典礼，而是因为斯宾塞要求给自己一封邀请函。他联系了大卫，因为在他眼中，这部纪录片是属于他的。大卫解释说，发邀请函的是第四频道，于是斯宾塞说他要亲自给主持人乔纳森·罗斯写信。

这是斯宾塞又一次试图夺取事情发展的控制权，这也又一次提醒了我们他是一个怎样的人，他完全没有意识到，几乎所有看过纪录片的人都怀疑是他杀害了卡尔·布里奇沃特。

果然，那晚斯宾塞并没有出现。

我们都已经反复练习过失败之后那尴尬又不失礼貌的微笑，但当那封金信封开启之后，里面获奖作品的名字正是《采访一名杀人犯》。

---

1 神风特攻队："二战"末期，日本为了抵御美军而组织的自杀性敢死队。

我们蹦跳着上了台，尽管不应该由我来致辞，但我还是借这个机会说了一句话。

"我们得到这个奖项，真的非常感激，谢谢……但最大的奖励，是斯塔福德郡警方能重新调查此案，最终为卡尔和他的家人伸张正义。"

在我写到这里时，此案仍没有被重新调查，伯特·斯宾塞仍旧否认自己和卡尔的死有任何关系，否认他的前妻珍妮特在纪录片中说过的所有话。

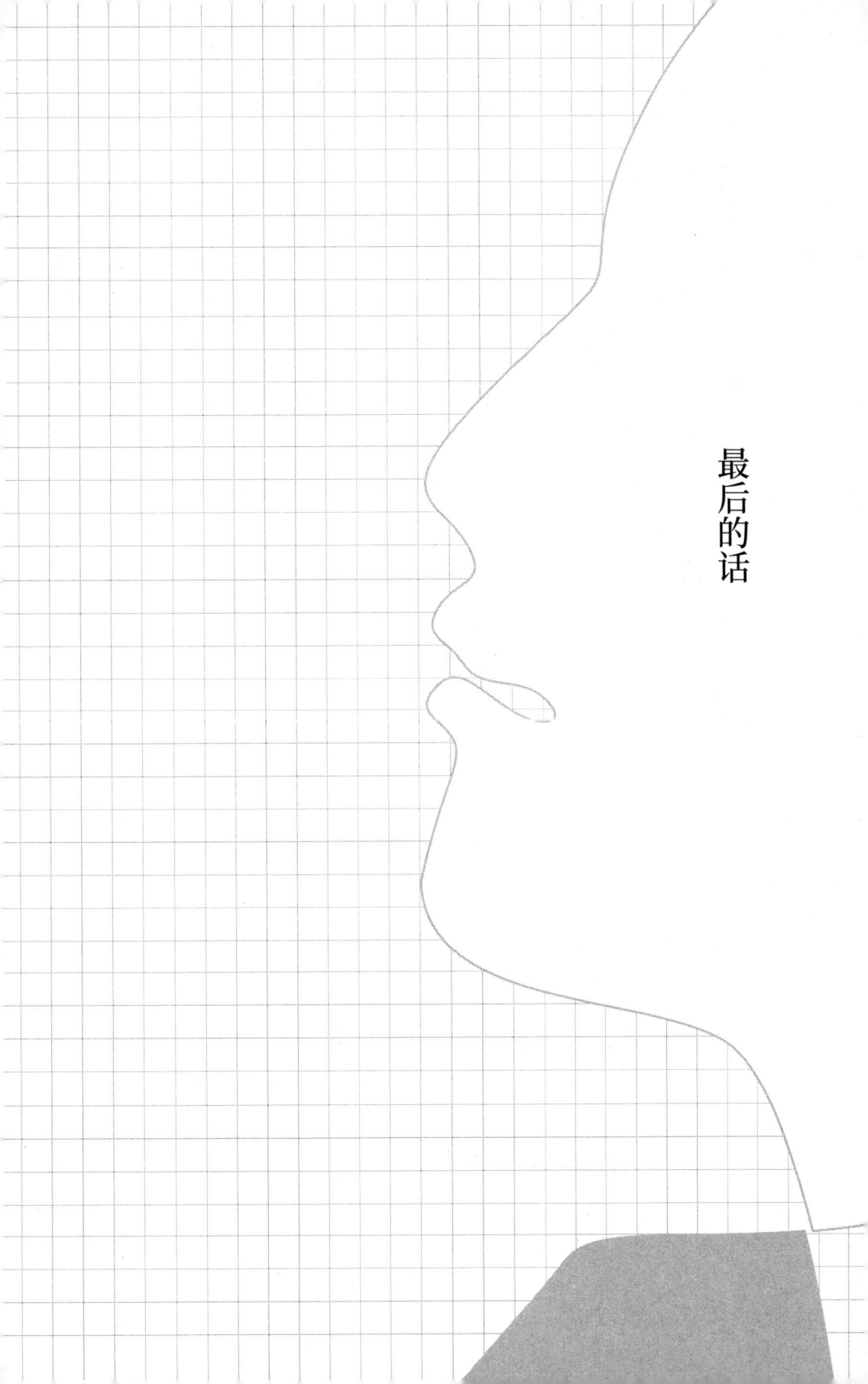

最后的话

2017年，在经过五年的心理治疗后，"老艾"终于要离开格兰登监狱了，由于我是慈善机构"格兰登之友"的主席，他便邀请我去参加他在C区的欢送会。这是格兰登监狱里的一项传统，当一个人结束了心理治疗，要离开这里时，整个社区的犯人都会一起吃一顿饭，这个即将离开的人还可以邀请自己的家人和朋友来。当大家一边喝茶一边吃蛋糕时，犯人们会一个个站起来，给这个要离开的人讲一些鼓励和支持的话。

社区里的其他人把C区的会客室用彩旗和气球装扮了一番，在一面墙上贴上了"老艾"和他另一半的照片。他的另一半在"老艾"还在监狱里时就去世了。

我正准备拿一块蛋糕吃——因为我最近没什么需要拍摄的工作，这时，"老艾"走过来抓住了我的胳膊，想要跟我单独谈谈。

"谢谢你来，"他说道，"我真的很感激。"

"谢谢你这么多年来对'格兰登之友'的帮助，"我答道，"你知道他们要把你送到哪个开放监狱去吗？"

"老艾"结束了心理治疗，但并没有被释放。他是一名被定罪的杀人犯，因此在被完全放归社会之前，必须在开放监禁条件下观察一段时间。他告诉了我他要去的监狱，然后问我想不想去探望他。我欣然答应，并和他说好互相保持联系。

我正准备第二次伸手拿蛋糕时，"老艾"环视了一下四周，然后仿佛要对我吐露什么秘密一般，悄声问道："一切都变了，不是吗？我那时候可不是这样的。"我起初以为他指的是来格兰登监狱的犯人，但他紧接着又说道："你看看美国的那起谋杀。"

"发生过那么多起谋杀，"我说道，"你指的哪一起啊？"

"那个，新闻记者在电视上被杀那个。""老艾"答道。

"老艾"年纪和我差不多大，是东伦敦人。他认为自己是那种"老派黑帮"，有一套所谓的"犯罪准则"。他的犯罪生涯可以追溯到克雷双胞胎[1]——罗尼和雷吉还在称霸的时候。有传言说，"老艾"曾经是雷吉的好友。

他说的这起案子是两年前在美国弗吉尼亚州的罗阿诺克发生的。电视记者艾莉森·帕克和摄影记者兼摄影师亚当·沃德，被他们电视台的前雇员维斯特·李·弗拉尼根枪杀。这件案子显然让"老艾"十分困惑。帕克当时正在进行现场采访，这时突然听见枪声，然后传来了尖叫声。亚当的摄像机摔到了地上，短暂地拍下了弗拉尼根举着手枪的画面。弗拉尼根在推特和脸书上上传了一小段谋杀案的视频，但很快视频就被撤掉了。

这种把自己的犯罪行为实时直播出去的做法，"老艾"完全不能理解。在他看来，这种行为没有任何道理，他说现在和他那时候不一样了，这件案子就是例子之一。

尽管我没有直接对他说，但在我看来，事情并没发生太大的变

---

[1] 克雷双胞胎：Ronald "Ronnie" Kray 和 Reginald "Reggie" Kray，20世纪五六十年代英国伦敦东区最臭名昭著的黑帮头目。

化，尤其是暴力和谋杀相关的事。"老艾"在犯罪上的导师们曾经是"全英国最危险的人"，他们很会操控自己在媒体上的形象，甚至会让记者定期跟踪自己的奇闻逸事，好让与自己有关的报道更加正面。1967年，他们甚至委托了伊恩·弗莱明[1]的自传作者约翰·皮尔逊来给自己写自传，这本书后来出版了，名字叫《暴力职业》(The Profession of Violence)。克雷双胞胎和维斯特·李·弗拉尼根一样，都是暴力的人，都喜欢控制公众对他们的形象和行为的看法，只不过现在的媒体传播的信息更具有即时性，可以瞬间被"疯转"，也就能有更大的观众群。

我认为暴力和谋杀并没有发生多大改变，但有一堆书都在探讨暴力和谋杀现象的减少。虽然我的确相信，人类这个物种正在变得越来越"文明"，但我不相信暴力和谋杀现象的减少是可能实现的。大家都不做互相伤害的事，这样的愿景固然美好，但"老艾"那个年代和当代的犯罪世界之间，确确实实存在连续性。年轻人依旧会丢脸，依旧会通过暴力来夺回尊严，而有些人则会将此升级为谋杀行为；依旧会有像维斯特·李·弗拉尼根那样愤愤不平的雇员，感觉自己受到了不公正的待遇，便选择实施血腥的复仇；依旧会有太多太多男人想要伤害他们的伴侣和孩子，不论年龄大小；依旧会有人没有真正的职业前景，便选择将暴力作为商品，出售给出价最高的人。

对许多年轻人来说，暴力犯罪的执行者也算是职业选择之一，尽管这种有毒害的生活方式会带来许多可怕的后果。

同时，我们依旧会对连环杀人犯着迷。每当一起案件发生，我们

---

[1] 伊恩·弗莱明: Ian Fleming，英国小说家、特工，1908年生于英国伦敦，1953年以自己的间谍经验创作了詹姆斯·邦德系列第一作《007大战皇家赌场》。

还是会既觉得可怖，又觉得有趣，并且迫不及待地想对杀人犯进行心理研究，希望弄清楚"他为什么要做这种事"。毕竟把责任全都推到连环杀人犯身上很容易，而弄清楚是什么样的社会原因导致这些人成为连环杀人犯的受害者，则要难得多。如果我们真的想减少连环杀人案的发生，就应当处理"恐同"问题，应当让老年人有话语权，应当帮助那些离家出走或被家庭抛弃的孩子，应当像成年人一样，好好讨论如何监督和管理那些从事性工作的年轻人——大部分是年轻女性。

这些想法也许看起来完全不切实际，是一个幼稚的、过于理想化的请求。这永远不可能在公共政策中得到体现，也就永远不可能真正成为我们文化的一部分。但不论它看起来有多幼稚，多理想化，这就是我从这么多年工作中得出的结论。我与这么多暴力的、杀过人的人一起工作过，我意识到，归根到底，他们并不是什么怪兽一般的异类，而是有血有肉的人，而且大部分时候，他们都能很好地代表我们的文化和我们宣扬的所谓的"男子气概"。通过我的工作，我想传达的信息是十分明确的。

暴力、谋杀和连环杀人现象的发生，能揭示我们自身、我们的价值观和我们这个文明社会的一些问题。这么久以来，我们创造出了一种"我们"和"他们"的文化概念，"有产"和"无产"之间的差距越来越大，而且眼看着还要继续下去。暴力行为，尤其是致死的暴力行为的受害者，大部分是女性，而且经常是贫穷或者处于弱势地位的女性，这难道真的很令人意外吗？

即使看不到什么事情将要得到改变的迹象，也没有什么可能有成效的新政策推出，我们也不需要接受这样的事实，真的不需要。

那么什么政策能有成效呢？

就像我在前面说过的，把谋杀案和连环谋杀案都当成个案来处理，对我们没有任何帮助。在我们解读杀人犯和那些反复杀人的人时，相关背景至关重要。我还知道，那些要"严厉打击犯罪"的政治口号，对暴力的人来说没有任何意义。他们不关心街上有多少警察在巡逻，最近有什么犯罪事件上了报，警方又将因此获得什么新的权力来打击罪犯，他们也懒得管。这些措施都没用，因为那些暴力的人经常是在一时冲动下使用暴力，他们不会考虑有什么后果。而对那些精心策划的暴力行为，大部分时候，他们还是甘愿承担巨大的风险去这么做，因为这能让他们立刻得到自己想要的东西。以我的经验，暴力的人一般都多多少少以自我为中心，爱利用、剥削他人，尤其是女性，而且他们自身能力的低下、自尊心的缺乏，会让他们倾向于使用暴力。换句话说，他们使用暴力，是因为不知道还有什么别的选择。

正是这种男性为主的、致命的大背景，导致了我们社会中暴力犯罪的频发。

所以，我们一方面得继续致力于对暴力罪犯的改造工作，另一方面，我们也得处理暴力犯罪发生环境的大背景。这个背景大部分时候是不成熟的年轻人之间的斗殴，或者帮派与组织犯罪，因为他们生命中没有什么值得他们珍惜的东西。这跟经济，跟工作，跟安全感和幸福感有关。然而还有一种背景，不论是谋杀案还是连环谋杀案，都总是涉及厌女现象。这种极其有害的、文化上的偏见，认为女性低人一等，因此不配得到国家和法律同等的保护，所以才会每周平均有两名女性被自己的伴侣或前伴侣杀害，那么每年就有104名女性被害，再加上那些被陌生人、连环杀人犯和职业杀手杀害的女性，还得算上那些至今还如囚犯一样，被困于一段暴力的感情关系中的女性。

如果我们能开始处理这些问题，那么我们的国家一定会变得更安全。

当我拿了一块蛋糕，终于坐下来时，我脑海里想的就是这些事情。我听见大家一个接一个地祝福"老艾"每年都能顺顺利利，轮到我时，我也祝福了他，并且安排好了我们下一次见面的日期。

深入阅读指南

部分读者也许会对我在书中讨论过的问题产生兴趣,但这份指南并不旨在为他们列出一份完整翔实的书单,而是向读者们介绍那些对我的研究产生过影响和推动作用的书籍。为了符合本书的风格,这份指南并没有包括同行评审文章和政府报告。我会在书中的"参考书目"部分列出专业性更强的文章来源。对此有浓厚兴趣的读者,可以考虑去当地大学修一门心理学或犯罪学的课程,另外,英国公开大学的远程教育课程也十分值得推荐。我在书中引用了许多书籍中的内容,尤其是在那些涉及精神病态和连环杀人案的章节中。虽然这些书并未全部被收入这份指南中,但它们的重要性是不可忽视的。

至于不想阅读,或者已经阅读过许多类似材料的读者,我建议你们去附近的皇家法院,看看审判是如何进行的。这能让你们更好地感受到犯罪行为对社会造成的巨大伤害。还可以考虑加入"霍华德刑罚改革联盟",或者成为"新桥梁"的志愿者。

但让我们从头说起。

出人意料的是,并没有多少人对谋杀进行深入的学术研究。Fiona Brookman 甚至在她的书 *Understanding Homicide*(London: Sage, 2005)中表示,谋杀这一话题在学术界被完全忽略了。这本书,还有 Shani D'Cruze, Sandra Walklate 和 Samantha Pegg 合著的 *Murder*(Cullopmton: Willan, 2006)都是不错的入门书籍。最近,伊丽莎

白·雅得利在她的书 *Social Media Homicide Confessions: Stories of Killers and Their Victims*（Bristol: Policy Press, 2017）中，用更现代化的视角对谋杀现象进行了分析。

如果你想读一部从历史视角来分析谋杀的书，可以选择 Pieter Spierenburg 的 *A History of Murder: Personal Violence in Europe from the Middle Ages to the Present*（Cambridge: Polity, 2008）和 Steven Pinker 的 *The Better Angels of Our Nature: The Decline of Violence in History and Its Causes*（London: Penguin, 2011）。这两本书的分析都印证了一个假说，那就是长期来看，暴力行为在不断减少。支持这一观点的还有 Richard Bessel 的 *Violence: A Modern Obsession*（London: Simon & Schuster, 2015），而这种观点最早则是出现在 Nobert Elisas 的巨作 *The Civilizing Process*（Oxford: Blackwell Publishing, 1994）中。

既然谋杀这一话题为学术界所忽视，那么对连环谋杀的研究显然也十分少见，尤其是在英国。如果你想读关于这方面的通俗易懂的书籍，我的书 *A History of British Serial Killing*（London: Sphere, 2009）在这个领域颇受欢迎，同时还有许多围绕某名特定连环杀人犯而展开的"真实罪案"书籍，其中我尤其推荐布莱恩·马斯特斯的 *Killing for Company*（London: Arrow, 1995），讲述了丹尼斯·尼尔森的故事，以及 Gordon Burn 的 *Happy Like Murderers*（London: Faber & Faber, 1998），讲述了弗雷德·韦斯特和罗斯·韦斯特的故事。但我想引导大家去读理论性更强的书籍。有两本深入浅出的书，一本是 Laurence Alison 和 Marie Eyre 所著的 *Killer in the Shadows: The Monstrous Crimes of Robert Napper*（London: Pennant Books, 2009），另一本是大卫·坎特所著的 *Mapping Murder: The Secrets of*

Geographical Profiling（London: Virgin Books, 2007）。

同时，我自己仍然在使用 Elliott Leyton 的 *Hunting Humans: The Rise of the Modern Multiple Murderer*。这本书最初于 1984 年出版，后来被几家出版社先后再版。在美国，有许多关于连环谋杀的书籍，可供想认真了解理论知识的读者们参考，其中我格外推荐 James Alan Fox 和 Jack Levin 的 *Extreme Killing: Understanding Serial and Mass Murder*（Thousand Oaks: Sage, 2005）。

读者们如果想了解我们为什么会对连环谋杀和连环杀人犯如此着迷，可以读读 Scott Bonn 的 *Why We Love Serial Killers: The Curious Appeal of the World's Most Savage Murderers*（New York: Skyhorse Publishing, 2014），还有 D. Schmid 的 *Natural Born Celebrities: Serial Killers in American Culture*（Chicago: University of Chicago Press, 2005）。

更认真的读者也可以读读关于法庭心理学和犯罪心理学的入门书籍。我在书中提到的一些问题，比如犯罪心理画像、警察审讯和虚假供词等等，都可以在这类心理书籍中找到。Ray Bull 等人所著的 *Criminal Psychology*（Oxford: Oneworld, 2009），Adrian J. Scott 的 *Forensic Psychology*（London: Palgrave, 2010），还有 Peter Ainsworth 的 *Psychology and Crime: Myths and Reality*（Harlow: Longman, 2000）都是不错的选择。

如果你想真正理解精神病态是怎么回事，我推荐 James Fallon 的 *The Psychopath Inside*（New York: Current, 2013），尤其因为 Fallon 本人也被临床诊断出是精神病态者，还有肯特·基尔的 *The Psychopath Whisperer: Inside the Minds of Those Without a Conscience*（London: Oneworld, 2014）。我在本书第六章引用了一些

基尔的研究成果。

我在书中分享了不少自己与杀人犯共事的经验,也引述了他们对于谋杀行为的看法。但我没有用某种单一的宏大理论来解释谋杀现象,而是指出,是"个人缺陷"和"社会缺陷"共同作用,导致了谋杀的产生。那么这些个人的"缺陷"可能是什么呢?如果你想从这个角度更深入理解谋杀发生的原因,那么可以读一读与以下三个心理学分支相关的书籍:精神分析学、演化心理学,以及社会认知心理学。

精神分析和临床心理学的奠基人是西格蒙德·弗洛伊德,他提出人的大脑的运转会影响人的性格和行为——包括犯罪行为。关于弗洛伊德的理论,有两本入门图书十分实用,一本是Stephen Frosh的 *A Brief Introduction to Psychoanalytical Theory* (London: Palgrave, 2012),另一本是Michael Kahn的 *Basic Freud: Psychoanalytic Thought for the Twenty-First Century* (New York: Basic Books, 2002)。想了解更多相关知识的读者,可以读读齐泽克和拉康的著作,看他们是如何把弗洛伊德的理论融入自己对政治和社会的理解中。如果想了解如何用精神分析理论进行犯罪学研究,可以参看史蒂夫·霍尔的 *Theorizing Crime and Deviance: A New Perspective* (Thousand Oaks: Sage, 2012)。霍尔的著作一般都是与他的前同事Simon Winlow合作完成,他们的研究方法是英国犯罪学领域最令人激动、最具创新精神的。我在本书中就引用了一些他们的观点,尤其是在与"犯罪承办人"相关的内容当中。

弗洛伊德认为犯罪行为是由人精神上的矛盾所造成的,而这些矛盾一般都可追溯到人童年时期所遇到的问题。我在本书中已经解释过,弗洛伊德认为人的心理可分为三部分:本我、自我与超我。"本我"包含了潜意识的生理冲动和生存本能,比如攻击性和性欲等,这些本能遵循"享乐原则"。也就是说，它们会驱使人避免痛苦，去满足并享受自己的原始冲动，不论这会给他人带来多大的伤害或导致多坏的结果。本我还包含了"死亡本能"，即一种摧毁自己的倾向。"自我"是一个人真实的"自己"，它会对他人的需求做出反应，从而控制"本我"的原始冲动，让人遵守社会秩序。"超我"和"自我"一样，都是在孩童时期发展形成。"超我"是人的性格中由社会道德伦理规则内化而形成的部分，内化的原因则主要是父母或监护人的培养。弗洛伊德提出了许多与暴力相关的理论，他认为犯罪行为要么来源于精神上的困扰，要么是由于犯罪者良知的力量过于薄弱。

在 James Gilligan 的 *Violence: Reflections on Our Deadliest Epidemic*（London: Jessica Kingsley Publishers, 1999）中，我们可以看到对弗洛伊德精神分析法的现代应用。Gilligan 是一名在监狱工作的精神病医生，他根据与暴力罪犯的对话著成了这本书。他认为是一种精神上的矛盾导致了这些人选择使用致命性暴力，而这个矛盾就是他们的羞耻感和自尊的丧失。他提出，这些暴力的人都曾经是暴力行为的受害者，尤其是在他们的童年时期。因此，他们会感到尴尬，感到无力，感到自己一文不值。所以，当他们觉得自己的自我价值受到挑战，并且没有别的办法来消除自己的羞耻感时，他们就会用暴力来修复受伤的自尊心。在 *Understanding Dunblane and Other Massacres: Forensic Studies of Homicide, Paedophilia and Anorexia*（London: Karnac, 2012）一书中，Peter Aylward 就用这些理论解释了托马斯·汉密尔顿对邓布兰的袭击。

对精神分析法最大的批评，就是它不能被证明。我们无法直接观察到人的本我、自我或者超我，也无法证实（或证伪）它们的存在，尽管有不少尝试证实的方法，比如精神分析、墨迹测验和解梦等。那么我们如何确定它们会对个人的行为产生影响呢？同时，精神分析心理学也可能过于决定论了，也就是说，它认为一切可以用个人心理上的矛盾和焦虑来解释，但其他因素，比如环境因素，就被忽视了。

演化心理学建立在一个假设之上，那就是人类的存在主要是由基因的适应和遗传决定的。也就是说，人的各种行为的起源，是古老的生理基因，并且在自然选择中，适应性强的"自私基因"被一代代地传了下来，因为这些基因能帮助人类成功繁衍。在演化心理学中，"近因"研究个人对某种情况做出特定反应的直接原因，而"终极原因"则以历史的角度，从人类的进化中找到相应的解释。那么，对于保证基因代代相传这件事来说，谋杀到底是一种适应性行为还是适应不良行为呢？从演化心理学的角度，我们能否解释那些谋杀父母和孩子的行为呢？

David Buss 在 *Murderer Next Door: Why the Mind is Designed to Kill*（London: Penguin Books, 2005）一书中，用演化心理学来说明，谋杀对人类进化是有帮助的，因此，它是人类的正常特性之一，是天生固有逻辑性的，尤其是，它对人类的繁衍还是有益处的。

从最显而易见的角度来说，我们可以举个例子：杀人的凶手活了下来，还能继续繁衍，而他的受害者们都死了，他们的基因遗传也就终止了。而且这名凶手——如果他愿意的话——还可以和受害者们的伴侣做爱，另外，通过杀人，他还能吓退那些本准备对他下手的人。因此，Buss 认为，杀人能让他对异性更具有吸引力，因为他能保护她们不受其他狩猎者的伤害。总之，谋杀的益处太多，Buss 甚至奇怪为何它的数量如此之少。

另一种利用演化心理学的分析则不那么热情澎湃。Martin Daly 和 Margo Wilson 在 *Homicide*（New York: Aldine de Gruyter, 1988）

一书中表示，谋杀一般来源于两件事：年轻男性想要在其他年轻男性面前建立支配地位，或者女性面对占有欲强的伴侣而想要获得独立。所以说，谋杀行为并不是病态的，而是当资源或繁衍的机会稀少时，人用以谋生的一种策略。为了贴合"谋杀是一种生存策略，是保证杀人者的基因得到传承的一种手段"这个观点，Daly 和 Wilson 认为，谋杀不容易发生在两个基因上有关联的人之间。尽管大多数谋杀发生在家庭内部，但都是伴侣之间，因此二人并无基因上的联系。他们还称，与亲生父母相比，孩子更容易被他们的继父母杀害。这些需要抚养的孩子与继父母之间没有基因联系，同时还可能被看作榨取家中资源的包袱。

然而，英国的数据并不支持 Daly 和 Wilson 的结论。比如说，在被谋杀的孩子中，超过 90% 都是被亲生父母所杀，只有 10% 左右丧生在继父或继母手下。Buss 得出的"谋杀是为保证基因遗传的合理选择"的结论，也没有得到证据的支持。就像他自己所说的，如果他的结论正确，那么世界上应该出现更多的谋杀现象。

如果谋杀不是一种适应不良行为，而是适应性的、演化出的行为，那么谋杀现象应该更加常见。同时这也说明，即使未出现数量众多的谋杀现象，人类仍然在生理上得到了发展，基于这一事实，我们就应该把谋杀看作一种病态行为，而非人的正常特征。

社会认知心理学主要研究社会现象对人的行为的影响，关注与这些现象息息相关的、人与人之间的动态关系，探讨它们为何会导致暴力的产生。它关注的并非个人性格，而是外在因素对人的行为的影响，尤其是人处理信息的方式，以及为什么人会认为在某种特定情况下，自己不得不使用暴力。杰克·卡兹的著作大大帮助了我对这类现象的理解。他的著作 *Seductions of Crime: Moral and Sensual*

Attractions In Doing Evil（New York: Basic Books, 1990）分析了谋杀产生的环境因素和"前景"因素，并特别关注了谋杀犯在实施谋杀时的情感和心理状态，也就是说，谋杀给他们带来了怎样的感受，对他们而言意味着什么，而最终又达成了什么效果。卡兹还描述了在"典型谋杀"中，杀人者不同的感情层次，比如说凶手实施了"激烈的攻击"，或是对羞辱自己的人进行了"义愤填膺、大义凛然的屠杀"，通过这起屠杀，凶手把自己的羞耻感转化成了致命的愤怒。卡兹以此来说明谋杀并非是无缘无故发生的，对凶手来说，它有意义与价值。

我在本书中提到了一系列监狱的名称，并描述了一些刑罚制度的历史。我一直使用的参考书籍是 Pain and Retribution: A Short History of British Prisons（London: Reaktion Books, 2014）。涉及格兰登监狱的部分，我引用了 Elaine Genders 和 Elaine Player 的 Grendon: A Study of a Therapeutic Prison（Oxford: Clarendon Press, 1996）。

在格兰登监狱的部分，我提到了斯蒂芬·基什科的案子，这起案件可以参考 Michael O'Connell 的 Delusions of Innocence: The Tragic Case of Stefan Kiszko（Winchester: Waterside Press, 2017）。我还提到了埃蒙·卡拉拜的 Power, Discourse, Resistance: A Genealogy of the Strangeways Prison Riot（Aldershot: Ashgate, 2004）。另一位前监狱主管 John Podmore 出的书 Out of Sight, Out of Mind: Why Britain's Prisons are Failing（London: Biteback, 2012）也十分有用。

至于从囚犯视角出发的著作，我推荐欧文·詹姆斯在《卫报》上的专栏合集，这些都是他被关在狱中时写下的。这本合集叫 A Life Inside: A Prisoner's Notebook（London: Atlantic Books, 2003）。

在这里我想指出，书中提到的许多犯人都写了介绍自己生平经历的著作，欧文·詹姆斯也不例外。他的回忆录叫 *Redeemable : A Memoir of Darkness and Hope*（London: Bloomsbury, 2016），但我注意到，他在回忆录中并未提到自己犯下的两桩谋杀案，我在《身为犯罪学家》节目中还就此事向他提问过。诺埃尔·史密斯出了两本优秀的自传 *A Few Kind Words and a Loaded Gun: The Autobiography of a Career Criminal*（London: Penguin, 2005）和 *A Rusty Gun: Facing Up to a Life of Crime*（London: Penguin, 2010）。西蒙·戈尔丁的书 *Scapegoat for Murder: The Truth About the Killing of Carl Bridgewater*（Beeston: DB Publishing, 2016）主要关注伯特·斯宾塞，但我第一次知道此案的详情，是通过 Paul Foot（已逝）的优秀著作 *Murder at the Farm: Who Killed Carl Bridgewater?*（London: Penguin, 1986）获得的。

参考书目

汉娜·阿伦特《艾希曼在耶路撒冷：一份关于平庸的恶的报道》（Hannah Arendt, *Eichmann in Jerusalem: A Report on the Banality of Evil*），维京出版社，1963

T. C. N. 吉本斯《暴力男人：暴力心理研究》（T. C. N. Gibbens, *Violent Men: An Inquiry into the Psychology of Violence*）

詹姆斯·夏普《暴躁愤怒的人民：英格兰暴力史》（James Sharpe, *A Fiery & Furious People: A History of Violence in England*），兰登书屋，2016

大卫·坎特教授《映射谋杀：地域侧写的秘密》（Professor David Canter, *Mapping Murder: The Secrets of Geographical Profiling*），维京图书出版社，2007

马尔科姆·格拉德韦尔《危险头脑：简易犯罪心理画像》（Malcolm Gladwell, *Dangerous Minds: Criminal Profiling Made Easy*），《纽约客》，2007

杰克·卡兹《犯罪的诱惑》（Jack Katz, *Seductions of Crime*），基础图书出版社，1990

劳里·卡尔霍恩《雇凶杀人现象学》（Laurie Calhoun, The Phenomenology of Paid Killing），《国际人权杂志》，2002

肯特·基尔《精神病态者的科学》（Kent Kiehl: *The Psychopath Whisperer: Inside the Minds of Those Without Conscience*），一世界出版社，2014

致谢

我想感谢监狱服务系统中的前同事们,他们与我就这本书中提出的一些问题进行了讨论。我尤其想感谢迈克尔·布鲁克斯教授(现在是我在伯明翰城市大学的同事)、埃里克·卡伦博士、杰基·沃尔斯滕霍姆、弗兰克·弗林以及现任的监狱副主管马丁·洛马斯和来自监狱工作者协会的马克·费尔赫斯特。我还想感谢杰米·贝内特博士、格兰登监狱的主管理查德·舒克和詹姆斯·霍尔,还有"格兰登之友"的卡罗·罗和凯瑟琳·格兰杰女爵。在私下里和在4号电台的《身为犯罪学家》的广播节目里,诺埃尔·史密斯、厄尔文·詹姆斯都和我进行过探讨,我还要感谢该节目的主编乔林·詹金斯。还有一些前罪犯和监狱工作人员在我写作本书的过程中也提供了帮助,但他们不希望自己的名字在书中被提到。

我在伯明翰城市大学(BCU)的同事一直帮助我,鼓励我,尤其是伊丽莎白·雅得利教授、克雷格·杰克逊、多纳尔·麦金泰尔,还有艾玛·凯利、莎拉·彭伯顿教授、穆罕默德·拉赫曼博士、丹·鲁苏和连姆·布洛兰。对于书中写到的诸多问题,BCU的学生们一直不断激发我的思考,让我有新的、激动人心的发现,每周四为他们讲课的时光,都令我无比期待。我还想格外感谢我所有的博士生,不论是在读的还是已经毕业的。

我的朋友尼尔和苏·福斯特、埃里克和凯西·戴利-施安、布莱恩和伊丽莎白·泰勒、罗斯和简·柯林斯，还有皮特和琳达·李－莱特一直以来都鼓舞着我，用不同的方式，在不同的时期帮助我，使我从监狱到学术、媒体的职业生涯转变更加顺利。艾伦·布朗慷慨地牺牲他的时间来帮助我维持体型。有好几次，我都需要做一些可能会发生危险的事情，幸好有贾斯汀·詹姆斯的帮助。我去往邓布兰的旅途就有他的陪伴。

我还想感谢布莱克本橄榄球俱乐部的主席朱利安·库克，橄榄球仍然是我生命中很重要的部分，尽管支持南安普顿圣徒队令我倍感压力。

在媒体方面，我想感谢我的经纪人杰基·德鲁，她可靠又有力地维护着我的权益，还有她的两位助理霍莉·威尔逊（就在此书完稿之际，她决定去周游世界了）和艾玛·鲍尔。我还要格外感谢怪兽电影公司的大卫·霍华德和里克·霍尔，他们把真实罪案纪录片推到了一个新的高度，还有克里斯·肖和罗布·科德斯特里姆（第四频道的前主管）。迪恩·斯特朗和杰里·巴汀是"巡演"路上的良伴，同时，在写这本书的过程中，杰森·沃特金斯、阿什利·格辛、伊米莉亚和弗雷迪·福克斯都和我聊过心理学，我十分享受这些讨论。

柯蒂斯·布朗经纪公司的戈登·怀斯是出版业内最好的文学经纪人之一，我也有幸和他成了朋友。我还要感谢我在小布朗出版公司的朋友们，尤其是苏菲·威尔逊和我的编辑雷哈农·史密斯，他们从一开始就对这本书充满了信心，并且一直给予我热情的支持。

最后，我要感谢我的孩子雨果和弗勒，还有他们各自的伴侣苏西和汤姆。他们每天都让我感受到快乐与爱。

当然了，我最感谢的人，已经写在了本书开头的致辞里。